Yvonne Kollmeier

Soziale Mindeststandards in der Europäischen Union
im Spannungsfeld von Ökonomie und Politik

Schriften zu Ordnungsfragen der Wirtschaft

Herausgegeben von

Prof. Dr. Gernot Gutmann, Köln
Dr. Hannelore Hamel, Marburg
Prof. Dr. Helmut Leipold, Marburg
Prof. Dr. Alfred Schüller, Marburg
Prof. Dr. H. Jörg Thieme, Düsseldorf

Unter Mitwirkung von

Prof. Dr. Dieter Cassel, Duisburg
Prof. Dr. Karl Hans Hartwig, Münster
Prof. Dr. Hans-Günter Krüsselberg, Marburg
Prof. Dr. Ulrich Wagner, Pforzheim

Redaktion: Dr. Hannelore Hamel

Band 65: Soziale Mindeststandards in der Europäischen Union im Spannungsfeld von Ökonomie und Politik

 Lucius & Lucius · Stuttgart · 2001

Soziale Mindeststandards in der Europäischen Union im Spannungsfeld von Ökonomie und Politik

Yvonne Kollmeier

 Lucius & Lucius · Stuttgart · 2001

Anschrift der Autorin:

Dr. Yvonne Kollmeier
Bundesministerium für Arbeit
und Sozialordnung
Postfach 14 02 80
53107 Bonn

Die Deutsche Bibliothek - CIP-Einheitsaufnahme

Kollmeier, Yvonne
Soziale Mindeststandards in der Europäischen Union im Spannungsfeld
von Ökonomie und Politik / von Yvonne Kollmeier. - Stuttgart :
Lucius und Lucius, 2001

    (Schriften zu Ordnungsfragen der Wirtschaft; Bd. 65)
    Zugl.: Köln, Univ., Diss., 2000
    ISBN   3-8282-0179-2

0292 deutsche bibliothek

© Lucius & Lucius Verlags-GmbH • Stuttgart • 2001
Gerokstraße 51 • D-70184 Stuttgart

Das Werk einschließlich aller seiner Teile ist urheberrechtlich geschützt. Jede
Verwertung außerhalb der engen Grenzen des Urheberrechtsgesetzes ist ohne
Zustimmung des Verlages unzulässig und strafbar. Das gilt insbesondere für
Vervielfältigungen, Übersetzungen, Mikroverfilmung und die Einspeicherung
und Verarbeitung in elektronischen Systemen.

Druck und Einband: ROSCH-BUCH Druckerei GmbH, 96110 Scheßlitz
Printed in Germany

ISBN 3-8282-0179-2
ISSN 1432-9220

Vorwort

Die Herausgeber der *Schriften zu Ordnungsfragen der Wirtschaft* veröffentlichen mit dem vorliegenden Band 65 eine Arbeit, in der eine zentrale und zugleich höchst umstrittene Ordnungsfrage in der Europäischen Union behandelt wird: Wie ist die von den Politikern einiger Länder geforderte Harmonisierung der europäischen Sozialpolitik aus ökonomischer Sicht zu beurteilen? Welche Folgen sind von einheitlichen sozialen Mindeststandards für die im Recht der Gemeinschaft verankerten Ziele der Verbesserung der Arbeitsbedingungen und der Hebung des Lebensstandards zu erwarten?

Die Autorin zeigt in einer sowohl allokationstheoretischen als auch politökonomischen Analyse, wie diese Fragen im Spannungsfeld von ökonomischer Erkenntnis und politischer Durchsetzbarkeit zu beantworten sind. Mit ihrem interdisziplinären Ansatz hat sie einen wichtigen Beitrag geleistet, um die Durchsetzungschancen volkswirtschaftlicher Erkenntnisse zu verbessern.

Die Arbeit wurde im Sommersemester 2000 von der Wirtschafts- und Sozialwissenschaftlichen Fakultät der Universität zu Köln als Dissertation angenommen.

Mit diesem Band wird in den Kreis der Herausgeber der *Schriften zu Ordnungsfragen der Wirtschaft* Herr **Prof. Dr. Helmut Leipold** aufgenommen, der ebenfalls der Marburger Ordnungstheorie verbunden ist und im Fachbereich Wirtschaftswissenschaften der Philipps-Universität Marburg lehrt.

Die Herausgeber

Inhalt

Vorwort V

Inhalt VII

Abbildungen X

Tabellen XI

Abkürzungen XII

1. Problemstellung 1
2. Sozialpolitische Regelungen in Europa 3
   2.1. Definition sozialer Standards 3
   2.2. Sozialer und wirtschaftlicher Fortschritt in Europa 6
      2.2.1. Die Regionalisierung 7
         2.2.1.1. Von der EGKS zur EWWU 8
         2.2.1.2. Folgen für die nationalen Wirtschaftspolitiken 10
      2.2.2. Die Globalisierung 12
         2.2.2.1. Institutioneller Wandel und die dritte industrielle Revolution 13
         2.2.2.2. Folgen für die nationalen Wirtschaftspolitiken 15
      2.2.3. Die Entwicklung der europäischen Sozialpolitik seit 1957 17
   2.3. Standortfaktor Sozialpolitik: ein europäischer Vergleich 26
      2.3.1. Die Höhe und Struktur der Arbeitskosten in der EU 26
      2.3.2. Die Ausgestaltung der nationalen sozialpolitischen Regulierungen 29
         2.3.2.1. Die Sozialversicherungsbeiträge 30
         2.3.2.2. Die Entgeltfortzahlung im Krankheitsfall 34
         2.3.2.3. Regelungen zur Arbeitszeit und zur Sicherheit am Arbeitsplatz 36
         2.3.2.4. Kündigungsschutzbestimmungen 38
         2.3.2.5. Gesetzliche Mindestlöhne 41
   2.4. Ist eine hohe Zusatzkostenquote ein Standortnachteil? 42
      2.4.1. Die optimale Direktlohn-Soziallohn-Kombination 43
      2.4.2. Präferenzbedingte Soziallohnunterschiede 46

2.4.3. Produktivitätsbedingte Soziallohnunterschiede 51
    2.4.3.1. Bestimmungsfaktoren der Wertgrenzproduktivität der Arbeit 52
    2.4.3.2. Vergleich der Arbeitsproduktivitäten in der EU 54
2.5. Ergebnisse 57

3. Die allokationstheoretische Perspektive: Der Vorwurf des Sozialdumpings 60

3.1. Das Konzept des „fairen" Handels 61
    3.1.1. Standortvorteil: Institutionelle Regelungen 61
    3.1.2. Institutionelles Dumping 62
    3.1.3. Unfaire Soziallöhne 64
3.2. Sozialpolitik als funktionsspezifische Regulierung 67
    3.2.1. Soziale Standards zur Vermeidung von Sweating 67
    3.2.2. Soziale Standards mit Clubgut-Charakter 71
    3.2.3. Soziale Standards zur Überwindung von Informationsasymmetrien 72
    3.2.4. Soziale Standards zur Internalisierung externer Kosten 77
    3.2.5. Soziale Standards zur Vermeidung opportunistischen Verhaltens 80
    3.2.6. Sozialdumping als Regulierungsverzicht 81
3.3. Sozialdumping als Standortwettbewerbsversagen 83
    3.3.1. Sozialdumping in der traditionellen Außenhandelstheorie 83
        3.3.1.1. Wohlfahrtseffekte des Freihandels bei vollständiger Konkurrenz 84
        3.3.1.2. Wohlfahrtseffekte eines Sozialdumpings bei vollständiger Konkurrenz 88
    3.3.2. Sozialdumping in der Neuen Außenhandelstheorie 95
        3.3.2.1. Wohlfahrtseffekte des Freihandels bei unvollständiger Konkurrenz 95
        3.3.2.2. Wohlfahrtseffekte eines Sozialdumpings bei unvollständiger Konkurrenz 100
3.4. Soziale Mindeststandards als Instrument zur Schaffung eines Level Playing Field 106
3.5. Ergebnisse 108

4. Die polit-ökonomische Perspektive: Das Level Playing Field als Antwort auf den Systemwettbewerb 110

4.1. Sozialpolitik als einkommenserhöhende Regulierung 111
    4.1.1. Die Akteure 111
    4.1.2. Der optimale politische Lohn 115

4.2. Der Einfluß der wirtschaftlichen Integration auf die Höhe des optimalen politischen Lohnes 118
    4.2.1. Der Einfluß der Interessengruppen 118
        4.2.1.1. Sozialdumping als polit-ökonomisches Phänomen 119
        4.2.1.2. Interessenorganisation auf europäischer Ebene 122
        4.2.1.3. Die Identität der Adressaten 123
    4.2.2. Die Nachfrage nach Arbeitskräften 126
    4.2.3. Das Angebot an Arbeitskräften 133
4.3. Die polit-ökonomisch optimale Sozialpolitik in Europa 136
4.4. Juristische Schützenhilfe 139
4.5. Ergebnisse 141

5. Fazit. 143

Literatur 146

Abbildungen

Abb. 1: Personalzusatzkosten im Produzierenden Gewerbe in Deutschland 27

Abb. 2: Die optimale Direktlohn-Soziallohn-Kombination 44

Abb. 3: Präferenzbedingte Unterschiede in der Höhe der Soziallöhne 47

Abb. 4: Die Solidarstruktur ausgewählter EU-Mitgliedstaaten 48

Abb. 5: Entlohnungs-Expansionspfade in Abhängigkeit von der Präferenzordnung 50

Abb. 6: Produktivitätsbedingte Unterschiede in der Höhe der Soziallöhne 51

Abb. 7: Faire und unfaire Direktlohn-Soziallohn-Kombinationen 66

Abb. 8: Sicherung des Subsistenzminimums durch Arbeit 68

Abb. 9: Wohlfahrtsverluste bei Sweating 70

Abb. 10: Wohlfahrtsverluste durch Informationsasymmetrien 74

Abb. 11: Netto-Wohlfahrtseffekt des Freihandels bei vollständiger Konkurrenz 86

Abb. 12: Netto-Wohlfahrtseffekt eines Sozialdumpings bei vollständiger Konkurrenz 90

Abb. 13: Netto-Wohlfahrtseffekt des Freihandels bei unvollständiger Konkurrenz 98

Abb. 14: Netto-Wohlfahrtseffekt eines Sozialdumpings bei unvollständiger Konkurrenz 103

Abb. 15: Die Ermittlung der Arbeitnehmerrente mit Hilfe von Arbeitsangebots- und Arbeitsnachfragefunktion 113

Abb. 16: Der optimale politische Lohn 116

Abb. 17: Sozialdumping als optimale politische Handlung 121

Abb. 18: Die Auswirkungen der Globalisierung auf die Arbeitsnachfrage im Hochlohnland 128

Abb. 19: Das neue politische Optimum im Hochlohnland 130

Abb. 20: Die Auswirkungen der Globalisierung auf die Arbeitsnachfrage im Niedriglohnland 131

Abb. 21: Das neue politische Optimum im Niedriglohnland 132

Abb. 22: Erweiterung des Arbeitsangebots im Hochlohnland durch Migration und Entsendung.. 134

Abb. 23: Die Folgen von Entsendung und Migration für den politischen Ertrag......... 135

Abb. 24: Die Stimmenverteilung im Europäischen Rat... 138

Tabellen

Tab. 1: Vergleich der Arbeitskosten der EU-Mitgliedstaaten in der Verarbeitenden Industrie 28

Tab. 2a: Sozialversicherungsbeiträge (Arbeitgeberanteil) in den EU-Mitgliedstaaten (Belgien - Irland).. 32

Tab. 2b: Sozialversicherungsbeiträge (Arbeitgeberanteil) in den EU-Mitgliedstaaten (Italien - Spanien) 33

Tab. 3: Arbeitgeberbelastung durch die Entgeltfortzahlung im Krankheitsfall in der EU 35

Tab. 4: Arbeitszeiten und Nicht-Arbeitszeiten in der Verarbeitenden Industrie in der EU 37

Tab. 5: Kündigungsfristen in der EU in Abhängigkeit von der Betriebszugehörigkeit... 40

Tab. 6: Mindestlöhne in der EU 41

Tab. 7: Arbeitsproduktivität in ausgewählten Zweigen des Verarbeitenden Gewerbes in der EU 55

Abkürzungen

BDA	Bundesvereinigung der Deutschen Arbeitgeberverbände
CEEP	Centre Européen des Entreprises à participation publique et des entreprises d'intérêt économique général (Europäische Zentrale der Öffentlichen Wirtschaft)
DGB	Deutscher Gewerkschaftsbund
EAG	Europäische Atomgemeinschaft
ECU	European Currency Unit (Europäische Währungseinheit)
EEA	Einheitliche Europäische Akte
EG	Europäische Gemeinschaft
EGB	Europäischer Gewerkschaftsbund
EGKS	Europäische Gemeinschaft für Kohle und Stahl
EGV	Vertrag zur Gründung der Europäischen Gemeinschaft in der Fassung vom 7. Februar 1992 (Maastrichter Vertrag)
EGV n.F.	Vertrag zur Gründung der Europäischen Gemeinschaft in der Fassung vom 2. Oktober 1997 (Amsterdamer Vertrag)
ERE	Europäische Rechnungseinheit
ESF	Europäischer Sozialfonds
EU	Europäische Union
EuGH	Europäischer Gerichtshof
EUV	Vertrag über die Europäische Union vom 7. Februar 1992
EWG	Europäische Wirtschaftsgemeinschaft
EWGV	Vertrag zur Gründung der Europäischen Wirtschaftsgemeinschaft vom 25. März 1957
EWI	Europäisches Währungsinstitut
EWWU	Europäische Wirtschafts- und Währungsunion
EZB	Europäische Zentralbank
GATT	General Agreement on Tariffs and Trade (Allgemeines Zoll- und Handelsabkommen)
IG	Industriegewerkschaft
ILO	International Labour Organization (Internationale Arbeitsorganisation)
IW	Institut der deutschen Wirtschaft

OECD	Organisation for Economic Co-operation and Development (Organisation für wirtschaftliche Zusammenarbeit und Entwicklung)
UNICE	Union of Industrial and Employers' Confederations of Europe (Europäische Vereinigung der Industrie- und Arbeitgeberverbände)
WTO	World Trade Organization (Welthandelsorganisation)

1. Problemstellung

Mit der Industrialisierung hat auch die Sozialpolitik in die Gesetzgebungen der europäischen Länder Einzug gehalten. Sozialpolitische Regulierungen waren bei zunächst geringer wirtschaftlicher Verflechtung lediglich von nationaler Bedeutung und fanden allenfalls dann das Interesse anderer Staaten, wenn es z.b. darum ging, einzelne Systeme miteinander zu vergleichen oder nach neuen effizienteren Regulierungsmethoden Ausschau zu halten. Mit der wachsenden wirtschaftlichen Verflechtung der einzelnen Staaten wuchs auch das Interesse an den Regulierungsaktivitäten der jeweils anderen Länder in den Bereichen Steuern, Subventionen, Umwelt sowie Arbeit und Soziales, da diese mitentscheidend für die Position sind, die ein Land im internationalen Standortwettbewerb innehat. Dabei wird die Bedeutung der nationalen Regulierungen um so größer, je intensiver die wirtschaftliche Verflechtung zwischen den einzelnen Staaten ist.

Innerhalb der Europäischen Wirtschafts- und Währungsunion besteht heute ein sehr hoher Grad an wirtschaftlicher Verflechtung. Da die Mobilität des Kapitals kaum noch Beschränkungen unterliegt, kann dieses zu den Produktionsstandorten mit den günstigsten Bedingungen wandern. An die Stelle eines Nachfragemonopols (Nationalstaat bei Immobilität des Produktionsfaktors Kapital), das in der Lage war, die Bedingungen für den Einsatz des Produktionsfaktors Kapital zu diktieren, ist ein Nachfrageoligopol oder -polypol getreten. Wie erfolgreich der einzelne Nachfrager (Standort) im Wettbewerb ist, hängt jetzt von der Höhe seines Angebots relativ zu denen anderer Nachfrager ab. Um in dem intensivierten Wettbewerb um das Kapital zu bestehen, müssen die Länder versuchen, die für den Einsatz des Produktionsfaktors Kapital relevanten Standortfaktoren ständig zu verbessern.

Gleiches gilt zwar theoretisch auch für den Faktor Arbeit, der nach dem EG-Vertrag ebenfalls das Recht hat, zu den Standorten zu wandern, an denen die besten Arbeitsbedingungen herrschen; in der Realität ist die Mobilität der Arbeitskräfte in Europa jedoch gering. Hieraus folgt, dass die Konkurrenz um den Produktionsfaktor Kapital zwischen den einzelnen Ländern wesentlich größer als die Konkurrenz um den Produktionsfaktor Arbeit ist. Das sich hieraus ergebende Szenario erscheint zunächst einfach: Da die Kosten für den Produktionsfaktor Arbeit zu den relevanten Standortfaktoren zählen, wandert das Kapital dorthin, wo die Arbeit am billigsten ist. In den Ländern, in denen Arbeit vergleichsweise teuer ist, kommt es zu Arbeitslosigkeit. Diese Entwicklung führt zu Forderungen nach einer Flexibilisierung der Arbeitsmärkte, da eine hohe Flexibilität der Arbeitsmärkte die mangelnde Mobilität der Arbeitskräfte ausgleichen kann. Wanderungen des Kapitals an die Standorte mit den günstigsten Arbeitsbedingungen würden bei hinreichend flexiblen Arbeitsmärkten dazu führen, dass dort Arbeit knapper und somit teurer und an den Standorten, von denen das Kapital abfließt, billiger wird. Letztendlich käme es so zu einer Angleichung der Arbeitsbedingungen in den europäischen Ländern.

Allokationstheoretisch ist es zwar optimal, wenn sich bei einer relativen Veränderung der Knappheit die Preise anpassen, die polit-ökonomische Akzeptanz einer solchen

Entwicklung bereitet allerdings Probleme. Da sie gleichbedeutend mit einer Umverteilung zwischen den Eignern des Produktionsfaktors Arbeit und denen des Produktionsfaktors Kapital ist, hat ein Politiker, der sich vorbehaltlos für eine Flexibilisierung einsetzt, hohe Opportunitätskosten im Sinne von Stimmenverlusten auf der Arbeitnehmerseite. Um sich diesem Dilemma zu entziehen, versuchen die Politiker, Wege zu finden, den Wettbewerb über den Standortfaktor „Arbeitskosten" zu unterbinden. Sie beschwören die Gefahr eines Sozialdumpings herauf, warnen vor einem „race to the bottom" und fordern ein „level playing field". Hierbei werden sie bisher nur von den Ökonomen unterstützt, die neben allokativen auch distributive Ziele verfolgen.

Beispielhaft für die Diskussion ist die Kontroverse, die sich anlässlich der Entscheidung der Firma Hoover, ihre Staubsaugerproduktion von Dijon nach Schottland zu verlagern, zwischen Großbritannien und Frankreich im Jahr 1993 entwickelte. Während der französische Minister Dumas für eine Harmonisierung der europäischen Sozialpolitik plädierte, „which is more necessary than ever as foreign investors try to play out rivalries between Member States and fall through the cracks in a much too restricted social harmonisation", antwortete der damalige britische Premierminister John Major: „Europe can have the social chapter. We shall have employment (..). France can complain as much as it likes. If investors and companies come to Britain rather than pay the costs of socialism, let them call it social dumping, I call it dumping socialism (..) Let Jacques Delors accuse us of creating a paradise for foreign investors: I am happy to plead guilty" (beide Zitate in *Falkner* 1993, S. 271).

Ziel dieser Arbeit ist es, die bisher mit viel Polemik geführte Diskussion um die Notwendigkeit einheitlicher sozialer Mindeststandards in Europa zu versachlichen. Kapitel 2 wirft zunächst einen Blick in die Vergangenheit und fragt, in welchem Ausmaß die wirtschaftliche Integration Europas von einer sozialen Integration begleitet wurde. Anschließend werden derzeit noch bestehende Unterschiede in den nationalstaatlichen sozialpolitischen Regulierungen aufgezeigt. Die allokationstheoretische Analyse des Kapitels 3 widmet sich der Frage, ob es sich bei Sozialdumping eventuell um eine Form von internationalem Standortwettbewerbsversagen oder doch nur um ein politisches Hirngespinst mit protektionistischem Hintergrund handelt. Kapitel 4 trägt schließlich den polit-ökonomischen Zwängen Rechnung, denn selbst die größte ökonomische Erkenntnis nützt nichts, wenn sie polit-ökonomisch nicht durchsetzbar ist.

2. Sozialpolitische Regelungen in Europa

Immer wieder erschrecken Meldungen wie „Deutschland bleibt Kostenweltmeister" (iwd-Wochenberichte Nr. 27/1997, S. 3),"Freizeitweltmeister Deutschland" (*Institut der deutschen Wirtschaft* 1999, S. 11) und „Deutschland bleibt Hochlohnland Nummer eins" (Frankfurter Allgemeine Zeitung vom 10.8.1999, S. 21) den um den Standort Deutschland besorgten Menschen. Solche Meldungen ziehen regelmäßig Forderungen von gewerkschaftlicher oder politischer Seite nach einer Einführung einheitlicher sozialer Mindeststandards in Europa nach sich. Weder die Ängste noch die Forderungen sind neu. Schon bei der Gründung des historischen Vorläufers der Europäischen Wirtschaftsgemeinschaft (EWG), der Europäischen Gemeinschaft für Kohle und Stahl (EGKS), 1952, befürchtete Frankreich, aufgrund seiner relativ hohen sozialpolitischen Standards Wettbewerbsnachteile durch eine wirtschaftliche Integration zu erleiden. Diese Befürchtungen waren der Katalysator für die ersten supranationalen sozialpolitischen Regelungen in Europa (Hennningsen 1992, S. 203f.).

Gegenstand dieses Kapitels ist ein Vergleich der sozialpolitischen Regulierungen in den einzelnen EU-Mitgliedstaaten und die Frage, wie Unterschiede in den nationalen Sozialpolitiken zu bewerten sind. Damit bildet es den Grundstock für die beiden folgenden Kapitel, die sich mit einer möglichen Bedrohung des sozialen Fortschritts durch Sozialdumping und den Forderungen nach einheitlichen sozialen Mindeststandards als Maßnahme zur Schaffung eines "level playing field" befassen. Vor einer solchen Analyse ist es erforderlich, genauer zu spezifizieren, was unter dem Begriff der sozialen Standards zu verstehen ist (Abschnitt 2.1) und in welchem Ausmaß die wirtschaftliche Integration Europas bereits in der Vergangenheit von einer sozialen Integration begleitet wurde (Abschnitt 2.2). Abschnitt 2.3 zeigt auf, welchen Anteil sozialpolitische Regulierungen an den Arbeitskosten der einzelnen EU-Mitgliedstaaten haben. Abschließend erfolgt in Abschnitt 2.4 eine Bewertung der Rolle der Sozialpolitik als Standortfaktor.

2.1. Definition sozialer Standards

In der Regel wird in der Diskussion um einheitliche soziale Mindeststandards auf eine genauere Bestimmung dessen, was mit dem Begriff „soziale Standards" gemeint ist, verzichtet (*Leary* 1996, S. 181). Auf diesen Umstand verweist auch *Siebert* (1997a, S. 5f.): „Der Begriff Sozialnormen ist in der öffentlichen Diskussion nicht eindeutig abgegrenzt. Er kann sich auf vieles beziehen, und zwar auf solche Aspekte wie Kinderarbeit, den Arbeitsschutz, Gewerkschaftsrechte, die Löhne, beispielsweise die Tarif- und Effektivlöhne, Regelungen für den Einsatz der Arbeit etwa in Bezug auf die Arbeitszeit, institutionelle Formen der Lohnfindung oder die soziale Sicherheit bei Krankheit, Invalidität und im Alter". Indem jedoch die Argumentationsgrundlage nicht hinreichend definiert wird, nimmt die Diskussion um die Notwendigkeit oder Überflüssigkeit einheitlicher sozialer Mindeststandards schnell den Charakter einer Grundsatzdebatte an. Um diesen Fehler in der vorliegenden Arbeit zu vermeiden, soll direkt zu Beginn definiert werden, was im weiteren Verlauf unter sozialen Standards verstanden wird.

Wird auf internationaler Ebene über die Einhaltung sozialer Spielregeln für die Globalisierung diskutiert, wird zumeist auf die folgenden vom ehemaligen Generaldirektor der Internationalen Arbeitsorganisation (ILO), *Michel Hansenne*, als fundamentaler sozialer Bestand identifizierten und in den ILO-Konventionen festgeschriebenen Arbeitnehmerrechte Bezug genommen (*Simonitsch* 1997, S. 11; *Kulessa* 1995, S. 11):

- die Vereinigungsfreiheit (ILO-Konvention Nr. C87: ratifiziert in 127 Ländern),
- das Recht auf Kollektivverhandlungen (ILO-Konvention Nr. C98: ratifiziert in 145 Ländern),
- das Verbot von Kinderarbeit (ILO-Konvention Nr. C138: ratifiziert in 82 Ländern),
- das Verbot von Zwangsarbeit (ILO-Konvention Nr. C29 und Nr. C105: ratifiziert in 151 bzw. 145 Ländern),
- die Beseitigung von geschlechterspezifischer Lohndiskriminierung (ILO-Konvention Nr. C100: ratifiziert in 143 Ländern) und
- das Verbot von Diskriminierung in Beschäftigung und Beruf (ILO-Konvention Nr. C111: ratifiziert in 141 Ländern).[1]

ILO-Mitgliedstaaten sind erst dann zur Einhaltung der ILO-Konventionen verpflichtet, wenn sie diese ratifiziert haben. Regierungen, die die obigen sieben ILO-Konventionen bis heute nicht anerkannt haben, sehen sich folgendem Vorwurf gegenüber: „governments appear to deny core standards to workers or deliberately do not enforce them with the aim of improving sectoral trade competitiveness or attracting investment into export-processing zones" (*OECD* 1996a, S. 13). Um die Ratifizierung der Konventionen mit Hilfe der Sanktionsmechanismen der internationalen Handelspolitik durchsetzen zu können, wurde in der Vergangenheit wiederholt - zuletzt 1999 im Vorfeld der gescheiterten Handelsrunde von Seattle - eine Integration der obigen Arbeitsstandards in das Regelwerk der Welthandelsorganisation (WTO) gefordert. Hauptvertreter derartiger Forderungen sind die USA, Kanada, Frankreich, Griechenland, Irland, Italien, Norwegen, Österreich, Portugal, Schweden und Spanien (*Adamy* 1994; *Großmann* und *Koopmann* 1994).

Während auf internationaler Ebene schon die Anerkennung der von der *OECD* (1996a, S. 10) als „core labour standards" bezeichneten sieben ILO-Konventionen heftig umstritten ist (*Bhagwati* 1995; *Scherrer* 1996), haben die EU-Mitgliedstaaten sie bis auf wenige Ausnahmen (C111 nicht ratifiziert in Luxemburg, C138 nicht ratifiziert in Großbritannien und Österreich) ratifiziert. Wird auf europäischer Ebene die Einhaltung sozialer Mindeststandards verlangt, können somit nicht allein die „core labour standards" gemeint sein. Sie bilden lediglich die Untergrenze der europäischen Debatte. Darüber hinausgehend werden z.B. vom Deutschen Gewerkschaftsbund (DGB) soziale Mindeststandards für die Gebiete des individuellen Kündigungsschutzes, der Entgeltfortzahlung an Feiertagen und im Krankheitsfall, der arbeits- und sozialrechtlichen Absicherung der Telearbeit, der arbeits- und sozialrechtlichen Gleichstellung von Beschäf-

---

[1] Stand der Ratifizierungen vom 19.01.2000, abgerufen auf http://ilolex.ilo.ch:1567/public/english/docs/convdisp.htm.

tigten in atypischen Arbeitsverhältnissen (befristete Arbeit, Leiharbeit u.a.) und eine Novellierung der Arbeitszeitrichtlinie sowie ihre Ausdehnung auf alle Wirtschaftsbereiche gefordert.[2]

In welchen Bereichen soziale Mindeststandards gefordert werden, ist jedoch nicht nur eine Frage des Entwicklungsstandes der Länder oder der zu vertretenden Interessen, sondern auch eine Frage der bereits vorhandenen supranationalen Regelungskompetenzen. Während sich Frankreichs Forderungen bei der Gründung der EGKS auf die Verwirklichung von vier „préalables sociaux" in Form der Vereinheitlichung der Überstundenbezahlung, der Löhne für Männer und Frauen, der Urlaubszeiten sowie der Kinderzuschläge beschränkten (*Henningsen* 1992, S. 204), wuchs das Ausmaß der Forderungen mit der Zuweisung neuer sozialpolitischer Kompetenzen an die Gemeinschaft kontinuierlich an. Entscheidendes Merkmal aller Forderungen ist, dass sie darauf zielen, bestehende Kostenunterschiede beim Einsatz des Produktionsfaktors Arbeit zwischen den einzelnen Mitgliedstaaten einzuebnen.

Die Mitgliedstaaten und die Gemeinschaft nehmen in ihrer Rolle als Gesetzgeber über die Ausgestaltung des Sozial- und Arbeitsrechts Einfluss auf die Höhe der Kosten für den Einsatz des Produktionsfaktors Arbeit. Das Sozialrecht setzt die Bedingungen, unter denen der Arbeitnehmer seine Arbeitskraft anbietet oder darauf verzichtet, z.B. durch die Festlegung der Sozialhilfe als Alternativeinkommen oder durch das Recht auf wirtschaftliche Unterstützung im Krankheitsfall. Das Arbeitsrecht bestimmt, unter welchen Bedingungen die Arbeitgeber über die Arbeitskraft der Arbeitnehmer verfügen können, z.B. durch die Festlegung einzuhaltender Kündigungsfristen. Im EG-Vertrag werden beide Rechtsgebiete, der französischen Rechtstradition („droit social") folgend, unter dem Oberbegriff „Sozialpolitik" subsumiert (*Schiek* 1997, S. 26f.). Die Kosten, die den Arbeitgebern durch die arbeits- und sozialrechtlichen Regelungen entstehen, schlagen sich zum größten Teil in den gesetzlichen Personalzusatzkosten nieder. Diese umfassen:

- die Sozialversicherungsbeiträge (Krankenversicherung, Unfallversicherung, Rentenversicherung, Arbeitslosenversicherung),
- bezahlte Feiertage und sonstige Ausfallzeiten,
- die Entgeltfortzahlung im Krankheitsfall,
- die Urlaubsvergütung im Rahmen des gesetzlichen Mindesturlaubs,
- Aufwendungen, die sich aus dem Arbeitssicherheitsgesetz und der Arbeitsstättenverordnung ergeben,
- Kosten der betrieblichen Altersversorgung, insofern sie durch die Gesetzgebung (Betriebsrentengesetz, Anhebung des Rechnungszinsfußes) und Rechtsprechung (voller Teuerungsausgleich) verursacht sind,
- sonstige gesetzliche Personalzusatzkosten (Mutterschutz, Schwerbehindertenkosten, bezahlte Freistellungen, Betriebsverfassungsrechtsfolgekosten, usw.).[3]

---

[2] Für eine vollständige Auflistung der DGB-Forderungen vgl. *DGB* 1998, S. 7f.

Nicht in den gesetzlichen Personalzusatzkosten enthalten sind Möglichkeiten des Gesetzgebers, auch die Höhe des Direktentgelts zu beeinflussen, indem er wie z.B. in Frankreich einen gesetzlichen Mindestlohn festlegt oder wie beim deutschen Entsendegesetz einen Tarifvertrag für allgemeinverbindlich erklärt. Ebenfalls nicht in den gesetzlichen Personalzusatzkosten berücksichtigt sind Kosten, die dem Arbeitgeber durch gesetzlich festgeschriebene Höchstarbeitszeiten entstehen. Wird, wie zuletzt in Frankreich, die zulässige Wochenarbeitszeit vom Gesetzgeber reduziert, führt eine solche Regulierung zu einer höheren Kostenbelastung der Arbeitgeber, wenn sie mit einem entsprechenden Lohnausgleich verbunden ist oder wenn sie eine Erhöhung der Beschäftigtenzahl erfordert, die dann ebenfalls mit einem Urlaubsanspruch ausgestattet sind. Dieser Entwicklung wirkt allerdings ein mit einer Verkürzung der Arbeitszeit entstehender Produktivitätszuwachs entgegen.

Forderungen nach einheitlichen sozialen Mindeststandards können sich theoretisch auf alle Bereiche beziehen, in denen der Gesetzgeber Regelungskompetenzen besitzt. Je nachdem von wem, wann und für welches Gebiet einheitliche Standards gefordert werden, bewegen sich die Forderungen irgendwo zwischen der Minimaldefinition, den „core labour standards", und der Maximaldefinition aller sozial- und arbeitsrechtlichen Gestaltungsmöglichkeiten des Gesetzgebers. Dem Ziel der Einebnung von Kostenunterschieden kommt man durch die Einführung von Mindeststandards auf jedem dieser Gebiete näher. Um jedoch die ökonomische Effizienz oder Ineffizienz einheitlicher sozialer Mindeststandards beurteilen zu können, muss jede zur Diskussion stehende Angleichung getrennt analysiert werden, da die einzelnen sozial- und arbeitsrechtlichen Regulierungen unterschiedliche Funktionen übernehmen. Ihre Aufgabe kann es sein, Marktversagen zu beseitigen. Sie können aber auch von den Politikern als ein Instrument zur Mehrung ihres politischen Ertrages eingesetzt werden. Um den noch vorhandenen Spielraum für eine Angleichung der nationalen Sozialpolitiken zu ermitteln, untersucht der folgende Abschnitt, in welchen Bereichen bereits heute europäische Richtlinien existieren und über welche sozialpolitischen Regelungskompetenzen die Europäische Gemeinschaft darüber hinaus verfügt.

2.2. Sozialer und wirtschaftlicher Fortschritt in Europa

Bei der Gründung der Europäischen Wirtschaftsgemeinschaft im Jahr 1957 waren sich die Gründungsmitglieder "über die Notwendigkeit einig, auf eine Verbesserung der Lebens- und Arbeitsbedingungen der Arbeitskräfte hinzuwirken und dadurch auf dem Wege des Fortschritts ihre Angleichung zu ermöglichen" (Art. 117 Abs. 1 EWGV [Art. 136 EGV n.F.][4]). Sie vertrauten jedoch vor allem darauf, "daß sich eine solche Entwick-

---

[3] Zusammenstellung nach http://www.bda-online.de/www/bdaonline.nsf/MainFrameSet, abgerufen am 19.1.2000 und nach *Hamer* und *Schierbaum* 1991, S. 29-39

[4] Gemäß Art. G des Vertrages über die Europäische Union (EUV) erfolgte 1992 eine Umbenennung des EWGV in EGV. Da sich seit 1957 sowohl die Bezeichnung des Vertrages, als auch teilweise dessen Inhalt und die Nummerierung der Artikel geändert hat, ist es für die getreue Wiedergabe der Entwicklung der europäischen Sozialpolitik erforderlich, die zu dem jeweiligen Zeitpunkt gültige Vertrags- und Artikelbezeichnung zu verwenden.

lung ... aus dem eine Abstimmung der Sozialordnungen begünstigenden Wirken des Gemeinsamen Marktes ... ergeben wird" (Art. 117 Abs. 2 EWGV). Indem man die Rahmenbedingungen für einen freien Wettbewerb schaffte, sollte der Wohlstand gesteigert und sozialer Fortschritt erreicht werden.

In späteren Jahren wurden "in zunehmendem Maße Befürchtungen laut, der Integrationsprozeß könne - ganz im Gegensatz zu dem in den Römischen Verträgen sowie im Vertrag von Maastricht deutlich erklärten Ziel, daß wirtschaftlicher und sozialer Fortschritt miteinander Hand in Hand gehen sollen - in Wirklichkeit auf eine Absenkung der sozialen Standards hinauslaufen. So wird die Besorgnis geäußert, der Binnenmarkt könne Wegbereiter für ein Sozialdumping sein, das es ermögliche, sich mit unfairen Mitteln - nämlich durch inakzeptabel niedrige soziale Standards - einen Wettbewerbsvorteil in der Gemeinschaft zu verschaffen." (*Europäische Kommission* 1993a, S. 6f.).

Unabhängig davon, welche Sichtweise jeweils dominierte, wurde der soziale Fortschritt Europas immer in engem Zusammenhang mit der wirtschaftlichen Entwicklung der Gemeinschaft gesehen. Aus diesem Grund ist die Analyse der wirtschaftlichen Rahmenbedingungen der der europäischen Sozialpolitik vorangestellt. Auf der einen Seite schafften sich die europäischen Staaten die Rahmenbedingungen für den sozialen Fortschritt innerhalb Europas selbst, indem sie zunächst eine Wirtschaftsgemeinschaft gründeten und diese in den Folgejahren nicht nur zahlenmäßig erweiterten, sondern auch inhaltlich vertieften (Regionalisierung[5]). Auf der anderen Seite waren die europäischen Integrationsbestrebungen in ein sich zunehmend verflechtendes weltwirtschaftliches Umfeld (Globalisierung) eingebettet, das ebenfalls nicht ohne Einfluss auf die Entwicklung der europäischen Sozialpolitik blieb.

2.2.1. Die Regionalisierung

Der Erlass von Rechtsakten durch die Organe der EU (Sekundärrecht) erfordert eine Kompetenzzuweisung im Primärrecht der Gemeinschaft. Dieses umfasst den Gründungsvertrag und die späteren Änderungen und Ergänzungen dieses Vertrages (*Kohl* 1996, S. 29). Die Entwicklung der europäischen Sozialpolitik ist somit eng gekoppelt an die Entwicklung des Primärrechts, die vorwiegend an dem Hauptziel der Gemeinschaft, der Vertiefung der wirtschaftlichen Integration, ausgerichtet wurde. Die Konsequenzen, die die wirtschaftliche Integration für die europäische Sozialpolitik hat, lassen sich jedoch nicht nur an der Zuweisung von Kompetenzen im Primärrecht, sondern auch an

---

EWGV steht zunächst für den Vertrag zur Gründung der Europäischen Wirtschaftsgemeinschaft vom 25. März 1957, geändert durch die Einheitliche Europäische Akte vom 28. Februar 1986. EGV steht für den Vertrag zur Gründung der Europäischen Gemeinschaft vom 7. Februar 1992 und EGV n.F. steht für die neue Fassung des EG-Vertrages vom 2. Oktober 1997 (Amsterdamer Vertrag), die am 1. Mai 1999 in Kraft getreten ist. Damit einzelne Artikel ohne Probleme im neuen Vertrag wiedergefunden werden können, ist jeweils in Klammern die neue Nummerierung hinzugefügt worden.

[5] Für eine kritische Auseinandersetzung mit dem Phänomen der Regionalisierung vgl. *Borrmann, Fischer et al.* 1995; *Bagwell* und *Staiger* 1998; *Bhagwati, Greenaway* und *Panagariya* 1998; *Ethier* 1998; *Fernández* und *Portes* 1998; *Lahiri* 1998.

dem integrationsbedingten Verlust von wirtschaftspolitischen Freiheitsgraden der Nationalstaaten festmachen.

2.2.1.1. Von der EGKS zur EWWU

Mit der Unterzeichnung des Vertrags über die Europäische Gemeinschaft für Kohle und Stahl am 18. April 1951 wurde von den sechs Gründungsmitgliedern (Belgien, Deutschland, Frankreich, Italien, Luxemburg und die Niederlande) der Grundstein für die europäische Integration gelegt. Auf die Gründung des Freihandelsraums für die Montanindustrie folgten 1957 die „Römischen Verträge" zur Gründung der Europäischen Wirtschaftsgemeinschaft und der Europäischen Atomgemeinschaft (EAG). Die gleichzeitige Gründung beider Gemeinschaften war eine Kompromisslösung, die dem Ausgleich der Interessen Deutschlands und Frankreichs diente. Frankreich befürchtete, dass die bisher stark geschützte französische Industrie durch die Schaffung eines Gemeinsamen Marktes unter einen hohen Anpassungsdruck geraten würde. Andererseits wollte Frankreich seine energiepolitische Abhängigkeit durch die Förderung der Kernenergie verringern. Die hierzu erforderlichen hohen Forschungsaufwendungen sollten gemeinschaftlich durch die Mitglieder der EAG finanziert werden (*Nienhaus* 1998, S. 9).

Oberstes Ziel der EWG war die Errichtung einer Zollunion (Art. 9 EWGV [Art. 23 EGV n.F.]), also die Beseitigung von Zöllen und Kontingenten für den innergemeinschaftlichen Warenverkehr und die Einführung eines gemeinsamen Außenzolls für den Handel mit Drittstaaten, sowie die Schaffung eines Gemeinsamen Marktes, also neben freiem Warenverkehr auch die Freiheit des Kapital-, Personen- und Dienstleistungsverkehrs (*Hrbek* 1993, S. 6). Für den Abbau der Zölle war im EWG-Vertrag ein Übergangszeitraum von 12 Jahren vorgesehen. Faktisch wurde dieser jedoch nicht benötigt: am 1.7.1968 waren alle Zölle abgeschafft und ein gemeinsamer Außenzoll eingeführt (*Smeets* 1996, S. 63).

Die Verwirklichung des Gemeinsamen Marktes benötigte hingegen deutlich länger. Sowohl die steigende Zahl der EG[6]-Mitglieder - 1973 schlossen sich Dänemark, Großbritannien und Irland, 1981 Griechenland und 1986 Portugal und Spanien der EG an - als auch die durch die Süderweiterung gestiegene ökonomische Heterogenität der Gemeinschaft lähmte die Integrationsbemühungen in den 70er und den frühen 80er Jahren. Beendet wurde die „Eurosklerose" (*Giersch* 1987) erst durch die Veröffentlichung des „Weißbuch zur Vollendung des Binnenmarktes" am 14. Juni 1985, das 300 Vorschläge zur Beseitigung aller Grenzen innerhalb der EG bis zum 31.12.1992 vorsah und auf dem Mailänder Gipfel Ende Juni 1985 gegen die Stimmen Dänemarks, Griechenlands und Großbritanniens gebilligt wurde (*Weindl* 1994, S. 8f.).

---

[6] 1965 wurden die drei Gemeinschaften (EGKS, EWG und EAG) unter Beibehaltung der Einzelabkommen in der Europäischen Gemeinschaft (EG) zusammengeführt.

Die am 17. Februar 1986 unterzeichnete Einheitliche Europäische Akte (EEA) war die erste grundlegende Revision des bestehenden Vertragswerkes. Im Mittelpunkt stand die Verwirklichung des Europäischen Binnenmarktes bis Ende 1992 durch den Abbau der im Personen-, Güter-, Dienstleistungs- und Kapitalverkehr noch bestehenden materiellen, fiskalischen und technischen Schranken. Um diesen Prozess zu fördern, sah die EEA eine verstärkte Anwendung von Mehrheitsentscheidungen im Ministerrat vor (Art. 100a Abs. 1 EWGV [Art. 95 EGV n.F.]). Die Bemühungen um eine europäische Harmonisierung von Regulierungen in allen technischen Details wurden durch die Strategie der gegenseitigen Anerkennung der jeweiligen nationalen Regulierungen (Ursprungslandprinzip) ersetzt.

Die zweite grundlegende Revision des Primärrechts der Gemeinschaft erfolgte 1992 durch den EU-Vertrag, in dem sich die Mitgliedstaaten (mit Ausnahme Dänemarks und Großbritanniens) unwiderruflich auf die Einhaltung eines Drei-Stufen-Plans zur Errichtung einer Europäischen Wirtschafts- und Währungsunion (EWWU) festlegten (*Ohr* 1996, S. 216ff). In der ersten Stufe, die bereits seit dem 1. Juli 1990 lief, sollten die Wirtschaftspolitiken der Mitgliedsländer mit Hilfe der Konvergenzkriterien (*Bünning* 1997) in größeren Einklang gebracht werden, in der zweiten Stufe (ab 1. Januar 1994) nahm das Europäische Währungsinstitut (EWI) als Vorläufer der Europäischen Zentralbank (EZB) seine Tätigkeit auf und mit Eintritt in die dritte Stufe (ab 1. Januar 1999) wurden die Wechselkurse der teilnehmenden Staaten unwiderruflich und ohne Bandbreiten fixiert. Spätestens im Jahr 2002 sollen dann die nationalen Währungen durch die Einheitswährung, den Euro, ersetzt werden.

Zwischenzeitlich (zum 1. Januar 1995) hatte sich die Gemeinschaft der Zwölf durch die Beitritte Finnlands, Österreichs und Schwedens auf 15 Staaten vergrößert. An der Währungsunion sind jedoch zur Zeit nur elf Staaten beteiligt. Dänemark, Großbritannien und Schweden haben aus politischen Gründen auf eine Teilnahme verzichtet. Griechenland, das keines der Konvergenzkriterien erfüllte, wurde aus ökonomischen Gründen ausgeschlossen (*Baßeler*, *Heinrich* und *Koch* 1999, S. 564).

Die bisher letzte Revision des Vertragswerkes erfolgte 1997 durch den Vertrag von Amsterdam, der am 1. Mai 1999 in Kraft getreten ist.[7] Angesichts der hohen Arbeitslosigkeit in der EU, diese lag 1997 im EU-Schnitt bei 10,6 Prozent (*Statistisches Bundesamt* 1998, S. 50), stand zum ersten Mal die Frage der Beschäftigung im Mittelpunkt der Vertragsrevisionen. Die Beurteilung der Ergebnisse des Amsterdamer Gipfels ist jedoch ambivalent: „Betrachtet man Amsterdam als konsequente Fortsetzung in der Tradition der Einheitlichen Europäischen Akte und des Vertrags von Maastricht, dann können eine ganze Reihe von Vertragsfortschreibungen und Weichenstellungen in allen Vertragsteilen festgehalten werden. Sieht man die europäische Einigung aber vor allem mit Blick auf die künftigen Herausforderungen, dann werden diese Fortschritte durch erhebliche Defizite des neuen Vertrages überdeckt....Europa ist zu kurz gesprungen" (*Weidenfeld* und *Giering* 1998, S. 84).

---

[7] Einen Überblick über die Reformen des Amsterdamer Vertrags gibt *Weidenfeld* und *Giering* 1998.

In den letzten 50 Jahren hat sich die Europäische Gemeinschaft von einer Montanunion mit sechs beteiligten Staaten zu einer Wirtschafts- und Währungsunion mit 15 bzw. elf Mitgliedern entwickelt. Ein weiteres Voranschreiten des Integrationsprozesses, bei dem sich Erweiterung und Vertiefung abwechseln, ist geplant. Einer der nächsten Punkte auf der EU-Agenda ist die Osterweiterung. Auf dem EU-Gipfel in Helsinki im Dezember 1999 sind alle Staaten, die seit 1987 einen offiziellen Beitrittsantrag gestellt haben, in den Kreis der Beitrittskandidaten aufgenommen worden. Dieses sind (in chronologischer Aufzählung): Türkei, Zypern, Malta, Ungarn, Polen, Rumänien, Slowakische Republik, Lettland, Estland, Litauen, Bulgarien, Tschechische Republik und Slowenien. Ab 2002 sollen die ersten Bewerber in die EU aufgenommen werden.

2.2.1.2. Folgen für die nationalen Wirtschaftspolitiken

Mit der Vertiefung des Integrationsprozesses innerhalb Europas haben die Mitgliedstaaten zunehmend nationale wirtschaftspolitische Kompetenzen auf Organe und Institutionen der Europäischen Gemeinschaft übertragen. Von grundlegender Bedeutung für diese Entwicklung war die Entscheidung, eine Währungsunion zu bilden. In einer Währungsunion entfallen sowohl die Währungs- als auch die Geldpolitik als nationale wirtschaftspolitische Instrumente. Ohne eine einheitliche Geldpolitik könnten einzelne Mitgliedsländer die Geldmenge im eigenen Land überproportional ausweiten, um höhere Seigniorage-Einnahmen (Geldschöpfungsgewinne des Staates) zu erzielen, während die Inflationskosten von der Summe aller an der Währungsunion beteiligten Länder getragen werden müssten (moral-hazard-Problematik) (zur Bedeutung der Seigniorage-Einnahmen in den EWWU-Mitgliedstaaten vgl. *Görgens*, *Ruckriegel* und *Seitz* 1999, S. 188ff; *Europäische Kommission* 1990, S. 134ff). Seit dem 1.1.1999 wird die Geldpolitik durch die am 1. Juni 1998 gegründete EZB gesteuert.

Die Wechselkurskompetenz gegenüber Drittstaaten wurde formell dem Rat der Wirtschafts- und Finanzminister (ECOFIN-Rat) zugeordnet. Nach Art. 111 EGV n.F. obliegt es diesem, „förmliche Vereinbarungen über ein Wechselkurssystem für die ECU gegenüber Drittlandswährungen" zu treffen, „allgemeine Orientierungen für die Wechselkurspolitik" gegenüber Drittlandswährungen aufzustellen und „die Modalitäten für die Aushandlung und den Abschluß" von Vereinbarungen der Gemeinschaft mit Staaten oder internationalen Organisationen „im Zusammenhang mit Währungsfragen oder Devisenregelungen" zu bestimmen.

Ob der Verlust des nationalen Wechselkursinstruments beklagt werden muss, hängt entscheidend davon ab, wie effektiv nominale Wechselkursänderungen den realen Wechselkurs, und damit die Wettbewerbsfähigkeit eines Landes, beeinflussen können (*Bovenberg* und *de Jong* 1997, S. 87ff). Der Wechselkurs ist zwar kein Instrument, um dauerhafte strukturelle Ungleichgewichte zu überwinden, jedoch hat *Mundell* bereits 1961 bei der Entwicklung seiner Theorie der optimalen Währungsräume gezeigt, dass der Wechselkurs bei geringer Mobilität der Arbeitskräfte und nach unten rigiden Löhnen ein wertvolles Instrument ist, um asymmetrische Schocks zu überwinden, die ohne Wechselkursanpassung in der einen Region zu Inflation und in der anderen Region zu Arbeitslosigkeit führen würden.

Für die Bewertung des Wegfalls der nationalen Wechselkurspolitik ist es daher von entscheidender Bedeutung, in welchem Ausmaß mit dem Auftreten asymmetrischer realer Schocks zu rechnen ist. Vielfach wird argumentiert, dass der Handel innerhalb der EU hauptsächlich intra-industrieller Natur ist und es somit wahrscheinlich ist, dass die Mitgliedsländer der EWWU gleichartigen Schocks, die in der Regel sektorspezifisch sind, ausgesetzt sind (*Europäische Kommission* 1990, S. 156ff). In diesem Fall spielt es keine Rolle, ob sich die Wechselkurse der DM, des französischen Franc, der italienischen Lira usw. in etwa gleichem Umfang verändern, oder ob sich der Wechselkurs des Euro einheitlich anpasst. Vertreter der „Neuen Außenhandelstheorie" verweisen allerdings darauf, dass sektorspezifische Schocks mit zunehmender Integrationstiefe zu regionalen und länderspezifischen Schocks werden können, da eine Handelsintegration, die sich aus Skalenerträgen ableitet, zu einer regionalen Konzentration der industriellen Aktivitäten führt, um Skalenerträge besser realisieren zu können (*Krugman* 1993). Eine derartige räumliche Konzentration bestimmter Industriezweige ist z.B. in den USA zu beobachten (Bsp. Silicon Valley).

Bean (1992, S. 35) verweist zudem darauf, dass es für den Bereich der nicht-handelbaren Güter nicht ausgeschlossen ist, dass länderspezifische Schocks auftreten, die eine Anpassung der relativen Preise handelbarer und nicht-handelbarer Gütern erfordern. Als Beispiel nennt er die deutsche Wiedervereinigung, bei der die Inflationswirkungen der expansiven Fiskalpolitik und der Anstieg der Zinsen in den anderen europäischen Ländern durch eine Aufwertung der DM hätten abgeschwächt werden können. *Bayoumi* und *Eichengreen* (1993) unterscheiden zwischen einer „core region" (Belgien, Dänemark, Deutschland, Frankreich, Luxemburg und die Niederlande) und einer „periphery region" (Griechenland, Großbritannien, Irland, Italien, Portugal und Spanien) und zeigen, dass im Zeitraum von 1963-1988 nur die Angebots- und Nachfrageschocks in der „core region" eine hohe Korrelation aufwiesen. Setzt sich dieses Muster in der Zukunft fort, werden die Länder, die stärker asymmetrischen Schocks ausgesetzt sind, nach anderen Anpassungsinstrumenten suchen müssen.

Zwar verbleibt die Fiskalpolitik in den Händen der einzelnen EU-Mitgliedstaaten, jedoch ist die nationalstaatliche Autonomie durch den Umstand eingeschränkt, dass dauerhafte Defizite größeren Umfangs von der Gemeinschaft wegen ihres Spill-over-Effektes auf das Preisniveau und das Zinsniveau aller Mitgliedsländer nicht akzeptiert werden können. Aus diesem Grund bleiben die finanzwirtschaftlichen Konvergenzkriterien, nach denen die Gesamtverschuldung eines Staates die Höchstgrenze von 60 Prozent des BIP und das Finanzierungsdefizit 3 Prozent des BIP des jeweiligen Landes nicht überschreiten darf, auch nach Eintritt in die EWWU verbindlich. Zusätzlich wurde im Stabilitätspakt festgelegt, wie haushaltspolitische Sünder zu sanktionieren sind. Die „No bail-out"-Klausel des Art. 103 EGV n.F., die die Solidarhaftung für die Verschuldung nationaler Gebietskörperschaften ausschließt, soll moral-hazard-Gefahren vorbeugen und die Disziplinierungsfunktion des Marktes stärken. De facto ist somit auch dieser wirtschaftspolitische Spielraum stark eingeschränkt (*Wagner* 1998, S. 166ff).

Wenn eine nationale Geld- und Währungspolitik nicht mehr existiert und eine nationale Fiskalpolitik in ihren Möglichkeiten stark beschränkt ist, dann lastet eine wesentlich größere Verantwortung als bisher auf der Tarifpolitik. Zum einen können die Tarifpartner nicht mehr damit rechnen, negative Beschäftigungseffekte überzogener Lohnforderungen zu externalisieren. Zum anderen muss sich die Lohnpolitik bewusst sein, dass sie in einer Währungsunion das wichtigste Instrument zur Abfederung wirtschaftlicher Fehlentwicklungen - egal welchen Ursprungs - sein wird. Hier besteht ein entscheidender Unterschied zwischen einer juristischen und einer ökonomischen Betrachtungsweise: Die Haftung im Schuld- oder Strafrecht setzt zwingend ein Verschulden voraus. Im ökonomischen Kontext wird nicht nach dem Verschulden gefragt, sondern nach dem Vorhandensein von Alternativen. Wer mobil ist, kann den einkommensmindernden oder arbeitsplatzvernichtenden Wirkungen von Störungen ausweichen. Da der Faktor Arbeit prinzipiell immobiler als der Faktor Kapital ist, muss die Lohnpolitik auch für Störungen, die sie nicht verursacht hat, einstehen. In Krisenzeiten müssen die Arbeitsmärkte also wesentlich flexibler und differenzierter als bisher reagieren (*Schellhaaß* und *Kollmeier* 1997, S. 104). Andernfalls dürfte nach Prognosen des *International Monetary Fund* (1997, S. 75ff) die strukturelle Arbeitslosenquote bis zum Jahr 2010 den heutigen Referenzwert von 8-9 Prozent um zwei Prozentpunkte übertreffen.

18 Millionen Arbeitslose in der EU deuten darauf hin, dass die europäischen Arbeitsmärkte bisher nicht hinreichend flexibel auf die Herausforderungen der Integration reagiert haben. Ob die EWWU die nationalen Arbeitsmärkte, wie *Sievert* (1995, S. 7) annimmt, jedoch zu „echten Wettbewerbsmärkten" machen wird, bleibt fraglich. Nach Auffassung vieler Autoren ist es „eine Illusion zu glauben, eine Währungsunion würde zu einer Zeitenwende auf den Arbeitsmärkten führen.[8] Das Gegenteil ist wohl richtig. Die durch gemeinsames Geld ausgelöste höhere Arbeitslosigkeit wird die Gewerkschaften veranlassen, noch lauter nach arbeitsmarkt- und sozialpolitischen Maßnahmen, dieses Mal auf europäischer Ebene, zu rufen" (*Berthold* 1995). Es bleibt somit zunächst festzuhalten, dass die sich vertiefende wirtschaftliche und monetäre Integration Europas eine Flexibilisierung der Arbeitsmärkte erfordert. Ob sie sie auch bewirkt, bleibt hingegen fraglich.

2.2.2. Die Globalisierung

In einem sich immer stärker integrierenden Weltsystem wird die Wohlfahrt der EU-Mitgliedstaaten nicht nur durch ihre Intra-Aktionen, sondern auch durch ihre Inter-Aktionen mit Ländern außerhalb der Gemeinschaft bestimmt. Diese Interaktionen werden mit dem Term Globalisierung bezeichnet: „Globalisierung bezieht sich auf die Vielfältigkeit der Verbindungen und Querverbindungen zwischen Staaten und Gesellschaften, aus denen das heutige Weltsystem besteht. Sie beschreibt den Prozeß, durch den Ereignisse, Entscheidungen und Aktivitäten in einem Teil der Welt bedeutende Folgen für Individuen und Gemeinschaften in weit entfernt liegenden Teilen der Welt haben. Globalisierung besteht aus zwei verschiedenen Phänomenen: Reichweite (oder Ausbreitung) und Intensität (oder Vertiefung)" (*Die Gruppe von Lissabon* 1997, S. 50). Die Erkenntnis, dass sich die EU den Veränderungen des weltweiten Umfelds anpassen

---

[8] Vgl. z.B. *Belke* 1996, *Berthold* und *Fehn* 1998, *Feldmann* 1998, *Paqué* 1997, *Soltwedel* 1997.

musste, fand sich auch in den Zielformulierungen für den Amsterdamer Vertrag wieder, dessen Änderungen dazu dienen sollten, „die erforderlichen politischen und institutionellen Voraussetzungen dafür zu schaffen, daß sich die Europäische Union den künftigen Herausforderungen im Zusammenhang mit der raschen Entwicklung der internationalen Lage, der Globalisierung der Wirtschaft und ihrer Auswirkungen auf die Beschäftigung ... stellen kann" (http://www.europa.eu.int/scadplus/leg/de/lvb/a09000.htm, abgerufen am 21.1.2000).

2.2.2.1. Institutioneller Wandel und die dritte industrielle Revolution

Die Integrationsbestrebungen Europas in der zweiten Hälfte des 20. Jahrhunderts wurden begleitet von einer ebenfalls wachsenden weltweiten wirtschaftlichen Integration. Ausschlaggebend hierfür war eine Vielzahl von Faktoren:

1. 1947 gründeten 23 Länder das General Agreement on Tariffs and Trade (GATT) mit dem Ziel der Hebung des Lebensstandards und der Verwirklichung der Vollbeschäftigung in allen beteiligten Ländern durch Liberalisierung und Ausweitung des Welthandels auf der Basis der Meistbegünstigung und Nicht-Diskriminierung. In acht Handelsrunden wurden die Zölle der Industrieländer von durchschnittlich 40 Prozent des Importwertes auf 4,3 Prozent des Importwertes gesenkt (*Siebert* 1997, S. 216). Nach gelungenem Abbau der tarifären Handelshemmnisse wurde das GATT 1995 in die WTO überführt, deren Aufgabe es ist, Ordnungsregeln für die Weltwirtschaft zu institutionalisieren. Bis Januar 2000 wuchs die Zahl der Mitglieder auf 135. Diese vereinigen 90 Prozent des Welthandelsvolumens auf sich. Weitere 31 Länder verhandeln derzeit noch über einen Beitritt.[9]
2. Neben dem multilateralen Abbau von Handelsschranken durch das GATT sorgten auch regionale Integrationsbestrebungen[10] sowie die unilaterale Handelsliberalisierung der Entwicklungsländer (Übergang von der Strategie der Importsubstitution zur Strategie der Exportdiversifikation) für einen Abbau der Handelsschranken.
3. Durch den Umbruch in den ehemaligen Planwirtschaften Mittel- und Osteuropas und die Öffnung Indiens und Chinas vergrößerte sich die Zahl der Teilnehmer an der weltweiten Arbeitsteilung.
4. Die Senkung der Transport- und Kommunikationskosten im Zuge des technischen Fortschritts hat die Welt näher zusammenrücken lassen. *Cohen* (1998, S. 90) bezeichnet die Entwicklung neuer Informations- und Kommunikationstechnologien in Analogie zur ersten industriellen Revolution, aus der die Eisenbahn hervorging, und zur zweiten industriellen Revolution, die das Auto und das Flugzeug hervorbrachte, als dritte industrielle Revolution ("die Computerrevo-

---

[9] Vgl. http://www.wto.org/wto/about/organsn6.htm, abgerufen am 21.1.2000.
[10] Seit 1948 wurde die Unterzeichnung von 198 Regionalabkommen, von denen Anfang Januar 2000 noch 119 in Kraft waren, notifiziert; vgl. http://www.wto.org/wto/develop/regional. Htm, abgerufen am 21.1.2000.

lution"). Die Verringerung der Transaktionskosten hat zu einer immer stärkeren Zerlegbarkeit der Produktionsprozesse („slicing up the value added chain", *Krugman* 1995) geführt.

5. Der Abbau von Kapitalverkehrskontrollen nach dem Zusammenbruch des festen Wechselkurssystems von Bretton Woods 1971 war neben der Entwicklung neuer Übertragungstechnologien und innovativer Finanzmarktinstrumente eine grundlegende Voraussetzung für die internationale Integration der Kapitalmärkte.

Inwieweit die Schaffung neuer technischer und institutioneller Möglichkeiten eine stärkere internationale Verflechtung der Güter- und Faktormärkte bewirkte, lässt sich an einer Reihe von Kennzahlen ablesen:

- Zwischen 1972 und 1995 wuchsen die Weltexporte um den Faktor zwölf, während die Weltindustrieproduktion lediglich um den Faktor acht anstieg (*Löhr* 1999, S. 123).
- Die Direktinvestitionen sind im gleichen Zeitraum auf das 18fache angewachsen (*OECD* 1997).
- Besonders deutlich wird die Dynamik der Globalisierung an den internationalen Finanzmärkten. Zwischen 1972 (19,6 Milliarden Dollar) und 1995 (832 Milliarden Dollar) sind die internationalen Kapitalbewegungen um den Faktor 42 gewachsen (*OECD* 1996b).

Da regionale Integration nicht nur zur Handelsschaffung, sondern auch zur Handelsumlenkung führt (*Letzner* 1997), könnte man annehmen, dass sich die EU durch den erreichten hohen Integrationsgrad zum Teil der stärkeren wirtschaftlichen Verflechtung mit ihrem Umfeld entzogen hat. So zeigt eine Untersuchung von *Anderson und Norheim* (1993), dass der Anteil des intraregionalen Handels am gesamten Außenhandel Westeuropas mit zunehmender Integrationsbreite und -tiefe bis 1990 kontinuierlich gewachsen ist. Auch wenn die einzelnen EU-Mitgliedstaaten wirtschaftlich stärker mit ihren Integrationspartnern als mit Drittländern verflochten sind, darf nicht vernachlässigt werden, dass 1997 37,77 Prozent der Importe der EU-Länder aus Nicht-EU-Ländern kamen und 38,23 Prozent der Exporte in Nicht-EU-Länder gingen. Zudem bestätigt sich die Beobachtung des kontinuierlich wachsenden Anteils des Intra-EU-Handels von *Anderson und Norheim* für die Jahre nach 1990 trotz der 1995 erfolgten EU-Erweiterung von zwölf auf 15 Mitgliedstaaten nicht mehr. Ab 1990 lag der Anteil des Extra-EU-Handels am gesamten Außenhandel der EU-Mitgliedstaaten bei den Importen kontinuierlich zwischen 35,5 Prozent (1992) und 37,98 Prozent (1993). Bei den Exporten stieg er sogar von 33,16 Prozent (1990) auf 38,23 Prozent (1997) (eigene Berechnungen nach Angaben des Statistischen Bundesamtes 1999).

Die Verflechtung der EU mit ihrem weltweiten Umfeld lässt sich auch an den Direktinvestitionsströmen ablesen. 1998 investierten die EU-Mitgliedstaaten 127 Mrd. ECU bei ihren Integrationspartnern und 192 Mrd. ECU außerhalb der EU. Bei den Zuflüssen ist die Situation nahezu ausgeglichen. 99 Mrd. ECU an Direktinvestitionen kamen aus anderen EU-Mitgliedstaaten, 94 Mrd. ECU aus Drittländern. Sowohl bei den Abflüssen in Drittländer als auch bei den Zuflüssen aus Drittländern waren die USA mit einem Anteil von rund 60 Prozent das Hauptziel- bzw. Herkunftsland der Direktinvestitionen (eigene Berechnungen nach Angaben von *Eurostat* 1999a).

Auch wenn die regionale Integration der EU-Mitgliedstaaten eine höhere Intensität erreicht hat als ihre Integration in die Weltwirtschaft, ist angesichts des hohen Volumens der Direktinvestitionen in und aus Drittländern und eines Außenhandelsanteils der Nicht-EU-Länder am Gesamthandel der EU von mehr als einem Drittel davon auszugehen, dass nicht nur die Regionalisierung, sondern auch die Globalisierung die Spielregeln für die nationale Wirtschaftspolitik verändert und ihr Freiheitsgrade genommen hat. Zu diesem Schluss kommt auch *Apolte* (1999a, S. 22).

2.2.2.2. Folgen für die nationalen Wirtschaftspolitiken

Die Globalisierung hat den Mitgliedstaaten der EU viele Chancen eröffnet: durch die Verringerung der Transport- und Kommunikationskosten wurden nicht-handelbare zu handelbaren Gütern, durch den fortschreitenden Abbau der tarifären und nicht-tarifären Handelshemmnisse konnten neue Absatzmärkte erschlossen und bestehende Handelsbeziehungen ausgebaut werden, die Konsumenten konnten von einer immer größeren Vielfalt immer billigerer Produkte profitieren, das Kapital konnte zu den lukrativsten Einsatzorten wandern, etc. Gleichzeitig hat die Globalisierung aber auch den Wettbewerbsdruck auf Unternehmen, Arbeitnehmer und Volkswirtschaften erhöht. Es ist ein Wettbewerb der immobilen Produktionsfaktoren um die mobilen Produktionsfaktoren entstanden, der im folgenden als Standortwettbewerb bezeichnet wird. Dieses Konzept des Standortwettbewerbs findet seinen Ursprung bei *Tiebout* (1956).

Werden durch den erhöhten Wettbewerbsdruck bestehende monopolistische Unternehmensstrukturen aufgebrochen, ist das aus volkswirtschaftlicher Sicht positiv zu bewerten. Der Verlust an Produzentenrente wird durch den Zuwachs an Konsumentenrente überkompensiert. Durch die Globalisierung werden jedoch nicht nur Unternehmensmonopole, sondern auch das Monopol der staatlichen Wirtschaftspolitik aufgebrochen. Sowohl für die Unternehmen als auch für die Volkswirtschaften birgt die Globalisierung Chancen und Risiken. Ein Unternehmer sieht sich in einer integrierten Weltwirtschaft einem viel größeren Potential an Nachfragern gegenüber. Er muss aber auch größere Anstrengungen unternehmen, um diese angesichts der Angebote der Konkurrenz für sich zu gewinnen. Die Regierungen sind Anbieter nationaler Wirtschaftspolitiken. In einer Welt, in der die Produktionsfaktoren immobil waren, konnten sich diese der jeweiligen nationalstaatlichen Wirtschaftspolitik nur schwer entziehen. Mit zunehmender Integration der Güter- und Faktormärkte sind die einzelnen Staaten jedoch darauf angewiesen, um die mobilen Produktionsfaktoren (Kapital und neues technisches Wissen) zu konkurrieren. Einerseits haben sie durch die Globalisierung die Chance bekommen, mehr Kapital und technisches Wissen zu attrahieren als jemals zuvor. Andererseits sehen sie sich der Gefahr ausgesetzt, inländische Produktionsfaktoren an Anbieter mit günstigeren Standortbedingungen zu verlieren.

Die Globalisierung zwingt die Nationalstaaten, ihre Angebotsbedingungen zu überprüfen. Genauso wie ein Unternehmer den prozentualen Gewinnaufschlag im umgekehrten Verhältnis zur Nachfrageelastizität festlegt, wird ein Staat die Ausgestaltung der Wirtschaftspolitik für die einzelnen Produktionsfaktoren von ihrer Mobilität abhängig machen. Es ist für ihn optimal, die Produktionsfaktoren, die weniger mobil sind (Arbeit), mit den ungünstigeren Bedingungen zu belasten, während er bei den Angebotsbedingungen, die für die mobilen Produktionsfaktoren (Kapital) relevant sind, zunehmend Ineffizienzen beseitigen muss. Zu den für den Produktionsfaktor Kapital relevanten Wirtschaftspolitiken sind die Steuerpolitik, die Infrastrukturpolitik, die Umweltpolitik, die Subventionspolitik und die Sozialpolitik zu zählen.

Der verschärfte Standortwettbewerb eröffnet zwar einerseits neue Möglichkeiten zur Steigerung der nationalstaatlichen Wohlfahrt, führt aber andererseits vor allem dort zu Anpassungsschwierigkeiten, wo Flexibilität und Mobilität gering sind. Dieses gilt auch für die europäischen Arbeitsmärkte. Gelingt es z.B. einem Staat, durch eine attraktive Standortpolitik die Kapitalausstattung des Landes zu erhöhen, steigt hiermit auch die Grenzproduktivität der Arbeit, was je nach Arbeitsmarktlage eine Zunahme der Beschäftigung und/oder eine Erhöhung der Entlohnung nach sich zieht. Auf der anderen Seite müssen die Arbeitskräfte aber auch mit Arbeitskräften anderer Länder um die Arbeitsplätze konkurrieren. Die Globalisierung hat die Knappheiten in den einzelnen Segmenten des Arbeitsmarktes verändert (*Alesina* und *Perotti* 1995, S. 967; *Slaughter* und *Swagel* 1997, S. 3). Durch die Integration von Volkswirtschaften in die internationale Arbeitsteilung, die reichlich mit dem Produktionsfaktor „gering qualifizierte Arbeit" ausgestattet sind, ist dieser Produktionsfaktor weniger knapp geworden. Bei einer hohen Flexibilität der Löhne würde das gestiegene weltweite Angebot zu einer Öffnung der Lohnschere zwischen den qualifizierten und den gering qualifizierten Arbeitskräften führen (Bsp. USA). Fehlt es an Flexibilität, wird Arbeit zunehmend durch Kapital substituiert oder die Produktion wird ins Ausland verlagert bzw. eingestellt und durch Importe ersetzt. Es entsteht Arbeitslosigkeit (Bsp. Europa) (*Krugman* 1995, S. 349ff; *Freeman* 1995).

Es ist in der Literatur zwar umstritten, ob die Intensivierung der Handelsbeziehungen oder der technische Fortschritt primär für diese Entwicklung verantwortlich ist.[11] Im Prinzip ist es jedoch fragwürdig, diese beiden Einflussfaktoren so klar voneinander trennen zu wollen (*Landmann* 1999, S. 148). Auf der einen Seite ist die heutige Intensität der Handelsbeziehungen erst durch die technologischen Durchbrüche im Transport-, Informations- und Kommunikationssektor ermöglicht worden. Auf der anderen Seite fördert die Intensivierung des Handels die Entwicklung und Verbreitung des technischen Fortschritts. Die zunehmend unter weltweiten Wettbewerbsdruck geratenen Unternehmen sind darauf angewiesen, ihre Innovationsaktivitäten zu beschleunigen, um so die eigene Position durch die Schaffung von Wettbewerbsvorteilen zu sichern. Diese können wiederum aufgrund der hohen weltweiten Verflechtung immer schneller und weitreichender ihre Wirkung entfalten.

---

[11] Einen guten Überblick über die Kontroverse gibt *Burtless* 1995.

Auch *Feenstra* (1998) sieht Handel und technischen Fortschritt nicht als widersprüchliche sondern als komplementäre Erklärungsansätze für den Nachfragerückgang nach gering qualifizierten Arbeitskräften. Er verweist darauf, dass in Untersuchungen wie in der von *Lawrence* und *Slaughter* (1993), die nur einen geringen Einfluss des weltweiten Handels auf die Löhne der gering qualifizierten Arbeitskräfte konstatieren, lediglich der Handel mit Endprodukten analysiert wurde. Angesichts der heutigen Zerlegbarkeit der Produktionsprozesse ist es jedoch erforderlich, im besonderen den Handel mit Zwischenprodukten zu analysieren. Die Möglichkeit des Outsourcing veranlasst Unternehmen, die Produktion einzelner Bestandteile des Endproduktes an andere Produktionsstandorte zu verlagern. Hierbei werden vorzugsweise die Produktionsschritte ausgelagert, die einen hohen Anteil an gering qualifizierter Arbeit erfordern. Outsourcing hat somit den gleichen Effekt auf die Nachfrage nach gering qualifizierten Arbeitskräften wie eine Automatisierung der Produktion aufgrund technischen Fortschritts. Es kann zwar argumentiert werden, dass erst der technische Fortschritt Outsourcing zu einem rentablen Unterfangen gemacht hat, andererseits wäre Outsourcing ohne den institutionellen Abbau der Handelsschranken gar nicht möglich.

Viele Arbeitsmärkte in Europa waren angesichts ihrer Inflexibilität bisher nicht in der Lage, angemessen auf den gestiegenen Anpassungsdruck zu reagieren, was sich in einer hohen Arbeitslosenquote bei den gering qualifizierten Arbeitskräften äußert. So besaßen z.B. in Deutschland 1998 44 Prozent der Arbeitslosen keine abgeschlossene Berufsausbildung, der Anteil der Erwerbspersonen ohne abgeschlossene Berufsausbildung betrug dagegen nur 19 Prozent (*Bundesanstalt für Arbeit* 1999, S. 137). Eine natürliche Reaktion von Unternehmen, die sich einem erhöhten Wettbewerbsdruck entziehen wollen, ist die Bildung von Kartellen. Ähnliche Bestrebungen sind auch von Seiten der Nationalstaaten zu beobachten, indem sie eine internationale Abstimmung der relevanten Wirtschaftspolitiken unter dem Begriff einer „neuen Weltwirtschaftsordnung" fordern.

Innerhalb der Europäischen Union ist der Standortwettbewerb gleich auf zwei Arten verschärft worden: zum einen von innen durch die Vertiefung der Integration und die Erweiterung der Gemeinschaft, zum anderen von außen durch die fortschreitende Globalisierung. Eine umfangreiche Deregulierung und Flexibilisierung der Arbeitsmärkte als Reaktion auf den gestiegenen Anpassungsdruck kann jedoch bisher in den meisten EU-Mitgliedstaaten nicht beobachtet werden. Es ist daher zu vermuten, dass Bestrebungen, den Wettbewerb durch koordiniertes Handeln abzuschwächen, an Bedeutung gewonnen haben. Ob dieses tatsächlich der Fall war, soll im folgenden Abschnitt für den Fall der europäischen Sozialpolitik überprüft werden.

2.2.3. Die Entwicklung der europäischen Sozialpolitik seit 1957

Während die wirtschaftliche Integration Europas seit der Unterzeichnung des EWG-Vertrages am 25.3.1957 rasch voranschritt, fand die soziale Dimension des Gemeinsamen Marktes zuerst wenig Beachtung, da man davon ausging, die Herstellung der Freizügigkeit der Arbeitnehmer (Art. 48-51 EWGV [Art. 39-42 EGV n.F.]) wäre ausreichend für eine Nivellierung der Arbeits- und Einkommensbedingungen (*Ringler*

1997, S. 64). Man erwartete, dass die Freizügigkeit der Arbeitnehmer die einzelnen Standorte zwingen würde, über die Ausgestaltung der Arbeits- und Einkommensbedingungen um die Arbeitskräfte zu konkurrieren. Diese Konkurrenz sollte zu einer Verbesserung der Lebens- und Arbeitsbedingungen sowie zu einer Angleichung auf hohem Niveau führen. „Social harmonisation was seen as an end product of economic integration rather than a prerequisite" (*Hantrais* 1995, S. 1). Lediglich die französische Regierung betrachtete die soziale Harmonisierung als eine der wichtigsten Grundlagen des Binnenmarktes. Sie vertrat die Ansicht, dass nur dann gleiche Chancen für den Wettbewerb im Binnenmarkt bestehen, wenn die kostenmäßigen Belastungen, die den Unternehmen aus den sozialpolitischen Regelungen erwachsen, einander angeglichen werden. Die deutsche Regierung hingegen sah sozialpolitische Regelungen nicht als künstliche Kosten an, die wettbewerbsverzerrend wirken und infolgedessen anzugleichen wären, sondern als standortbedingte natürliche Kosten (*Ringler* 1997, S.51). Von den vier geforderten „préalables sociaux" (vgl. Abschnitt I) konnte Frankreich nur die Lohngleichheit für Männer und Frauen durchsetzen, die in Art. 119 EWGV [Art. 141 EGV n.F.] verankert wurde.

Darüber hinaus wurde in Art. 123 EWGV [Art. 146 EGV n.F.] die Errichtung eines Europäischen Sozialfonds (ESF) vorgesehen, der im Sommer 1960 gegründet wurde. Er war der erste von vier Strukturfonds der Gemeinschaft und wird von ihr als „das wichtigste Instrument der Sozialpolitik" (http://www.europa.eu.int/comm/regional_policy/ activity/erdf/erd1a_de.htm, abgerufen am 24.1.2000) gesehen. Für den Zeitraum von 1960-1973 betrug die Mittelausstattung 400 Millionen ERE (Europäische Rechnungseinheit, Vorläufer der ECU), die vorwiegend zur Förderung der beruflichen Verwendbarkeit und der örtlichen und beruflichen Freizügigkeit der Arbeitskräfte eingesetzt werden sollten, da Arbeitslosigkeit zu dieser Zeit kein Problem darstellte. Nach verschiedenen Reformen dient der ESF heute der Bekämpfung der Langzeitarbeitslosigkeit und der Erleichterung der Eingliederung der Jugendlichen in das Erwerbsleben (Ziele 3 und 4 der Strukturfonds) und war im Zeitraum von 1994-1999 mit 47 Milliarden ECU ausgestattet.[12]

Die sozialpolitische Grundausrichtung der Europäischen Gemeinschaft änderte sich erst zu Beginn der 70er Jahre unter dem Einfluss der neuen sozialdemokratischen Regierungen in den Mitgliedstaaten (*Balze* 1994, S. 52). Auf dem Pariser Gipfeltreffen im Oktober 1972 erklärten die Staats- und Regierungschefs der Mitgliedstaaten, "daß einem energischen Vorgehen im sozialpolitischen Bereich die gleiche Bedeutung zukommt, wie der Verwirklichung der Wirtschafts- und Währungsunion" (wiedergegeben nach *Berié* 1993, S. 48). Sie beauftragten die Europäische Kommission mit der Ausarbeitung eines sozialpolitischen Aktionsprogramms, das im Januar 1974 vom Rat verabschiedet wurde. Da die Europäische Gemeinschaft über keine ausdrücklichen sozialpolitischen Kompetenzen verfügte, sollten auf der Grundlage des Art. 100 EWGV [Art. 94 EGV n.F.] diejenigen Unterschiede in den sozialpolitischen Regelungen der

---

[12] Vgl. http://www.europa.eu.int/comm/dg05/ esf/en/index.htm, abgerufen am 24.1.2000.

Mitgliedstaaten durch eine Rechtsangleichung beseitigt werden, die die Wettbewerbsbedingungen auf dem Gemeinsamen Markt verfälschten.

Auslöser für die erste im Rahmen des Aktionsprogramms verabschiedete europäische arbeitsrechtliche Richtlinie 75/129/EWG vom 17. Februar 1975 zur Angleichung der Rechtsvorschriften der Mitgliedstaaten über Massenentlassungen war die Entscheidung des AKZO-Konzerns, eines deutsch-niederländischen multinationalen Unternehmens, im Zuge eines Umstrukturierungsprozesses 5.000 Mitarbeiter in demjenigen Mitgliedstaat zu entlassen, der die niedrigsten kündigungsrechtlichen Hindernisse aufwies (*Blanpain*, *Schmidt* und *Schweibert* 1996, S. 315f.). Es folgten Richtlinie 77/187/EWG vom 14. Februar 1977 zur Angleichung der Rechtsvorschriften der Mitgliedstaaten über die Wahrung von Ansprüchen der Arbeitnehmer beim Übergang von Unternehmen, Betrieben oder Betriebsteilen, Richtlinie 80/987/EWG vom 20. Oktober 1980 zur Angleichung der Rechtsvorschriften der Mitgliedstaaten über den Schutz der Arbeitnehmer bei Zahlungsunfähigkeit des Arbeitgebers, drei Richtlinien zur Gleichbehandlung von Männern und Frauen (Richtlinie 75/117/EWG zur Angleichung der Rechtsvorschriften der Mitgliedstaaten über die Anwendung des Grundsatzes des gleichen Entgelts für Männer und Frauen, Richtlinie 76/207/EWG zur Verwirklichung des Grundsatzes des gleichen Entgelts für Männer und Frauen hinsichtlich des Zugangs zur Beschäftigung, zur Berufsausbildung und zum beruflichen Aufstieg sowie in Bezug auf die Arbeitsbedingungen und Richtlinie 79/7/EWG zur schrittweisen Verwirklichung des Grundsatzes der Gleichbehandlung von Männern und Frauen im Bereich der sozialen Sicherheit) sowie eine Reihe von Richtlinien zur Gesundheit und Sicherheit am Arbeitsplatz.

Die dem Aktionsprogramm zugrundeliegende Intention, die Sozialpolitik als gleichberechtigte Dimension der europäischen Integration zu etablieren, scheiterte an der gegen Ende der 70er Jahre aufkommenden Eurosklerose (*Berié* 1993, S. 55f.). Zwar gelang es mit der 1986 unterzeichneten Einheitlichen Europäischen Akte die institutionelle Erstarrung der Gemeinschaft zu überwinden, die Sozialpolitik blieb jedoch nach wie vor das "Stiefkind" der Gemeinschaft. Bestimmungen über die Freizügigkeit und über die Rechte und Interessen der Arbeitnehmer wurden explizit vom neu eingeführten Prinzip der qualifizierten Mehrheit ausgenommen (Art. 100a Abs. 2 EWGV [Art. 95 Abs. 2 EGV n.F.]). Lediglich für den Bereich der Sicherheit und Gesundheit der Arbeitnehmer wurde der Europäische Rat auf dänischen Vorschlag hin in Art. 118a EWGV [Art. 137 EGV n.F.] ermächtigt, mit qualifizierter Mehrheit durch Richtlinien Mindestvorschriften zu erlassen (*Benner* 1998, S.46).

Die in der EEA beschlossene Verwirklichung des Binnenmarktes bis Ende 1992 weckte in den Folgejahren Ängste vor einem sich verstärkenden Sozialkostenwettbewerb (*Mayer* 1989, S. 342f.). Als Indizien hierfür galten die sich gemeinschaftsweit ausbreitende Sonntagsarbeit, die Zunahme grenzüberschreitender Leiharbeit sowie die Zulassung gewinnorientierter Arbeitsvermittler (*Balze* 1994, S. 193). Unter dem Druck der Gewerkschaften und des Europäischen Parlaments (*Nienhaus* 1998, S. 21) wurde im Dezember 1989 die als Kernstück einer sozialen Dimension gedachte Gemeinschaftscharta der sozialen Grundrechte der Arbeitnehmer - ohne die Stimme Großbritanniens - verabschiedet.

Die Sozialcharta listet die sozialen Grundrechte der Arbeitnehmer in den Bereichen Freizügigkeit, Beschäftigung und Arbeitsentgelt, Verbesserung der Lebens- und Arbeitsbedingungen, sozialer Schutz, Koalitionsfreiheit und Tarifverhandlungen, Berufsausbildung, Gleichbehandlung von Männern und Frauen, Unterrichtung, Anhörung und Mitwirkung der Arbeitnehmer, Gesundheitsschutz und Sicherheit in der Arbeitsumwelt, Kinder- und Jugendschutz, ältere Menschen und Behinderte auf. Ihre Gewährleistung obliegt nach dem Subsidiaritätsgrundsatz weitgehend den Mitgliedstaaten, ihren Gebietskörperschaften und den Sozialpartnern. Die Aufgabe der Kommission ist es, die Erfüllung dieser Pflicht durch die Mitgliedstaaten jährlich zu dokumentieren sowie im Rahmen der ihr im EWGV zugewiesenen Kompetenzen Vorschläge für Rechtsakte zu unterbreiten, die eine zügige Umsetzung der Charta sicherstellen. Da es sich bei der Sozialcharta lediglich um eine feierliche Erklärung handelte, hat sie allerdings keine rechtlich bindende Wirkung (*Sapir* 1995, S.26). *Vogel* und *Vogel-Polsky* (1991, S. 8) bezeichnen die Charta als „un simple déclaration d'intentions d'ordre purement symbolique et propagandiste". Die sozialpolitischen Befugnisse der Gemeinschaft wurden durch sie nicht erweitert.

Im November 1989 verabschiedete die Kommission das Aktionsprogramm zur Anwendung der Gemeinschaftscharta der sozialen Grundrechte mit 47 Vorschlägen zur Ergänzung der Errichtung des Binnenmarktes im sozialen Bereich. In den Folgejahren wurden auf der Grundlage des Art. 118 a EWGV [Art. 137 EGV n.F.] eine Vielzahl von Richtlinien zur Sicherheit und zum Gesundheitsschutz am Arbeitsplatz mit qualifizierter Mehrheit verabschiedet, hierunter auch die Arbeitszeitrichtlinie 93/104/EG vom 23. November 1993. Sie sieht aus Gründen des Gesundheitsschutzes eine tägliche Ruhezeit von mindestens elf zusammenhängenden Stunden, eine kontinuierliche Mindestruhezeit von 24 Stunden pro 7-Tages-Zeitraum, eine durchschnittliche Arbeitszeit von maximal 48 Stunden pro 7-Tages-Zeitraum, einen bezahlten Mindesturlaub von mindestens vier Wochen sowie eine Beschränkung der Nachtarbeit auf normalerweise nicht mehr als durchschnittlich acht Stunden pro 24-Stunden-Zeitraum vor. Auch die Richtlinie 94/45/EG über die Einsetzung eines Europäischen Betriebsrates und die Entsenderichtlinie 96/71/EG beruhen auf Vorschlägen aus dem Aktionsprogramm von 1989, scheiterten jedoch zunächst an der für ihre Verabschiedung erforderlichen einstimmigen Beschlussfassung (*Europäische Kommission* 1993a, S. 96).

Im Vorfeld des Maastrichter Gipfels zur Wirtschafts- und Währungsunion signalisierten eine Reihe der EG-Mitgliedstaaten, u.a. auch Deutschland und Frankreich, dass sie einem Voranschreiten auf dem Weg zur Politischen Union ohne Fortschritte auf dem Gebiet der Sozialpolitik nicht zustimmen würden (*Schulz* 1992, S. 80). Zwar wurde durch den Maastrichter Vertrag von 1992 die Sozialpolitik ausdrücklich in Art. 3 Buchst. i) EGV [Art. 3 Buchst. j) EGV n.F.] als eigenständiger Punkt in den Tätigkeitskatalog der Gemeinschaft aufgenommen, jedoch scheiterte die anvisierte Neufassung des Sozialkapitels (Art. 117-127 EGV [Art. 136-150 EGV n.F.]) am Widerspruch Großbritanniens, das aus innenpolitischen Gründen von einer gemeinsamen Sozialpolitik Abstand nahm, dem Voranschreiten der anderen Mitgliedstaaten in diesem Bereich aber zustimmte (= Konzept der „variablen Geometrie", *Rambow* 1995, S. 1169 ff).

Die zwölf Mitgliedstaaten vereinbarten ein "Protokoll über die Sozialpolitik" als Anlage zum Vertrag, das die elf Mitgliedstaaten, die "auf dem durch die Sozialcharta von 1989 vorgezeichneten Weg weitergehen wollen" ermächtigte, ein "Abkommen über die Sozialpolitik" zu schließen. Art. 1 des Abkommens nennt neben der "Verbesserung der Lebens- und Arbeitsbedingungen" "die Förderung der Beschäftigung,..., einen angemessenen sozialen Schutz, den sozialen Dialog, die Entwicklung des Arbeitskräftepotentials im Hinblick auf ein dauerhaft hohes Beschäftigungsniveau und die Bekämpfung von Ausgrenzungen" als Ziele der Gemeinschaft, zu deren Verwirklichung der Rat durch Richtlinien Mindestvorschriften erlassen kann (Art. 2 Abs. 2 u. 3). Die Möglichkeit der Beschlussfassung mit qualifizierter Mehrheit wurde nach Art. 2 Abs. 1 u. 2 des Abkommens über die bisherige Regelung des Art. 118a EGV [Art. 137 EGV n.F.] hinaus auf die Gebiete der Arbeitsbedingungen, der Unterrichtung und der Anhörung der Arbeitnehmer, der Chancengleichheit von Männern und Frauen auf dem Arbeitsmarkt, der Gleichbehandlung am Arbeitsplatz und der beruflichen Eingliederung der aus dem Arbeitsmarkt ausgegrenzten Personen ausgedehnt. Zu Fragen der sozialen Sicherheit und des sozialen Schutzes der Arbeitnehmer, des Schutzes der Arbeitnehmer bei Beendigung des Arbeitsvertrages, der Vertretung und kollektiven Wahrnehmung der Arbeitnehmer- und Arbeitgeberinteressen, der Beschäftigungsbedingungen für Staatsangehörige dritter Länder und der Förderung der Beschäftigung über finanzielle Beiträge kann der Rat nach Art. 2 Abs. 3 des Abkommens einstimmig auf Vorschlag der Kommission und nach einfacher Anhörung des Europäischen Parlaments und des Wirtschafts- und Sozialausschusses beschließen.

Durch das Protokoll und das Abkommen über die Sozialpolitik wurden die sozialpolitischen Handlungsmöglichkeiten der Gemeinschaft zum ersten Mal seit Beginn der Integration erheblich erweitert - zum einen durch die Zuordnung neuer Kompetenzen, zum anderen durch die Erweiterung der Möglichkeiten zur Beschlussfassung mit qualifizierter Mehrheit. Eine weitere Neuerung des Sozialabkommens war die Aufwertung der Rolle der Sozialpartner. Auf Vorschlag einer Arbeitsgruppe der europäischen Arbeitgeberverbände UNICE und CEEP und des Europäischen Gewerkschaftsbundes (EGB) sah das Sozialabkommen für die Zukunft eine stärkere Beteiligung der Sozialpartner an der Entwicklung, Gestaltung und Durchführung des europäischen Arbeitsrechts vor (Art. 2 Abs. 4 und Art. 3) und ermächtigte sie zum Abschluss europäischer Tarifverträge (Art. 4) (*Kuhn* 1995, S. 278ff).

Nach Inkrafttreten der Maastrichter Verträge löste im Januar 1993 die Entscheidung des US-amerikanischen Unternehmens Hoover, eine Produktionsstätte in Frankreich zu schließen und in Schottland wieder zu eröffnen, eine neue Welle der Angst vor einer Gefährdung des sozialen Fortschritts durch die fortschreitende wirtschaftliche Integration aus. Ausschlaggebend für die Entscheidung von Hoover war eine Übereinkunft mit den schottischen Gewerkschaften, die bereit waren, schlechtere Arbeitsbedingungen zu akzeptieren als sie die französischen Arbeiter verlangten. Der Hoover-Fall, dem in den Medien und in der Politik große Beachtung zuteil wurde, kann als die Initialzündung der Diskussion um die Gefahr eines Sozialdumpings in der EU bezeichnet werden (*Sapir* 1995, S. 29f.).

Als ein weiteres Indiz für die Gefährdung des sozialen Fortschritts wurde auch die Situation in der deutschen Baubranche gewertet. Die Verwirklichung der Dienstleistungsfreiheit als eine der vier Grundfreiheiten des Binnenmarktes hatte die zeitlich begrenzte Entsendung von Arbeitnehmern aus einem EU-Mitgliedstaat in einen anderen EU-Mitgliedstaat zwecks Erbringung einer Dienstleistung ermöglicht. Dabei durften die entsandten Arbeitnehmer zu den Löhnen und sozialen Leistungen des Landes, in dem das entsendende Unternehmen seinen Sitz hatte (Sitzlandprinzip), beschäftigt werden. Man ging davon aus, dass diese neue Freiheit dafür verantwortlich war, dass 1995 rund 150-200.000 Bauarbeiter aus anderen EU-Mitgliedstaaten (hauptsächlich aus Portugal, Irland und Großbritannien) in Deutschland beschäftigt waren, während 300.000 deutsche Bauarbeiter arbeitslos waren.[13] Unter dem Motto „gleicher Lohn für gleiche Arbeit auf der gleichen Baustelle" wurde 1996 in Deutschland ein nationales Arbeitnehmer-Entsendegesetz verabschiedet (*Straubhaar* 1996; *Gerken, Löwisch* und *Rieble* 1995).

Die im Abkommen über die Sozialpolitik verankerte Möglichkeit der Beschlussfassung mit qualifizierter Mehrheit für das Gebiet der Arbeitsbedingungen ermöglichte noch im gleichen Jahr, am 16. Dezember 1996, die Verabschiedung einer europäischen Richtlinie 96/71/EG über die Entsendung von Arbeitnehmern im Rahmen der Erbringung von Dienstleistungen gegen die Stimmen Großbritanniens und Portugals (*Lesch* 1999, S. 200). Diese verpflichtet entsendende Unternehmen, den entsandten Arbeitnehmern den "harten Kern" der Arbeits- und Beschäftigungsbedingungen des Mitgliedstaates, in dem die Arbeitsleistung erbracht wird, zu garantieren. Hierzu sind u.a. Bestimmungen im Bereich der Höchstarbeits- und Ruhezeiten, des bezahlten Mindesturlaubs und der Mindestlöhne zu zählen (zum Geltungsbereich der EU-Entsenderichtlinie *Müller* 1997; *Plesterniks* 1998). Zuvor, am 22. September 1994, war auch die Richtlinie 94/45/EG über die Einsetzung eines Europäischen Betriebsrates verabschiedet worden. Durch sie werden gemeinschaftsweit operierende Unternehmen mit mindestens 1.000 Arbeitnehmern und zumindest zwei Tochtergesellschaften mit jeweils mindestens 150 Arbeitnehmern im Europäischen Wirtschaftsraum zur Einrichtung eines Europäischen Betriebsrates oder eines Unterrichtungs- und Anhörungsverfahrens bis zum Jahr 2000 verpflichtet.

Die europaweit steigende Arbeitslosigkeit hatte die Kommission bereits zuvor, im Jahr 1993, dazu veranlasst, im Weißbuch über Wachstum, Wettbewerbsfähigkeit und Beschäftigung ein Konzept zur Schaffung von 15 Millionen neuen Arbeitsplätzen und damit zur Halbierung der damaligen Arbeitslosenquote bis zum Jahr 2000 vorzuschlagen (*Europäische Kommission* 1993b, S. 62). 1994 legte sie im Weißbuch zur europäischen Sozialpolitik ihre Vorstellungen zur nächsten Entwicklungsphase der Sozialpolitik (1995-1999) dar. Auf der Grundlage des Weißbuchs verabschiedete sie im April

---

[13] Die Zahlenangabe von 150.000. entsandten ausländischen Bauarbeitern in Deutschland beruht auf Schätzungen des Hauptverbandes der Deutschen Bauindustrie. Die IG Bauen-Agrar-Umwelt ging zum gleichen Zeitpunkt von 200.000 ausländischen Arbeitskräften aus (*o.V.* 1996a). Die Angabe von 300.000 arbeitslosen deutschen Bauarbeitern stammt vom April 1996. Bis zum Jahresende rechnete man mit mindestens weiteren 100.000 Arbeitslosen (*o.V.* 1996b).

1995 ein mittelfristiges sozialpolitisches Aktionsprogramm für die Jahre 1995-1997, das betonte, die Sozialpolitik sei ein positiver Faktor, "der Wandel und Fortschritt befördert, und nicht so sehr ... eine Belastung für die Wirtschaft oder ein Hindernis für das Wachstum" (*Europäische Kommission* 1997, S. 3). Das Aktionsprogramm sah 115 Initiativen in den Bereichen Beschäftigung, Chancengleichheit, soziale Rechte und Sozialschutz, öffentliche Gesundheit sowie Sicherheit und Gesundheitsschutz am Arbeitsplatz vor, jedoch keine umfassenden neuen Gesetzgebungsvorhaben, da der ordnungsgemäßen und angemessenen Umsetzung der bisherigen gemeinschaftlichen Rechtsvorschriften Vorrang eingeräumt wurde.

Auch die neuen Mitgliedstaaten Finnland, Österreich und Schweden schlossen sich bei ihrem EU-Beitritt dem Abkommen über die Sozialpolitik an. Im Anschluss an einen Regierungswechsel im Mai 1997 beendete schließlich auch Großbritannien sein sozialpolitisches opt-out und erklärte auf dem Amsterdamer Gipfel im Juni 1997 seine Bereitschaft, die Sozialcharta von 1989 zu unterzeichnen, dem Sozialprotokoll und dem Sozialabkommen des Maastrichter Vertrages beizutreten und die nach dem Sozialabkommen verabschiedeten Richtlinien in nationales Recht zu überführen. Diese Entscheidung ermöglichte es, das Protokoll und das Abkommen über die Sozialpolitik im Amsterdamer Vertrag aufzuheben und mit Änderungen direkt in die Art. 117-120 EGV [Art. 136-143 EGV n.F.] zu integrieren. Die Änderungen betrafen im wesentlichen das Europäische Parlament, dessen Rolle aufgewertet wurde: ohne die Zustimmung des Parlaments kann nach Art. 189b EGV [Art. 251 EGV n.F.] in den Bereichen, in denen der Rat mit qualifizierter Mehrheit beschließt, kein Rechtsakt mehr erlassen werden. Zusätzlich wurde ein neuer Abs. 4 in die Präambel des EUV eingefügt, der die Bedeutung der sozialen Grundrechte ausdrücklich bekräftigt.

Neben den sozialpolitischen Beschlüssen ist in Amsterdam die Beschäftigungspolitik in den Vordergrund gerückt. Auf Vorschlag Schwedens wurde in den Amsterdamer Vertrag ein Beschäftigungskapitel (Art. 125-130 EGV n.F.) integriert (*Meinert* 1998, S. 180). Nach Art. 126 Abs. 2 EGV n.F. betrachten die Mitgliedstaaten „die Förderung der Beschäftigung als Angelegenheit von gemeinsamem Interesse". Art. 127 Abs. 2 EGV n.F. verpflichtet die Gemeinschaft „(d)as Ziel eines hohen Beschäftigungsniveaus ... bei der Festlegung und Durchführung der Gemeinschaftspolitiken und -maßnahmen" zu berücksichtigen. Art. 128 EGV n.F. ermächtigt den Ministerrat, mit qualifizierter Mehrheit beschäftigungspolitische Leitlinien und Empfehlungen zu beschließen und den Mitgliedstaaten vorzuschreiben.

Die Bewertung des Beschäftigungskapitels in der Literatur ist sehr ambivalent. Sie schwankt zwischen der Einstufung als „Formelkompromiß, wenn nicht gar Augenwischerei" (*Günther* 1997) bis „überflüssige Aufblähung des EG-Vertrages ..., der die bisherige, eindeutig auf die Geldwertstabilität ausgerichtete Konzeption der EWWU nachhaltig gefährdet" (*Wolter* und *Hasse* 1997, S. 388). Die größte Gefahr wird darin gesehen, dass die Zuweisung einer beschäftigungspolitischen Kompetenz an die EU zu einer Entpflichtung der nationalen Tarifvertragsparteien führen könnte. Dieses würde den Reformdruck abschwächen und die Arbeitslosigkeit in Europa weiter verfestigen (*Berthold* und *Fehn* 1998; *Feldmann* 1997).

Auch in den Jahren nach Amsterdam dominierte die Beschäftigungspolitik die Initiativen der Gemeinschaft. Im sozialpolitischen Aktionsprogramm für die Jahre 1998-2000 ist die Schaffung von Arbeitsplätzen und die Bekämpfung der Arbeitslosigkeit zur wichtigsten Aktionsrichtung der Gemeinschaft geworden. Hinsichtlich der sozialpolitischen Gesetzgebung konzentriert sich das Programm auf die vollständige Anwendung und Durchsetzung bestehender Vorschriften sowie auf ihre Aktualisierung und Erneuerung (*Europäische Kommission* 1998a). Auf den Amsterdamer Gipfel folgte im November 1997 ein Sondertreffen des Europäischen Rates zur Beschäftigungspolitik in Luxemburg, auf dem erstmals beschäftigungspolitische Leitlinien zu den vier Schwerpunkten Verbesserung der Beschäftigungsfähigkeit, Entwicklung des Unternehmergeists, Förderung der Anpassungsfähigkeit der Unternehmen und ihrer Arbeitnehmer und Stärkung der Maßnahmen für Chancengleichheit verabschiedet wurden (*Europäische Kommission* 1998b). Einige Bereiche enthalten quantitative Zielvorgaben: So ist allen Jugendlichen in der EU ein Beschäftigungs-, Umschulungs- oder Ausbildungsangebot zu machen, ehe sie sechs Monate arbeitslos sind. Entsprechendes gilt für arbeitslose Erwachsene, ehe sie zwölf Monate arbeitslos sind. Des Weiteren soll der Anteil der Arbeitslosen, die in den Genuss aktiver Maßnahmen zur Förderung ihrer Beschäftigungsfähigkeit kommen, in allen Mitgliedstaaten mindestens 20 Prozent erreichen. Die Vereinbarung von Sanktionen bei Nicht-Einhaltung der Zielvorgaben scheiterte allerdings an den Interessendivergenzen zwischen Frankreich auf der einen und Deutschland und Großbritannien auf der anderen Seite, die eine Ausdehnung der beschäftigungspolitischen Kompetenzen ablehnten (*Schuster* 1998, S. 38ff).

Die beschäftigungspolitischen Leitlinien können als die erste Säule der europäischen Beschäftigungspolitik nach Amsterdam interpretiert werden. Die zweite Säule bilden die Strukturreformen des EU-Gipfels von Cardiff (Juni 1998), die die Wettbewerbsfähigkeit der europäischen Volkswirtschaften erhöhen, die strukturelle Arbeitslosigkeit verringern und für mehr Wirtschaftswachstum und Beschäftigung sorgen sollen. Die dritte Säule ist der auf dem EU-Gipfel in Köln im Juni 1999 gebilligte Beschäftigungspakt. Er sieht die Einrichtung eines „Makroökonomischen Dialogs" zwischen Vertretern der Regierungen, der Europäischen Kommission, der EZB und der Sozialpartner vor. Sie sollen sich zweimal jährlich darüber austauschen, wie Wachstum und Beschäftigung unter Wahrung des Ziels der Preisstabilität gefördert werden können (*Bogai* 1999). Mit Rücksicht auf Großbritannien und Spanien verzichteten die EU-Partner jedoch auf die von der damaligen deutschen Ratspräsidentschaft angestrebte Festlegung neuer quantitativer Ziele zur Verringerung der Arbeitslosigkeit. Dies gilt auch für die von Frankreich und Italien unterstützte Forderung, im Beschäftigungspakt das Ziel eines Wirtschaftswachstums von jährlich real mindestens drei Prozent festzuschreiben (*o.V.* 1999).

Die Analyse der Entwicklung der europäischen Sozialpolitik zeigt deutlich, dass mit zunehmender Integration der Europäischen Gemeinschaft auch die Bedeutung von sozial- und beschäftigungspolitischen Fragestellungen wuchs. War man zu Beginn der Integrationsbestrebungen noch der Auffassung, wirtschaftlicher und sozialer Fortschritt seien quasi Kuppelprodukte und es reiche aus, die wirtschaftliche Entwicklung zu fördern, damit sich auch sozialer Fortschritt einstelle, erkannte man bald, dass die Standorte nicht versuchten, den Produktionsfaktor Arbeit über attraktive Lebens- und Arbeitsbedingungen zu attrahieren, sondern vielmehr um den wesentlich mobileren Produktionsfaktor Kapital konkurrierten. Befürchtungen, dass der soziale Fortschritt im Rahmen der Integration zu kurz kommen könnte, waren der Anlass dafür, dass der Gemeinschaft seit Mitte der 80er Jahre zunehmend eigene sozialpolitische Regelungskompetenzen eingeräumt wurden. Spätestens mit dem Amsterdamer Gipfel 1997 ist auch die Beschäftigungspolitik „an die Spitze der europäischen Tagesordnung gerückt" (*Europäische Kommission* 1998, S. 1).

Die Dominanz der Beschäftigungspolitik in den späten 90er Jahren ist insofern nicht überraschend, als dass die Mitgliedstaaten in Bezug auf die Zuweisung sozialpolitischer Regelungskompetenzen und den Erlass sozialpolitischer Richtlinien in der Vergangenheit, wie die Beispiele gezeigt haben, häufig geteilter Meinung waren. Sozialpolitische Richtlinien, wie die EU-Entsenderichtlinie, werden abgelehnt, wenn sie den Interessen der jeweils nationalen Bevölkerung zuwider laufen. *O'Reilly*, *Reissert* und *Eichener* (1996) zeigen, dass einheitliche Mindestvorschriften vor allem auf den Gebieten erlassen wurden, in denen die Gemeinschaft mit qualifizierter Mehrheit beschließen konnte, die Interessen mehrerer Staaten zusammenfielen und die Regulierungen die nationalstaatlichen Praktiken nur unwesentlich beeinflussten. Im Gegensatz zu sozialpolitischen Regelungen werden Maßnahmen zur Bekämpfung der Arbeitslosigkeit angesichts der hohen Arbeitslosigkeit in der EU von der Bevölkerung jedes Mitgliedstaates unterstützt. Ein Staat, der einer Gemeinschaftsinitiative zur Förderung der Beschäftigung nicht zustimmt, muss befürchten, als Gegner des Abbaus der Arbeitslosigkeit angesehen zu werden.

Auch wenn die Gemeinschaft von den ihr zugewiesenen sozialpolitischen Regelungskompetenzen bisher wenig Gebrauch gemacht hat (*Kath* und *Kuck* 1998, S. 376), kann dieses Verhalten nicht zwangsläufig in die Zukunft extrapoliert werden. Angesichts der fortschreitenden Globalisierung, die den Druck auf die rigiden europäischen Arbeitsmärkte weiter erhöhen wird, und der geplanten Osterweiterung, die bestehende sozialpolitische Unterschiede in den Mitgliedstaaten weiter vergrößern wird, sind zwei Zukunftsszenarien vorstellbar: ein „circulus virtuosus", bei dem der gestiegene Anpassungsdruck zum Auslöser für eine Flexibilisierung und Deregulierung der Arbeitsmärkte wird, oder ein „circulus vitiosus", bei dem versucht wird, sich dem Wettbewerbsdruck durch die Bildung von Interessenkoalitionen und die Verständigung über gemeinsame Rahmenbedingungen zu entziehen (*Soltwedel* 1999). Da die Gemeinschaft über sozialpolitische Regelungskompetenzen verfügt, stehen ihr beide Wege offen.

Der Vergleich einzelner sozialpolitischer Regelungen in den EU-Mitgliedstaaten im folgenden Abschnitt soll dazu dienen, das vorhandene Konfliktpotential zu verdeutlichen. Der Anpassungsdruck, der von einer zunehmend verflochtenen Weltwirtschaft auf die nationalen Wirtschaftspolitiken ausgeht, ist um so höher, je größer die bestehenden Unterschiede in der Ausgestaltung der nationalen Regelungen sind. Gleichzeitig nimmt jedoch mit dem Ausmaß der Divergenzen auch die Attraktivität einheitlicher sozialer Mindeststandards als Maßnahme zur Ausschaltung des Wettbewerbsdrucks zu.

2.3. Standortfaktor Sozialpolitik: ein europäischer Vergleich

Dass die staatlichen Regelungen die Kosten für den Einsatz des Produktionsfaktors Arbeit erheblich beeinflussen können, zeigt eine Analyse der deutschen Arbeitskostenstruktur. 1998 betrug die Zusatzkostenquote im Produzierenden Gewerbe in Westdeutschland 81,8, d.h. zusätzlich zu jeder Mark Direktlohn mussten die Arbeitgeber 81,8 Pfennig für die Personalzusatzkosten aufbringen. Die Zusatzkostenquote in Ostdeutschland lag 1998 mit 68,1 deutlich unter der westdeutschen (vgl. Abb. 1).

Ursächlich für die geringere Zusatzkostenquote Ostdeutschlands sind jedoch nicht Unterschiede in der Höhe der gesetzlichen Personalzusatzkosten, sondern die Zurückhaltung der ostdeutschen Tarifparteien bei der Regelung der betrieblichen Altersvorsorge, der Sonderzahlungen (Gratifikationen, 13. Monatsgehalt), des Urlaubsgeldes und der Vermögensbildung (*Hemmer* 1999, S. 34). Insgesamt lag der Anteil der gesetzlichen an den gesamtem Personalzusatzkosten im Produzierenden Gewerbe in Westdeutschland bei 47 Prozent und in Ostdeutschland bei 56 Prozent (eigene Berechnungen auf der Grundlage der Angaben aus Abb. 1). Damit hatten die gesetzlichen Personalzusatzkosten einen Anteil von 21 Prozent (Westdeutschland) bzw. 23 Prozent (Ostdeutschland) an den gesamten Arbeitskosten.

In der Darstellungsweise der Abb. 1 werden Kosten, die im Zusammenhang mit dem Urlaub der Arbeitnehmer anfallen, den tariflichen und betrieblichen Personalzusatzkosten zugerechnet. Tatsächlich ist jedoch auch die Urlaubsvergütung im Rahmen des Bundesurlaubsgesetzes, das einen Mindesturlaubsanspruch von 24 Werktagen festlegt, den gesetzlichen Personalzusatzkosten zuzurechnen (vgl. Abschnitt 2.1). Zumindest ein Teil der Kosten für Urlaub und Urlaubsgeld, die in beiden Teilen Deutschlands 23 Prozent der Personalzusatzkosten und damit 10 Prozent (Westdeutschland) bzw. 9 Prozent (Ostdeutschland) der gesamten Arbeitskosten ausmachen, beruht somit auf einer gesetzlichen Regelung.

2.3.1. Die Höhe und Struktur der Arbeitskosten in der EU

Tab. 1 vergleicht die Arbeitskosten je Arbeiterstunde in der Verarbeitenden Industrie der EU-Mitgliedstaaten für das Jahr 1998 und zeigt, wie hoch jeweils das Direktentgelt und die Personalzusatzkosten waren. Hierbei zeigt sich, dass die Länder, die bei der Höhe der Personalzusatzkosten eine Spitzenstellung innerhalb der EU einnehmen (Westdeutschland, Österreich, Belgien, Finnland, die Niederlande und Schweden), auch die insgesamt höchsten Arbeitskosten aufweisen, während die Länder mit den niedrigsten Personalzusatzkosten (Portugal, Griechenland und Irland) sowohl im Arbeitskosten-Ranking als auch im Personalzusatzkosten-Ranking die hintersten Rangplätze belegen. Eine Ausnahme bildet lediglich Dänemark, das bei den Arbeitskosten Platz 2 und bei den Personalzusatzkosten Platz 13 belegt. Die Divergenz ist darauf zurückzuführen, dass in Dänemark mit Abstand die höchsten Direktentgelte gezahlt werden und die soziale Sicherung hauptsächlich über das allgemeine Steueraufkommen finanziert wird (*Hopmann* 1998, S. 170ff).

Einheitliche soziale Mindeststandards

Abbildung 1: Personalzusatzkosten im Produzierenden Gewerbe in Deutschland 1998 – in Pfennig je 1 DM Direktlohn -

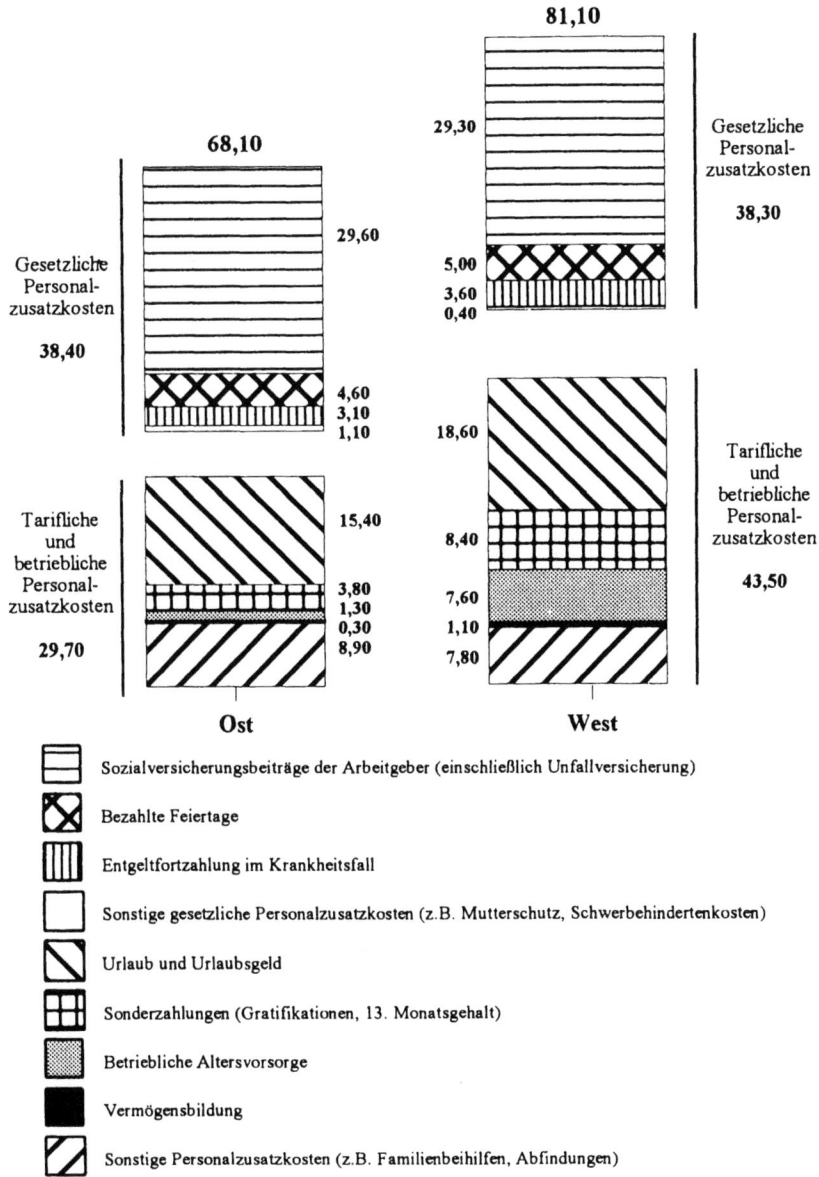

Quelle: Eigene Darstellung nach Angaben von *Hemmer* 1999, S. 33.

Tabelle 1: Vergleich der Arbeitskosten der EU-Mitgliedstaaten in der Verarbeitenden Industrie 1998 (in DM)

	Arbeitskosten je Stunde	Anteil Direktentgelt	Anteil Personalzusatzkosten	Zusatzkostenquote*	Rangliste Arbeitskosten	Rangliste Personalzusatzkosten	Rangliste Direktentgelt	Rangliste Zusatzkostenquote
Westdeutschland	47,96	26,38	21,58	81,8	1	1	2	7
Dänemark	42,55	34,04	8,51	25	2	13	1	16
Belgien	40,65	21,36	19,29	90,3	3	3	7	4
Österreich	39,78	20,10	19,69	98	4	2	9	2
Finnland	39,74	21,81	17,93	82,2	5	4	6	6
Schweden	39,45	23,38	16,07	68,7	6	6	4	10
Niederlande	38,21	21,22	16,99	80,1	7	5	8	8
Luxemburg	36,79	25,25	11,54	45,7	8	11	3	13
Frankreich	33,04	17,16	15,88	92,5	9	7	12	3
Großbritannien	31,09	22,02	9,07	41,2	10	12	5	14
Italien	30,62	15,08	15,53	103	11	8	13	1
Ostdeutschland	30,30	18,17	12,14	66,8	12	9	10	12
Spanien	25,59	14,02	11,57	82,5	13	10	14	5
Irland	24,27	17,37	6,90	39,7	14	14	11	15
Griechenland	15,43	9,18	6,26	68,2	15	15	15	11
Portugal	11,57	6,50	5,07	78	16	16	16	9

* Personalzusatzkosten in Prozent des Direktentgelts
Quelle: eigene Darstellung nach Angaben des *Instituts der deutschen Wirtschaft* 1999

Geringe Personalzusatzkosten können jedoch nicht unmittelbar mit einer geringen staatlichen Regulierungsintensität gleichgesetzt werden. Die Höhe der einzelnen Bestandteile der Personalzusatzkosten steht häufig in direktem Zusammenhang mit der Höhe des Direktentgelts. So werden z.B. Sozialversicherungsbeiträge prozentual zum Bruttoverdienst berechnet und die Höhe der Entgeltfortzahlung im Urlaub, an Feiertagen und im Krankheitsfall hängt von der Höhe des durchschnittlichen Arbeitsverdienstes ab. Bei identischen Regulierungen werden somit die Personalzusatzkosten in dem Staat absolut geringer sein, in dem auch das Direktentgelt geringer ist.

Relevanter bei der Frage nach der Regulierungsintensität ist daher die relative Höhe der Personalzusatzkosten im Verhältnis zum Direktentgelt, also die Zusatzkostenquote. Berechnet man diese, zeigt sich, dass in Portugal, dem EU-Mitgliedstaat mit den niedrigsten Arbeitskosten, auf eine DM Direktentgelt 78 Pfennig Personalzusatzkosten entfallen - nur unwesentlich weniger als in Westdeutschland, dem Land mit den höchsten Arbeitskosten. Auch Griechenland, bei der absoluten Höhe der Personalzusatzkosten zusammen mit Portugal Schlusslicht der Tabelle, liegt mit einer Zusatzkostenquote von 68,1 im hinteren Mittelfeld und noch vor Ostdeutschland (66,8). Die Länder mit den höchsten Zusatzkostenquoten sind Italien (103), Österreich (98), Frankreich (92,5) und Belgien (90,3). Nicht überraschend findet sich Dänemark (25) am Ende der Tabelle, da die Arbeitgeber bis auf eine Arbeitsmarktabgabe zur Finanzierung der Arbeitslosenversicherung keine Sozialversicherungsbeiträge aufbringen müssen. Weitere Länder mit deutlich niedrigeren Zusatzkostenquoten als im Rest der EU sind Irland (39,7), Großbritannien (41,2) und Luxemburg (45,7). Ihr Abstand zu dem Land mit der nächsthöheren Zusatzkostenquote (Ostdeutschland) beträgt mehr als 20 Pfennig pro DM Direktentgelt.

Die Auswertung von Tab. 1 hat gezeigt, dass eine DM Direktentgelt in den einzelnen Mitgliedstaaten der EU in sehr unterschiedlichem Ausmaß mit Personalzusatzkosten belastet ist. Während ein italienischer Arbeitgeber zusätzlich zu jeder DM Direktentgelt 1,03 DM an Personalzusatzkosten aufbringen muss, zahlt ein dänischer Arbeitgeber mit 25 Pfennig pro DM Direktentgelt weniger als ein Viertel. Derartige Unterschiede in der Höhe der Personalzusatzkosten können sowohl auf unterschiedliche tarifliche und betriebliche Regelungen als auch auf Unterschiede in der staatlichen Regulierungstätigkeit zurückzuführen sein. Um herauszufinden, inwieweit Unterschiede in den sozialpolitischen Regelungen ursächlich für eine höhere oder geringere Belastung der Arbeitgeber sind, sollen im folgenden Abschnitt einzelne Regelungen in den EU-Mitgliedstaaten miteinander verglichen werden.

2.3.2. Die Ausgestaltung der nationalen sozialpolitischen Regulierungen

Der folgende Vergleich sozialpolitischer Regelungen beschränkt sich nicht auf die Bestandteile der gesetzlichen Personalzusatzkosten, wie die Sozialversicherungsbeiträge, die Entgeltfortzahlung im Krankheitsfall oder die Zahl der gesetzlichen Feiertage, sondern bezieht auch weitere sozialpolitische Regelungen, die einen Einfluss auf das Kostenkalkül des Arbeitgebers haben, in den Vergleich mit ein. Hierzu sind gesetzliche Bestimmungen bezüglich der Arbeits- und Urlaubszeiten, gesetzliche Kündigungsschutzregelungen und staatlich festgelegte Mindestlöhne zu zählen. Allerdings ist zu beachten, dass nicht in allen Bereichen in allen Ländern gesetzliche Regelungen existieren. In solchen Fällen werden die tarifvertraglichen Bestimmungen unter Kennzeichnung in den Vergleich mit einbezogen. Es wird unterstellt, dass eine fehlende Regulierungstätigkeit auf ein stillschweigendes Einverständnis des Gesetzgebers mit der tarifvertraglichen Regelung schließen lässt. Da auch eine tarifvertragliche Regelung den Arbeitgeber mit entsprechenden Kosten belastet, scheint diese Vorgehensweise angebrachter, als bei einer fehlenden gesetzlichen Regelung die Kosten für den Arbeitgeber mit Null zu veranschlagen.

2.3.2.1. Die Sozialversicherungsbeiträge

Einen großen Anteil an den Personalzusatzkosten haben die Sozialversicherungsbeiträge der Arbeitgeber. Die vier Säulen der Sozialversicherung sind die Kranken-, Unfall-, Renten- und Arbeitslosenversicherung. Tab. 2a und 2b zeigen auf, in welchem Ausmaß die Arbeitgeber in der EU zu ihrer Finanzierung herangezogen werden. Auf eine Berücksichtigung der Unfallversicherung wurde in den Tabellen allerdings verzichtet, da die Beiträge nach dem Risikograd der einzelnen Berufszweige variieren. Neben den Beiträgen zur Kranken-, Renten- und Arbeitslosenversicherung sind in der Spalte „Sonstiges" weitere von den Arbeitgebern zu leistende Beiträge zur sozialen Absicherung der Arbeitnehmer aufgeführt.

So muss z.B. in den Niederlanden - bedingt durch aus beschäftigungspolitischer Sicht opportune niedrige Anforderungen an die Erfüllung der Kriterien für Erwerbsunfähigkeit (*Meerendonk* 1998, S. 104f.) - zur Finanzierung der Invaliditätsversicherung ein gesonderter Arbeitgeberbeitrag von 7,85 Prozent entrichtet werden. In allen anderen europäischen Ländern ist die Invaliditätsversicherung hingegen in den anderen Sozialversicherungsbeiträgen enthalten bzw. wird aus Steuermitteln finanziert. Auch bei der Finanzierung der Familienbeihilfen gibt es gravierende Unterschiede zwischen den einzelnen Mitgliedstaaten. Während in einigen Ländern das Kindergeld (fast) ausschließlich aus Beiträgen der Arbeitgeber finanziert wird, übernimmt in anderen Mitgliedsländern der Staat die Finanzierung. Zusätzlich gibt es länderspezifische Besonderheiten, die den Einsatz des Faktors Arbeit aus Arbeitgebersicht verteuern, wie die Pflegeversicherung in Deutschland oder die Beschäftigungs- und Ausbildungsabgabe in Irland.

Vergleicht man in Tab. 2a und 2b die Ranglistenposition der einzelnen EU-Mitgliedstaaten bei den Arbeitgeberbeiträgen[14] mit der aus Tab. 1 übertragenen Ranglistenposition bei der Zusatzkostenquote, erkennt man, dass sich diese in vielen Ländern nahezu entsprechen. Die Länder mit den niedrigsten Zusatzkostenquoten (Dänemark, Irland, Großbritannien und Luxemburg) haben auch die geringsten Arbeitgeberbeiträge, was auf eine fast ausschließliche (Dänemark) oder teilweise (Luxemburg) Steuerfinanzie-

---

[14] Die Ranglistenposition wurde in Ländern mit gestaffelten Beiträgen nach der höchsten Arbeitgeberbelastung vergeben. Aber auch eine Rangordnung nach den niedrigsten bzw. nach dem Mittelwert verändert die Rangliste nur minimal.

rung der Sozialversicherungssysteme zurückzuführen ist. In Großbritannien und Irland wird der Arbeitgeber zwar über einen Globalbeitrag von bis zu 10 Prozent bzw. 12 Prozent an allen Leistungen zur sozialen Sicherheit beteiligt, dieser ist jedoch vergleichsweise niedrig, da der Staat alle Systeme bezuschusst. Auf der anderen Seite gehören die Länder mit den höchsten Sozialversicherungsbeiträgen der Arbeitgeber (Italien, Spanien, Frankreich und Finnland) zu den Ländern mit den ungünstigsten Zusatzkostenquoten. Offensichtlich ist die unterschiedliche Ausgestaltung und Finanzierung der nationalen Sozialversicherungssysteme mitentscheidend für die Position eines Landes in der Rangliste der Zusatzkostenquoten.

An dieser Stelle muss angemerkt werden, dass eine hohe Belastung der Arbeitgeber nicht zwangsläufig mit einer hohen sozialen Sicherung der Arbeitnehmer gleichzusetzen ist. Zum einen lässt die Höhe der Beiträge keinen Schluss auf die Effizienz, mit der die Beiträge in Leistungen umgesetzt werden, und damit auf die tatsächliche Absicherung der Arbeitnehmer, zu. Zum anderen werden Arbeitgeber und Arbeitnehmer in den einzelnen Ländern in unterschiedlichem Ausmaß an der Finanzierung der Sozialversicherungen beteiligt. Bei einem fast identischen Krankenversicherungsbeitrag (gesamt) von 13,55 Prozent (Frankreich) und 13,56 Prozent (Westdeutschland) teilen sich Arbeitgeber und Arbeitnehmer in Westdeutschland den Beitrag hälftig (je 6,78 Prozent), während in Frankreich der Arbeitgeber mit 12,8 Prozent fast ausschließlich zur Finanzierung herangezogen wird. Aus einem Vergleich der einzelnen Länder in Tab. 2a und 2b kann somit nicht der Schluss gezogen werden, ein Land mit einem hohen Arbeitgeberanteil (z.B. Frankreich) habe ein sehr viel intensiver ausgebautes Krankenversicherungssystem als ein anderes Land mit einem geringeren Arbeitgeberanteil (z.B. Westdeutschland). Aus einem solchen Vergleich kann lediglich gefolgert werden, dass die Arbeitgeber in Frankreich stärker zur Finanzierung der sozialen Sicherheit herangezogen werden als die deutschen Arbeitgeber.

Von der Regel „Ranglistenposition Arbeitgeberbeiträge ≈ Ranglistenposition Zusatzkostenquote" gibt es allerdings einige Ausnahmen. Manche Länder besitzen trotz vergleichsweise niedriger Arbeitgeberbeiträge eine hohe Zusatzkostenquote. Besonders auffällig ist die Situation Österreichs. Offensichtlich scheint die Höhe der Arbeitgeberbeiträge (Platz 7) nicht verantwortlich für die zweithöchste Zusatzkostenquote in der EU zu sein. Andere Länder wiederum weisen bei den Arbeitgeberbeiträgen eine deutlich ungünstigere Position als beim Vergleich der Zusatzkostenquoten auf. Hier ist vor allem Schweden zu nennen, das bei der Höhe der Sozialversicherungsbeiträge mit Platz 5 zu den Spitzenreitern in Europa zählt, jedoch beim Vergleich der Zusatzkostenquoten lediglich auf Platz 10 liegt. Hieraus lässt sich schließen, dass gesetzliche Regelungen zur Finanzierung der Sozialversicherungssysteme nicht ausschließlich verantwortlich für die hohe oder niedrige Belastung der Arbeitgeber mit Personalzusatzkosten sind. Um die Höhe der Zusatzkostenquote in allen Ländern erklären zu können, müssen daher im folgenden weitere Bestandteile der Personalzusatzkosten miteinander verglichen werden.

Tabelle 2a: Sozialversicherungsbeiträge (Arbeitgeberanteil) in den EU-Mitgliedstaaten (Belgien - Irland)
- in Prozent vom Bruttoverdienst -

	Kranken-versicherung	Renten-versicherung	Arbeitslosen-versicherung	Sonstiges	Globalbeitrag (G)	Summe Arbeitgeber-beiträge	Rangliste Arbeit-geber-beiträge	Rangliste Zusatz-kosten-quote
Belgien	G	G	G		24,87 %	24,87 %	6	4
Dänemark	Steuerfinanzierung	Steuerfinanzierung	Steuerfinanzierung + Pauschalbeitrag			fast ausschließ-lich Steuer-finanzierung	16	16
Deutschland	⌀ 6,78 % (West) ⌀ 6,975 % (Ost)	9,75 %*	3,25 %	Pflegeversiche-rung: 0,85 %		20,63 % (West) 20,825 % (Ost)	11 (West) 10 (Ost)	7 (West) 12 (Ost)
Finnland	Steuerfinanzierung + ergänzende Kran-kenversicherung: Privatwirtschaft: 1,6%	Volksrente: 2,4 - 4,9% Erwerbsrente: Privatwirtschaft: ⌀ 16,85%	Steuerfinanzierung + Lohnsumme bis ECU 835.107: 0,9 %, darüber 3,9 %			Privatwirt-schaft: 21,75-27,25 %	4	6
Frankreich	12,8 %	8,20%	3,97 %	Familienbeihil-fen: 5,4 %		30,37 %	3	3
Griechenland	5,1 %	13,33 %	3,98%	Familienbeihil-fen: 1 %		23,41 %	8	11
Großbritannien	G	G	G		3-10% (je nach Einkommenshöhe)	3-10 %	15	14
Irland	G	G	G	Beschäftigungs- u. Ausbildungs-abgabe: 1 %	8,5 % (ermäßigt) bzw. 12 %	9,5-13 %	14	15

* ab 1.4.1999

Quelle: Eigene Darstellung nach Angaben der *Europäischen Kommission* 1999 (Stand: 1. Januar 1998).

Tabelle 2b: Sozialversicherungsbeiträge (Arbeitgeberanteil) in den EU-Mitgliedstaaten (Italien - Spanien) - in Prozent vom Bruttoverdienst -

	Kranken-versicherung	Renten-versicherung	Arbeitslosen-versicherung	Sonstiges	Globalbeitrag (G)	Summe Arbeitgeberbeiträge	Rangliste Arbeitgeberbeiträge	Rangliste Zusatzkostenquote
Italien	Arbeiter: 14,35 % Angestellte: 12,13 % (Industrie), 11,91 % (Handel)	24,11 %	2,21 % (Handel) 4,41 % (Industrie)	Familienbeihilfen: 2,48 %		40,71-45,35 %	1	1
Luxemburg	Arbeiter: 5,05 % Angestellte: 2,7 %	8 %	Steuerfinanzierung			10,7-13,05 %	13	13
Niederlande	5,6 %	kein Beitrag	⌀ 6,35 %	Invalidität: 7,85%		19,8 %	12	8
Österreich	Arbeiter: 3,95 % Angestellte: 3,4 %	12,55 %	3 %	Familienbeihilfen: 4,5 %		23,45-24 %	7	2
Portugal	G	G	G		23,25 %	23,25 %	9	9
Schweden	7,93 %	Grundrente: 6,83% Zusatzrente: 6,4 %	5,42 %			26,58 %	5	10
Spanien	G	G	7,2 %		23,6 %	30,8 %	2	5

Quelle: Eigene Darstellung nach Angaben der *Europäischen Kommission* 1999 (Stand: 1. Januar 1998).

2.3.2.2. Die Entgeltfortzahlung im Krankheitsfall

Tab. 3 vergleicht die Belastung der Arbeitgeber durch Regelungen zur Entgeltfortzahlung im Krankheitsfall in den EU-Mitgliedstaaten. Nicht in allen Ländern beruht der Anspruch der Arbeitnehmer auf einer gesetzlichen Regelung. Trotzdem sollen an dieser Stelle alle Regelungen miteinander verglichen werden, denn nicht nur die Ausgestaltung der gesetzlichen Regelungen sorgt für Kostenunterschiede, sondern auch die Entscheidung, eine gesetzliche Regelung zu erlassen oder auf sie zu verzichten. Es ist daher zu überprüfen, ob in den EU-Mitgliedstaaten, in denen die Entgeltfortzahlung tarifvertraglich geregelt ist, kostengünstigere Regelungen bestehen.

In allen EU-Mitgliedstaaten haben die Arbeitnehmer Anspruch auf eine Weiterzahlung ihres Lohnes oder Gehalts bei Erkrankung. Während in den meisten Mitgliedstaaten zunächst der Arbeitgeber das Risiko des krankheitsbedingten Entgeltausfalls trägt, übernehmen die Sozialversicherungen in Irland, Portugal und Italien (nur Arbeiter) nach drei Karenztagen und in Luxemburg (nur Arbeiter) sofort die Zahlung eines gesetzlichen Krankengeldes. Zusätzliche tarifvertragliche Vereinbarungen regeln teilweise die Entgeltfortzahlung während der Karenztage oder die Zahlung von Zuschüssen. De facto werden auch die Arbeitgeber in Großbritannien, die das gesetzliche Krankengeld in Höhe von £ 55,70 wöchentlich zwar auszahlen, dann aber von ihrem Arbeitgeberbeitrag zur Sozialversicherung abziehen können, nicht durch die Entgeltfortzahlung im Krankheitsfall belastet. In Griechenland teilen sich Arbeitgeber und Sozialversicherung das Risiko hälftig: nach drei Karenztagen übernimmt die Sozialversicherung die Zahlung von 50 Prozent des Referenzlohnes.

In den beiden anderen Ländern, in denen kein Eingriff des Gesetzgebers in die Regelung zur Entgeltfortzahlung im Krankheitsfall existiert (Finnland und Spanien), verpflichten tarifvertragliche Regelungen den Arbeitgeber zwar zunächst zur Entgeltfortzahlung, zumindest in Spanien ist jedoch der Umfang seiner Verpflichtung vergleichsweise gering. Sowohl die Leistungshöhe (60 Prozent) als auch die Dauer der Leistung (4.-15. Tag) liegen deutlich unter der durchschnittlichen Leistung in Ländern mit einer arbeitsrechtlichen Regelung. In Finnland ist der Arbeitgeber zwar zu einer 100prozentigen Entgeltfortzahlung verpflichtet, es darf jedoch nicht übersehen werden, dass ein Leistungsanspruch erst nach 9 Karenztagen (ohne Sonntage) besteht.

Aber auch in den Ländern mit einer arbeitsrechtlichen Regelung variieren die Arbeitgeberbelastungen erheblich. Während in den Niederlanden ein Leistungsanspruch für 52 Wochen besteht, ist dieser in Dänemark und Schweden auf 2 Wochen begrenzt. Auch in der Leistungshöhe ergeben sich deutliche Unterschiede. Während in Belgien (bis 7. Tag), Dänemark, Deutschland, Italien (Angestellte), Luxemburg (Angestellte) und Österreich ein im Arbeitsrecht fixierter Leistungsanspruch in Höhe von 100 Prozent besteht, beträgt die Leistungspflicht des Arbeitgebers in Griechenland 50 Prozent, in den Niederlanden 70 Prozent, in Schweden 80 Prozent und in Frankreich 90 Prozent.

Tabelle 3: **Arbeitgeberbelastung durch die Entgeltfortzahlung im Krankheitsfall in der EU (Stand 1998)**

	Regelung	Leistungen Arbeiter	Angestellte
Belgien	arbeitsrechtlich (landesweiter Tarifvertrag)	bis 7. Tag: 100 % bis 14. Tag: 60 % bis 30. Tag: Aufstockung des Krankengeldes (60 %) auf 100 %	1 Monat: 100 %
Dänemark	arbeitsrechtlich	2 Wochen: 100 %	wie Arbeiter
Deutschland	arbeitsrechtlich	6 Wochen: 100 %	wie Arbeiter
Finnland	tarif- oder einzelvertraglich	je nach Betriebszugehörigkeit für 28-56 Tage: 100 % 9 Karenztage	für 1-3 Monate: 100 % 9 Karenztage
Frankreich	für allgemein verbindlich erklärte tarifvertragliche Regelungen	für 30 Tage: 90 % weitere 30 Tage: 2/3 des Bruttolohns	wie Arbeiter, teilweise tarifvertragliche Verbesserungen: oft 3 Monate: 100 %
Griechenland	arbeitsrechtlich	je nach Betriebszugehörigkeit ≥ 1 Jahr: 1 Monat: 100 %, < 1 Jahr: ½ Monat: 100 % 50% übernimmt Sozialversicherung	wie Arbeiter
Großbritannien	gesetzlich und tarifvertraglich	bei Bruttowochenverdienst > £ 62: max 28 Wochen gesetzl. Krankengeld: £ 55,70 wöchentlich AG hat Erstattungsanspruch gegenüber der Sozialversicherung	wie Arbeiter
Irland	tarif- oder einzelvertraglich	Krankengeldzuschüsse zu gesetzlichem Krankengeld, Lohnfortzahlung während Karenztagen (3)	wie Arbeiter
Italien	arbeitsrechtlich (Angestellte) u. tarifvertraglich (Arbeiter)	Krankengeldzuschüsse zu gesetzlichem Krankengeld, Lohnfortzahlung während Karenztagen (3)	je nach Betriebszugehörigkeit: mindestens 3 Monate: 100 %
Luxemburg	arbeitsrechtlich (Angestellte)	gesetzliches Krankengeld	Monat des Beginns der Erkrankung + 3 Monate: 100 %
Niederlande	arbeitsrechtlich	52 Wochen: 70 %	wie Arbeiter
Österreich	Entgeltfortzahlungsgesetz	Leistung durch aus Arbeitgeberbeiträgen (2,3%) finanziertem Erstattungsfonds je nach Betriebszugehörigkeit für 4-10 Wochen: 100 %	für 6-12 Wochen: 100% weitere 4 Wochen: 50%
Portugal	tarifvertraglich	gesetzliches Krankengeld, tarifvertragliche Regelungen zur Lohnfortzahlung während Karenztagen (3)	wie Arbeiter
Schweden	gesetzlich	2. - 14. Tag: 80 %	wie Arbeiter
Spanien	tarifvertraglich	4.-15. Tag: 60 %	wie Arbeiter

Quelle: Eigene Darstellung nach Angaben des *Bundesministeriums für Arbeit und Sozialordnung* 1998 und des *Instituts der deutschen Wirtschaft* 1998.

Zusammenfassend lässt sich feststellen, dass in einigen Ländern, deren hohe Zusatzkostenquoten sich nicht durch die Höhe der Sozialversicherungsbeiträge erklären ließen, extensive arbeitsrechtliche Regelungen zur Entgeltfortzahlung im Krankheitsfall zu einer im europäischen Vergleich hohen Arbeitgeberbelastung führen. Hierzu sind Deutschland, die Niederlande und Österreich zu zählen. In Schweden hingegen, das trotz hoher Arbeitgeberbeiträge eine relativ niedrige Zusatzkostenquote aufweist, ist die gesetzliche Leistungspflicht der Arbeitgeber auf 14 Tage und 80 Prozent des Arbeitsentgelts begrenzt. Auch in Spanien wird die hohe Belastung durch die Arbeitgeberbeiträge zu den Sozialversicherungen (Rang 2) durch eine im EU-Vergleich geringe Arbeitgeberbelastung bei der Entgeltfortzahlung im Krankheitsfall gemindert. Ebenso stellt sich Griechenland bei der Entgeltfortzahlung besser als bei den Sozialversicherungsbeiträgen. In Großbritannien, Irland und Portugal ist die geringe Arbeitgeberbeteiligung an der Entgeltfortzahlung neben den vergleichsweise niedrigen Sozialversicherungsbeiträgen eine weitere Erklärung für die niedrigen Zusatzkostenquoten.

2.3.2.3. Regelungen zur Arbeitszeit und zur Sicherheit am Arbeitsplatz

Unterschiede in der Höhe der Jahres-Soll-Arbeitszeiten, die 1997 in den EU-Mitgliedstaaten zwischen 1.573 Stunden (Deutschland) und 1.840 Stunden (Griechenland) schwankten (vgl. Tab. 4), sind zum Teil auf unterschiedliche tarifvertragliche und zum Teil auf unterschiedliche gesetzliche Regelungen zurückzuführen. Eindeutig den gesetzlichen Personalzusatzkosten zuzurechnen, sind Kosten, die im Zusammenhang mit den gesetzlichen Feiertagen entstehen. Ebenso sind die Urlaubsvergütungen im Rahmen des gesetzlichen Mindesturlaubs Teil der gesetzlichen Personalzusatzkosten. Zwar nicht den gesetzlichen Personalzusatzkosten zuzurechnen, aber dennoch mit unterschiedlichen Kostenbelastungen für die Arbeitgeber verbunden (vgl. Abschnitt 2.1), sind gesetzliche Arbeitszeitregelungen, insofern sich diese in den einzelnen EU-Ländern unterscheiden.

Während die Zahl und Lage der Feiertage eine rein nationale Angelegenheit ist, fixiert die Arbeitszeitrichtlinie 93/104/EG EU-weite Höchstarbeitszeiten. Wesentliche Punkte sind die Beschränkung der durchschnittlichen Arbeitszeit auf maximal 48 Stunden pro 7-Tages-Zeitraum und die Gewährung eines bezahlten Mindesturlaubs von vier Wochen. Die EU-Richtlinie fixiert jedoch lediglich Mindestanforderungen an die nationalen Arbeitszeitregelungen. Ein Blick auf Tab. 4 zeigt, dass in allen EU-Staaten die Wochenarbeitszeiten kürzer und die Zahl der gewährten Urlaubstage höher ist. Ursächlich hierfür können tarifvertragliche Regelungen, aber auch die nationale Gesetzgebung sein. So liegt der im deutschen Arbeitszeitgesetz fixierte Urlaubsanspruch mit 24 Werktagen über dem der EU-Richtlinie. Auch die Herabsetzung der Wochenarbeitszeit in Frankreich von 39 auf 35 Stunden zum 1. Januar 2000 beruht auf einer gesetzlichen Regelung. Es bleibt somit festzuhalten, dass aus unterschiedlichen Jahres-Soll-Arbeitszeiten resultierende Unterschiede in der Kostenbelastung der Arbeitgeber nicht ausschließlich dem Gesetzgeber angelastet werden können, dieser aber entscheidenden

Einfluss auf die Höhe der Kosten nimmt, indem er entweder Regelungen erlässt oder auf eine Regelung verzichtet.

Die kürzeste Jahres-Soll-Arbeitszeit in Tab. 4 hat Deutschland. Ursächlich hierfür ist die im EU-Vergleich kürzeste Wochenarbeitszeit sowie die höchste Anzahl an Urlaubs- und Feiertagen (41,3). Die hierdurch entstehende Kostenbelastung - in Westdeutschland haben durch Feiertage und Urlaub verursachte Kosten einen Anteil von 28,9 Prozent an den Personalzusatzkosten (eigene Berechnung nach Angaben von *Hemmer* 1999) - ist ein weiterer Grund, warum Westdeutschland beim Vergleich der Zusatzkostenquoten (Platz 7) deutlich schlechter abschneidet als beim Vergleich der Arbeitgeberbeiträge zu den Sozialversicherungen (Platz 11). Auch in Österreich, das beim Vergleich der Zusatzkostenquoten auf Platz 2 lag, werden die Arbeitgeber durch die zweithöchste Summe aus Urlaubs- und Feiertagen (38) vergleichsweise stark belastet. Die *Wirtschaftskammer Österreichs* (1999) hat errechnet, dass die Streichung eines Feiertages die österreichischen Arbeitgeber um 3 Mrd. öS. entlasten würde.

Tabelle 4: Arbeitszeiten und Nicht-Arbeitszeiten in der Verarbeitenden Industrie in der EU (Stand 1997)

	Wochenarbeitszeit - in Stunden -	Urlaubstage	Feiertage	Jahres-Soll-Arbeitszeit - in Stunden -
Belgien	37,0	25	11	1.702
Dänemark	37,0	25	11	1.665
Deutschland	35,9	30	11,3	1.573
Finnland	40,0	25	12,5	1.716
Frankreich	39,0	25	9	1.771
Griechenland	40,0	22	9	1.840
Großbritannien	38,9	25	8	1.774
Irland	39,0	20	9	1.802
Italien	40,0	27	9	1.736
Luxemburg	40,0*	27*	10*	1.784
Niederlande	38,5	24,7	7,1	1.715
Österreich	38,4	26,5	11,5	1.713
Portugal	40,5	22	14	1.823
Schweden	39,1	25	9	1.752
Spanien	39,6	22	14	1.782

* 1995

Quelle: Eigene Darstellung nach Angaben des IW Köln und der BDA, abgerufen auf http://www.wk.or.at/statistik/eu/eu19.htm am 25.1.2000.

Im Gegensatz zu Deutschland und Österreich werden die Arbeitgeber in Spanien, dem Land mit den zweithöchsten Arbeitgeberbeiträgen zur Sozialversicherung, durch eine über dem EU-Durchschnitt liegende Jahres-Soll-Arbeitszeit entlastet. Die höchsten Jahres-Soll-Arbeitszeiten haben Griechenland, Portugal und Irland. Ursächlich hierfür sind die im europäischen Vergleich hohen Wochenarbeitszeiten sowie in Irland und Griechenland die europaweit geringste Zahl an Urlaubs- und Feiertagen. Neben einer geringen Beteiligung der Arbeitgeber an der Entgeltfortzahlung im Krankheitsfall wird in diesen beiden Ländern die niedrige Zusatzkostenquote auch durch die im europäischen Vergleich geringe Anzahl von Tagen, an denen der Arbeitnehmer zwar bezahlt wird, jedoch keinen Beitrag zur Wertschöpfung des Unternehmens leistet, bestätigt.

Ebenfalls den gesetzlichen Personalzusatzkosten zuzurechnen, sind Kosten, die im Zusammenhang mit dem Schutz der Sicherheit und Gesundheit am Arbeitsplatz entstehen. Auf eine vergleichende Analyse soll an dieser Stelle allerdings verzichtet werden, da es im Gegensatz zu anderen Regelungen, bei denen die dem Arbeitgeber auferlegten Kosten beispielsweise prozentual zum Bruttoverdienst der Arbeitnehmer bemessen werden (Sozialversicherungsbeiträge) und damit länderübergreifend verglichen werden können, nahezu unmöglich ist, eine Aussage darüber zu treffen, mit welcher Kostenbelastung die häufig sehr speziellen Sicherheitsbestimmungen für den durchschnittlichen Arbeitgeber verbunden sind. Dieses ist insofern unproblematisch, als dass die Regelungen zur Sicherheit und Gesundheit am Arbeitsplatz das Gebiet darstellen, das über die meisten einheitlichen europäischen Richtlinien verfügt. Insgesamt fallen 33 der 54 bis 1997 erlassenen sozialpolitischen EU-Richtlinien in den Bereich der Sicherheit und des Gesundheitsschutzes am Arbeitsplatz (*Europäische Kommission* 1997, S. 57ff).

Nach *Feldmann* (1999, S. 675) schreiben die EU-Richtlinien zudem einen sehr hohen Sicherheitsstandard vor, der häufig auch in den Ländern mit den bisher höchsten Schutzniveaus Anpassungen erforderlich gemacht hat. Als Beispiel nennt *Feldmann* die Maschinenrichtlinie der EU, die schätzungsweise 20.000 deutsche Bäckereien trotz bestehender strenger deutscher Sicherheitsvorkehrungen zwang, ihre Knetmaschinen mit einem Kostenaufwand von 2.000 bis 10.000 DM an die EU-Richtlinie anzupassen. Für rund 300.000 Handwerksbetriebe beliefen sich die Anpassungskosten bei Fleischschneidemaschinen auf 1.000 bis 2.000 DM je Maschine. In der Industrie war der Aufwand je Maschine noch höher. Da offensichtlich im Bereich der Sicherheit und Gesundheit am Arbeitsplatz eine Harmonisierung auf hohem Niveau stattgefunden hat, kann davon ausgegangen werden, dass tatsächlich bestehende Unterschiede, zumindest in den Bereichen, in denen europäischen Richtlinien existieren, gering sind und dass das bei dem Vergleich der anderen gesetzlichen Regulierungen entstandene Bild durch sie nicht grundsätzlich verändert wird.

2.3.2.4. Kündigungsschutzbestimmungen

Kosten, die den Arbeitgebern durch Kündigungsschutzregelungen entstehen, sind zwar schwerer quantifizierbar als Belastungen durch Sozialversicherungsbeiträge oder die Entgeltfortzahlung im Krankheitsfall, nichtsdestoweniger gehört die Ausgestaltung des nationalen Kündigungsschutzes zu den im Standortwettbewerb relevanten sozialpolitischen Regelungen. Laut *OECD* (1999, S. 68) wirken Kündigungsschutzregelungen wie eine Steuer auf Anpassungen des Personalbestandes („tax on work-force adjustments"). Ein Unternehmen kann zwar die expliziten Kosten des Kündigungsschutzes durch eine Glättung („smoothing") des Einstellungsverhaltens verringern, muss dann jedoch implizite Kosten in Form des Haltens wenig produktiver Arbeitskräfte oder eines Personalüberschusses in nachfrageschwachen Zeiten in Kauf nehmen.

Während in Belgien, Griechenland und Österreich eine ordentliche Kündigung des Arbeitsverhältnisses auch ohne Kündigungsgrund möglich ist, wird in allen anderen EU-Mitgliedstaaten ein angemessener Kündigungsgrund verlangt (*Mozet* 1998a, S. 298). Auch die Einhaltung einer bestimmten Kündigungsfrist, die sich häufig in Abhängigkeit von der Betriebszugehörigkeit bemisst und in einigen Ländern nach Art des Beschäftigungsverhältnisses (Arbeiter bzw. Angestellter) variiert, ist in fast allen EU-Mitgliedstaaten vorgeschrieben (vgl. Tab. 5). Lediglich in Portugal, Griechenland (nur Arbeiter) und Spanien (nur verhaltensbedingte Kündigungen) kann Arbeitnehmern fristlos gekündigt werden. Aber auch in den Ländern, in denen eine Kündigung nur unter Einhaltung bestimmter Fristen zulässig ist, variiert die Ausgestaltung des Kündigungsschutzes erheblich.

Nicht in allen EU-Mitgliedsländern haben die Arbeitnehmer ab dem ersten Tag ihrer Beschäftigung einen Anspruch auf die Einhaltung einer Kündigungsfrist. Angestellte in Dänemark erwerben einen Anspruch erst nach einer Betriebszugehörigkeit von sechs Monaten, Angestellte in Belgien nach drei Monaten, Arbeiter und Angestellte in Irland nach 13 Wochen, Angestellte in Griechenland nach zwei Monaten und Arbeiter und Angestellte in Großbritannien nach einem Monat Betriebszugehörigkeit. Aber auch nach einer gewissen Betriebszugehörigkeit, mit deren Länge in allen Mitgliedstaaten (einzige Ausnahme sind Arbeiter in Österreich) die vorgeschriebene Kündigungsfrist ansteigt, gibt es noch gravierende Unterschiede in den Kündigungsfristen. Nimmt man beispielsweise einen Angestellten mit einer Betriebszugehörigkeit von zehn Jahren, kann diesem in Portugal fristlos, in Spanien fristlos oder mit einer Frist von 30 Tagen (je nach Grund), in Irland mit einer Frist von sechs Wochen, in Großbritannien mit einer Frist von zehn Wochen, in den Niederlanden mit einer Frist von 10-20 Wochen (je nach Lebensalter), in Österreich mit einer Frist von drei Monaten, in Deutschland und Finnland mit einer Frist von vier Monaten, in Belgien, Dänemark, Luxemburg und Schweden mit einer Frist von sechs Monaten sowie in Griechenland mit einer Frist von sieben Monaten gekündigt werden.

Der vergleichsweise geringe Kündigungsschutz in Irland, Großbritannien und Portugal fügt sich nahtlos in das Bild aus den vorherigen Abschnitten ein. Vor allem Großbritannien und Irland sind zwei Länder, in denen den Arbeitgebern durch die gesetzlichen Regelungen keine hohen Kosten auferlegt werden. Dass Portugal nicht zu den Ländern mit den niedrigsten Zusatzkostenquoten gehört, scheint allein in der Höhe der Sozialversicherungsbeiträge begründet zu sein. Der geringe Kündigungsschutz in Spanien verbessert die relative Position der durch die hohen Sozialversicherungsbeiträge stark belasteten Arbeitgeber wiederum leicht, während die deutschen Arbeitgeber durch die vergleichsweise langen Kündigungsfristen tendenziell stärker belastet werden.

Tabelle 5: **Kündigungsfristen (F) in der EU in Abhängigkeit von der Betriebszugehörigkeit (B) (Stand 1998)**

	alle Arbeitnehmer:		Arbeiter:		Angestellte:	
	B	F	B	F	B	F
Belgien			bis 6 Monate: ab 6 Monate: ab 20 Jahre:	7 Tage 28 Tage 56 Tage	bis 3 Monate: ab 3 Monate:	fristlos 3 Monate pro 5 Jahre B
Dänemark			je nach Kollektivvereinbarung		ab 6 Monate: über 9 Jahre:	1 Monat 6 Monate
Deutschland	bis 2 Jahre: ab 2 Jahre: ab 5 (8, 10, 12, 15, 20) Jahre:	4 Wochen 1 Monat 2 (3, 4, 5, 6, 7) Monate				
Finnland	bis 5 Jahre: ab 5 (9, 12, 15) Jahre:	2 Monate 3 (4, 5, 6) Monate				
Frankreich	je nach Kollektivvereinbarung					
Griechenland				fristlos, aber je nach B: Abfindung von 7 bis 91 Tagelöhnen	bis 2 Monate: ab 2 Monate: ab 1 Jahr: ab 4 (6, 8, 9, .., 27) Jahre:	fristlos 30 Tage 60 Tage 3 (4, 5, 6, .., 24) Monate
Großbritannien	bis 1 Monat: ab 1 Monat: ab 2 (3, 4, 5, .., 12) Jahre:	fristlos 1 Woche 2 (3, 4, 5, .., 12) Wochen				
Irland	bis 13 Wochen: ab 13 Wochen: ab 2 (5, 10, 15) Jahre:	fristlos 1 Woche 2 (4, 6, 8) Wochen				
Italien	je nach Kollektivvereinbarung					
Luxemburg	bis 5 Jahre: ab 5 Jahre: ab 10 Jahre:	2 Monate 4 Monate 6 Monate				
Niederlande	je Jahr B: + je Jahr B ab 45. Lebensjahr:	1 Woche (max.13) + 1 Woche (+max. 13)				
Österreich				14 Tage	bis 2 Jahre: ab 2 (5, 15, 25) Jahre:	6 Wochen 2 (3, 4, 5) Monate
Portugal		fristlos				
Schweden	bis 2 Jahre: ab 2 (4, 6, 8, 10) Jahre:	1 Monat 2 (3, 4, 5, 6) Monate				
Spanien	je nach Kündigungsgrund:	fristlos (verhaltensbedingt); 30 Tage (objektiver Grund)				

Quelle: Eigene Darstellung nach Angaben von *Mozet* (1998b) und des *Bundesministeriums für Arbeit und Sozialordnung* (1998).

Allerdings muss an dieser Stelle angemerkt werden, dass Kündigungsschutzregelungen aus Sicht der Arbeitgeber nicht nur negativ zu bewerten sind. Regelungen, die Arbeitnehmer vor unmittelbarer Konkurrenz durch externe Bewerber schützen, setzen Anreize zur Akkumulation allgemeinen Humankapitals, indem sie das sunk cost-Risiko senken (*Schellhaaß* und *Nolte* 1999, S. 422ff). Um die Nettokosten des Kündigungsschutzes zu ermitteln, müssten daher den finanziellen Belastungen, die den Unternehmen aus den Kündigungsschutzregelungen erwachsen, die Vorteile einer höheren Verfügbarkeit allgemeinen Humankapitals gegenüber gestellt werden.

2.3.2.5. Gesetzliche Mindestlöhne

Die Festlegung gesetzlicher Mindestlöhne ist eine Regulierung, die nicht den Personalzusatzkosten zuzurechnen ist, sondern Auswirkungen auf die Höhe der Direktlöhne hat. Innerhalb der EU wird in sechs Mitgliedstaaten (Frankreich, Großbritannien, Luxemburg, den Niederlanden, Portugal und Spanien) ein nationaler Mindestlohn vom Gesetzgeber fixiert. In Belgien und Griechenland wird der gültige Mindestlohn von den Sozialpartnern auf nationaler Ebene festgelegt und für alle Wirtschaftszweige als verbindlich angesehen. In Irland ist die Einführung eines Mindestlohns für das Jahr 2000 geplant (*Eurostat* 1999b). Wie Tab. 6 zeigt, schwankt die Höhe der Mindestlöhne innerhalb der EU erheblich. In den Benelux-Staaten und Frankreich beträgt der monatliche Mindestlohn ca. das Dreifache des in Portugal gültigen Mindestlohns und mehr als das Doppelte des spanischen und griechischen Äquivalents.

Tabelle 6: Mindestlöhne in der EU (Stand: 30. April 1999)

	Art des Lohns	Höhe in Landeswährung	monatliche Mindestlöhne in	
			Landeswährung	Euro
Belgien	Monatslohn	BEF 43.343	BEF 43.343	1.074
Frankreich	Stundenlohn	FRF 40,22	FRF 6.797	1.036
Griechenland	Monatslohn (Angestellte)	GRD 147.517	GRD 147.517	458
	Tageslohn (Arbeiter)	GRD 6.610		
Großbritannien	Stundenlohn	GBP 3,60	GBP 634	920
Luxemburg	Monatslohn	LUF 46.878	LUF 46.878	1.162
Niederlande	Wochenlohn	NLG 541,20	NLG 2.345	1.064
Portugal	Monatslohn	PTE 61.300	PTE 61.300	357
Spanien	Monats- u. Tageslohn	ESP 69.270 ESP 2.309	ESP 69.270	486

Quelle: Eigene Darstellung nach Angaben von *Eurostat* 1999b.

Die Relevanz des Mindestlohns in den einzelnen Staaten wird anhand folgender Daten ersichtlich (*Eurostat* 1999b): In Luxemburg lag der Anteil der Mindestlohnempfänger 1998 bei 14,5 Prozent, in Frankreich bei 11 Prozent (1996), in Portugal bei 7,9 Prozent (1998), in Spanien bei 3,4 Prozent (1998) und in den Niederlanden bei 2,6 Prozent (1997). Für Großbritannien wurde für 1998 der Anteil der Arbeitnehmer, die einen Lohn bezogen, der unterhalb des 1999 eingeführten Mindestlohns lag, auf 8,3 Prozent geschätzt.

Divergenzen in der Höhe der Mindestlöhne können theoretisch auf eine Vielzahl von Einflussfaktoren zurückgeführt werden. Niedrige Mindestlöhne können auf einer reichlichen Ausstattung mit dem Produktionsfaktor Arbeit (insbesondere gering qualifizierte Arbeitskräfte) beruhen. In diesem Fall wären niedrige Mindestlöhne Ausdruck eines natürlichen Standortvorteils. Sie können aber auch Ausdruck eines geringen Entwicklungsniveaus des Landes und dementsprechend einer geringen Produktivität der Arbeitskräfte sein. In diesem Fall würde der Vorteil geringerer Löhne durch die niedrigere Produktivität teilweise oder vollständig kompensiert oder vielleicht sogar überkompensiert. Gleiches gilt auch für die obigen Vergleiche der einzelnen Bestandteile der Personalzusatzkosten. Schwache Kündigungsschutzbestimmungen, geringfügige Beschränkungen der Arbeitszeit und eine geringe Beteiligung der Arbeitgeber an der Entgeltfortzahlung im Krankheitsfall können einen Standortvorteil bedeuten, müssen es jedoch nicht. Wie Divergenzen in den sozialpolitischen Regulierungen im Hinblick auf die Position eines Landes im Standortwettbewerb zu bewerten sind, soll der folgende Abschnitt klären.

2.4. Ist eine hohe Zusatzkostenquote ein Standortnachteil?

Abschnitt 2.3 hat gezeigt, dass in der EU erhebliche Unterschiede in der Ausgestaltung der sozialpolitischen Regelungen und damit auch in der Höhe der Zusatzkostenquoten der einzelnen Länder bestehen. Die Aussagekraft dieses Vergleichs darf jedoch nicht überbewertet werden. Eine hohe Zusatzkostenquote weist zwar auf eine hohe Beteiligung der Arbeitgeber an der sozialen Absicherung der Arbeitnehmer hin, lässt jedoch keinen direkten Schluss auf die tatsächliche Wettbewerbsfähigkeit des Arbeitsangebots in dem betreffenden Land zu. Eine hohe Belastung der Arbeitgeber durch Personalzusatzkosten benachteiligt diese gegenüber der ausländischen Konkurrenz nur dann, wenn die Arbeitnehmer eine entsprechend hohe soziale Absicherung nicht durch Abschläge bei den Direktlöhnen honorieren. Übernimmt der Arbeitgeber, wie z.B. in Frankreich, fast den vollen Krankenversicherungsbeitrag, während sich Arbeitgeber und Arbeitnehmer diesen in Deutschland hälftig teilen (S. 31), entsteht für ihn hierdurch keine höhere Belastung als für seinen deutschen Kollegen, wenn der französische Direktlohn um einen entsprechenden Betrag unter seinem deutschen Äquivalent liegt.

Um eine Aussage über die Auswirkungen sozialpolitischer Regulierungen auf die Position eines Landes im internationalen Standortwettbewerb treffen zu können, ist es daher erforderlich, die Höhe der Zusatzkostenquote immer im Zusammenhang mit der Höhe der gezahlten Direktlöhne zu betrachten. In dem folgenden Modell werden Faktoren herausgearbeitet, die die Höhe und die Aufteilung der Gesamtentlohnung bedingen. Eine genauere Analyse dieser Faktoren erlaubt anschließend ein Urteil darüber, wann eine hohe Zusatzkostenquote Ausdruck eines Standortnachteils ist.

2.4.1. Die optimale Direktlohn-Soziallohn-Kombination

Im folgenden Modell setzt sich die Entlohnung der Arbeitnehmer aus zwei Komponenten zusammen: dem Direktlohn und dem Soziallohn. Während der Direktlohn der Betrag ist, den der Arbeitgeber dem Arbeitnehmer als direkte Gegenleistung für die erbrachte Wertschöpfung in bar auszahlt, sind zum Soziallohn alle betrieblichen, tarifvertraglichen und gesetzlichen Regelungen zu zählen, die eine Beteiligung der Arbeitgeber an den Sozialversicherungen vorsehen, die sie zur Entgeltfortzahlung im Krankheitsfall verpflichten, die den Arbeitnehmer mit einem Anspruch auf bezahlte Urlaubstage, Kündigungsschutz, die Einhaltung bestimmter Sicherheitsmaßnahmen etc. ausstatten. Die Existenz eines Soziallohnanteils ist zunächst einmal unabhängig davon, ob es sozialpolitische Regulierungen gibt oder nicht. Auch in einer Welt, in der der Staat nicht regulierend eingreift, haben Arbeitnehmer eine Präferenz für bestimmte Sozialleistungen, solange sie nicht in der Lage sind, ihren Direktlohn jederzeit und ohne Transaktionskosten in Soziallohn umzuwandeln. Die Nutzenindexfunktion der Arbeitnehmer ist somit eine Funktion mit den Argumenten Direktlohn (dw) und Soziallohn (sw):

$$U = U(dw, sw).$$

Die Arbeitnehmer präferieren die Aufteilung der Entlohnung auf Direktlohn und Soziallohn, die ihren Nutzen maximiert. Dabei wird der Nutzenzuwachs, der durch die Substitution einer DM Direktlohn durch eine DM Soziallohn erzielt werden kann, um so größer sein, je niedriger der Soziallohnanteil in der Ausgangssituation war. Mit zunehmender Substitution von Direktlohn durch Soziallohn sinkt der Grenznutzen einer weiteren Einheit Soziallohn. Das Nutzenmaximum ist erreicht, wenn der Nutzenzuwachs, der durch eine zusätzliche Einheit Soziallohn erreicht werden kann, der Nutzeneinbuße, die der Arbeitnehmer durch den Verzicht auf eine Einheit Direktlohn erleidet, entspricht. Das erreichbare Nutzenniveau wird jedoch nicht nur durch die Aufteilung der Entlohnung in Direktlohn und Soziallohn bestimmt, sondern auch durch die Höhe der Gesamtentlohnung. Unter der Annahme des abnehmenden Grenznutzens des Einkommens wird eine Verdoppelung des Soziallohnes sowie des Direktlohnes den Gesamtnutzen der Arbeitnehmer weniger als verdoppeln. Diese Eigenschaften lassen sich durch eine Nutzenindexfunktion vom Typ Cobb-Douglas mit einem Homogenitätsgrad von kleiner Eins wiedergeben. Es gilt:

(1.1) $\quad U(dw, sw) = dw^{\alpha} * sw^{\beta} \quad$ mit $\quad 0 < \alpha, \beta \quad$ und $\quad \alpha + \beta < 1.$

Die Nutzenelastizitäten α und β sind konstant und geben die prozentuale Steigerung des Nutzens im Verhältnis zu der ebenfalls prozentualen Steigerung des Direktlohnes oder des Soziallohnes an, d.h. ist α > β, bewirkt bei gleicher Höhe von Soziallohn und Direktlohn eine zehnprozentige Steigerung des Direktlohnes einen höheren Nutzenzuwachs als eine zehnprozentige Steigerung des Soziallohnes. In Abb. 2 ist ein der obigen

Nutzenindexfunktion entsprechendes Indifferenzkurvensystem der Arbeitnehmer für den Fall dargestellt, dass $\alpha > \beta$. Je weiter rechts oben eine Indifferenzkurve liegt, desto höher ist das durch sie repräsentierte Nutzenniveau der Arbeitnehmer ($I_2 > I_1 > I_0$).

Abbildung 2: Die optimale Direktlohn-Soziallohn-Kombination

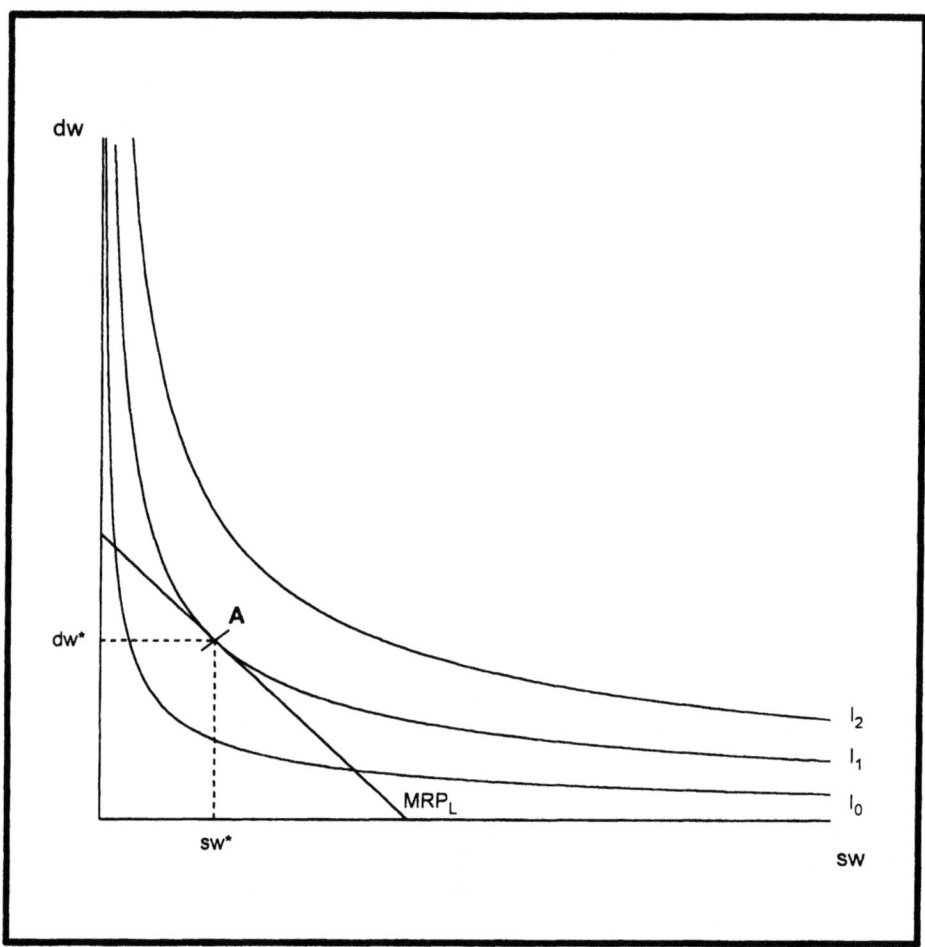

Auch die Arbeitgeber wollen ihren Nutzen maximieren. Um dieses Ziel zu erreichen, werden sie die Beschäftigung immer so anpassen, dass ein Ausgleich zwischen der Wertgrenzproduktivität der Arbeit und dem Nominallohn gegeben ist. Ausgehend von einer gegebenen Produktionsfunktion gilt für sie: je geringer die Höhe des zu zahlenden Lohnes, desto höher ist ihre Arbeitgeberrente. In welcher Form sie den Lohn auszahlen, ob als Direktlohn oder als Soziallohn, ist für die Höhe des von ihnen erreichbaren Nutzenniveaus irrelevant. Allenfalls haben sie ein Interesse daran, dass die Aufteilung im Sinne der Präferenzen der Arbeitnehmer vorgenommen wird, da sich deren Zufriedenheit positiv auf den Arbeitseinsatz auswirken kann. Die Indifferenz der Arbeitgeber wird durch die MRP$_L$-Gerade (MRP$_L$ = marginal revenue product of labor) in Abb. 2 charakterisiert. Die Steigung der Geraden beträgt minus Eins, da eine DM Soziallohn einer DM Direktlohn entspricht. Für ein gegebenes Wertgrenzprodukt werden die Arbeitnehmer jede beliebige Kombination von Direktlöhnen und Soziallöhnen durchsetzen können, die auf der entsprechenden MRP$_L$-Geraden liegt. Im Rahmen der folgenden Bedingung können sie sich immer durch einen Direktlohnverzicht zusätzliche Sozialleistungen erkaufen:

(1.2) $\quad$ MRP$_L$ = dw + sw $\quad$ mit $\quad$ MRP$_L$ = MP$_L$ * MR,

wobei MP$_L$ das physische Grenzprodukt der Arbeit (marginal product of labor) und MR der Grenzertrag der letzten verkauften Einheit (marginal revenue) ist. Nur bei vollständiger Konkurrenz entspricht der Grenzertrag dem Preis, da sich das einzelne Unternehmen in dieser Marktsituation einer völlig elastischen Nachfragekurve gegenüber sieht.

Sind die Arbeitnehmer in der Lage, eine Kombination von Direktlöhnen und Soziallöhnen durchzusetzen, die das derzeitige Wertgrenzprodukt übersteigt, werden die Arbeitgeber die Beschäftigung anpassen, bis die Gleichheit von Wertgrenzprodukt und Nominallohn wieder hergestellt ist. Langfristig ist Bedingung (1.2) somit immer erfüllt. Im Prinzip müsste in Abb. 2 eine Vielzahl von MRP$_L$-Geraden abgetragen sein. Je weiter außen eine MRP$_L$-Gerade liegt, desto höher ist der Nominallohn und desto geringer ist - ausgehend von einer gegebenen Produktionsfunktion - die Arbeitgeberrente. Ein Arbeitgeber ist somit zwar indifferent bezüglich Bewegungen auf einer MRP$_L$-Geraden, nicht jedoch in Bezug auf Bewegungen zwischen den einzelnen MRP$_L$-Geraden.

Maximiert man die Nutzenindexfunktion (1.1) unter der Nebenbedingung (1.2), kann ermittelt werden, welche Aufteilung des Nominallohns in Soziallohn und Direktlohn den Nutzen der Arbeitnehmer maximiert. Die variierte Funktion lautet:

(1.3) $\quad$ L = dw$^\alpha$ * sw$^\beta$ + λ * (MRP$_L$ - dw - sw).

Notwendige Bedingungen für die Existenz eines Maximums sind:

(1.4a) $\quad \dfrac{\partial L}{\partial dw} = \alpha * dw^{\alpha-1} * sw^\beta - \lambda = 0$

(1.4b) $\quad \dfrac{\partial L}{\partial sw} = dw^\alpha * \beta * sw^{\beta-1} - \lambda = 0$

(1.4c) $\quad \dfrac{\partial L}{\partial \lambda} = $ MRP$_L$ - dw - sw = 0

Als Lösung dieses Gleichungssystems erhält man:

(1.5a) $\quad$ dw* = $\dfrac{\alpha}{\alpha + \beta}$ * MRP$_L$

(1.5b) $\quad$ sw* = $\dfrac{\beta}{\alpha + \beta}$ * MRP$_L$

Mit Hilfe der Nutzenelastizitäten α und β lässt sich somit für jede beliebige Lohnhöhe die Kombination aus Direktlöhnen und Soziallöhnen errechnen, die den Nutzen der Arbeitnehmer maximiert. Graphisch lässt sich die optimale Direktlohn-Soziallohn-Kombination durch den Tangentialpunkt (A) von Indifferenzkurve und der dem herrschenden Nominallohn entsprechenden MRP_L-Geraden bestimmen (vgl. Abb. 2). Im Tangentialpunkt ist die Steigung der beiden Funktionen identisch, d.h. die Grenzrate der Substitution zwischen Direktlohn und Soziallohn beträgt Eins. Im Optimum hat derjenige Lohnbestandteil einen höheren Anteil am Gesamtlohn, der eine höhere Nutzenelastizität aufweist. Da in Abb. 2 α > β unterstellt wurde, ist der optimale Direktlohn höher als der optimale Soziallohn.

Auch wenn in allen EU-Mitgliedstaaten die Ausgestaltung der Soziallöhne optimal wäre, würden sich dennoch Unterschiede in ihrer Höhe ergeben, wenn ihre Bestimmungsfaktoren - dieses sind zum einen die Nutzenelastizitäten α und β, und zum anderen die Höhe des zu verteilenden Wertgrenzproduktes MRP_L - zwischen den Mitgliedstaaten divergieren. In den folgenden beiden Abschnitten werden Faktoren herausgearbeitet, die dazu führen, dass die Soziallöhne in einem Land über denen eines anderen Landes liegen, obwohl sie in beiden Ländern optimal ausgestaltet sind. Dabei wird versucht, eine Verknüpfung zwischen den Ergebnissen der theoretischen Analyse und den empirischen Ergebnissen des Abschnitts 2.3 herzustellen.

2.4.2. Präferenzbedingte Soziallohnunterschiede

Abb. 3 unterstellt, dass sowohl in Land A als auch in Land B das Wertgrenzprodukt des letzten eingesetzten Arbeitnehmers gleich hoch ist ($MRP_L(A) = MRP_L(B)$). Lediglich die Präferenzen der Arbeitnehmer bzgl. der Aufteilung des Lohnes in Soziallohn und Direktlohn sind unterschiedlich. In beiden Ländern ist zwar die Summe der Nutzenelastizitäten α + β identisch, jedoch besitzen die Arbeitnehmer des Landes B eine höhere Präferenz für den Soziallohn ($β_B > β_A$). Folglich ergibt sich für die beiden Länder eine unterschiedliche optimale Entlohnungsstruktur. Das optimale Soziallohnniveau des Landes A (sw_A^*) liegt unter dem des Landes B (sw_B^*). Aus diesem Umstand erwächst den Arbeitgebern in Land A jedoch kein Kostenvorteil, da die niedrigeren Soziallöhne durch höhere Direktlöhne ausgeglichen werden. Im Ergebnis bleibt festzuhalten: Auch bei gleichen Arbeitsproduktivitäten können sich Unterschiede in der Höhe der Soziallöhne ergeben, die die Folge unterschiedlicher Präferenzen der Arbeitnehmer sind, ohne dass das Land mit den niedrigeren Soziallöhnen hieraus einen Wettbewerbsvorteil erlangt.

Welche Werte die Nutzenelastizitäten im relativen Verhältnis zueinander annehmen, wird durch eine Reihe von Faktoren bestimmt, von denen einige an dieser Stelle genannt werden sollen. Zunächst einmal hängt die Wertschätzung der einzelnen Lohnbestandteile davon ab, was ich für eine DM Direktlohn bzw. eine DM Soziallohn tatsächlich bekomme. Während der effektive Wert des Direktlohns durch das Preisniveau und das vorhandene Güterangebot bestimmt wird, ist es für die Nachfrage nach Soziallöhnen entscheidend, wie effizient eine DM Soziallohn in Sozialleistungen umgesetzt wird.

Einheitliche soziale Mindeststandards 47

Abbildung 3: Präferenzbedingte Unterschiede in der Höhe der Soziallöhne

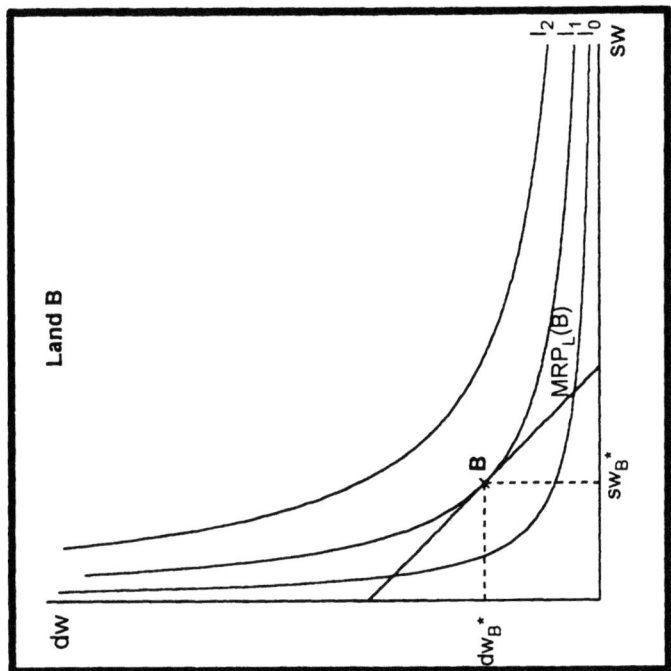

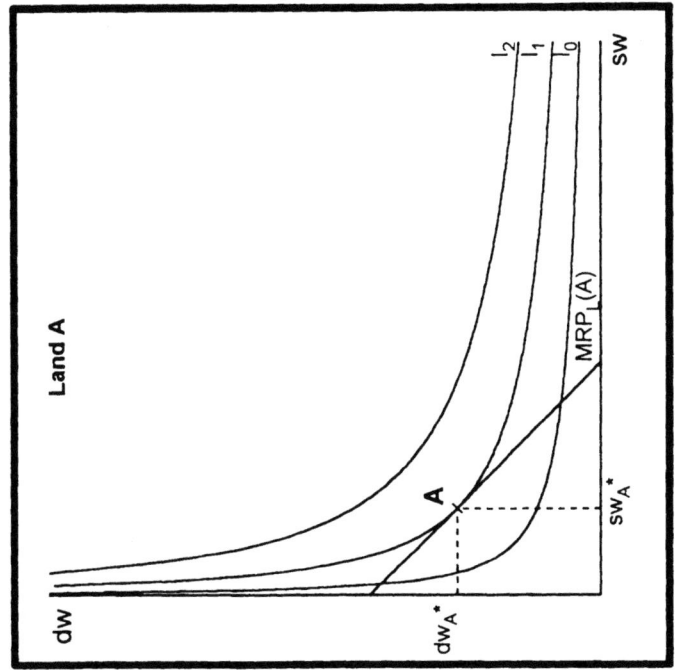

Existieren neben der Bereitstellung von Sozialleistungen durch das Unternehmen oder den Staat (von den Unternehmen finanziert) Möglichkeiten für die Arbeitnehmer, Direktlöhne selbst in Soziallöhne umzuwandeln, wird auch dieses ihre Präferenzen beeinflussen. Des Weiteren ergeben sich Unterschiede in den Präferenzen durch die jeweilige Solidarstruktur der Gesellschaft (*Häusele* 1999, S. 137f.), da einige Elemente des Soziallohns den Charakter von Kollektiv- und nicht von Individuallöhnen haben (*von Weizsäcker* 1999, S. 62ff). Die Werte und Normen, die den Willen der Gesellschaft, wirtschaftlich schlechter gestellten Bevölkerungsgruppen durch Umverteilung Unterstützung zukommen zu lassen, beeinflussen, sind sowohl durch die Geschichte (die historische Entwicklung zeigt beispielsweise *Schmid* 1996 auf) als auch durch die vorherrschende Konfession (*Vaubel* 1998, S. 102) geprägt.

In Abb. 4 sind einige EU-Mitgliedstaaten auf einer Skala unterschiedlicher Solidarstrukturen abgetragen. Während in Großbritannien das Leistungsprinzip eine große Rolle spielt, sind viele der kleineren europäischen Länder wie die Beneluxstaaten stärker durch das Solidaritätsprinzip geprägt. In engem Zusammenhang mit der Solidarstruktur steht häufig auch die allgemeine Einstellung in Bezug auf staatliche Eingriffe. In Ländern, in denen das Leistungsprinzip vorherrscht, hat die freie Verfügungsmöglichkeit über den Lohn einen eigenen Wert, so dass in diesen Ländern die Präferenz für Direktlöhne tendenziell höher einzuschätzen ist.

Abbildung 4: Die Solidarstruktur ausgewählter EU-Mitgliedstaaten

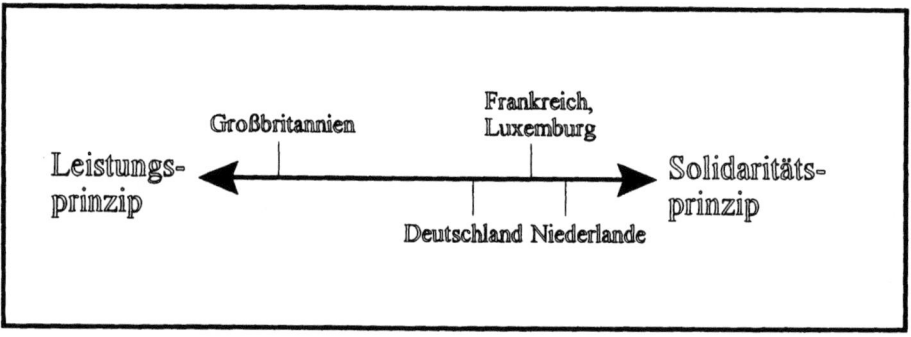

Quelle: *Häusele* 1999, S. 138.

Das in Abb. 3 dargestellte Beispiel soll im folgenden mit Hilfe der Ergebnisse der Tab. 1 (S. 28) verdeutlicht werden. Ein Blick auf die letzte Spalte der Tabelle zeigt, dass Länder mit nahezu gleichen Arbeitskosten je Stunde sehr unterschiedliche Zusatzkostenquoten aufweisen. Nimmt man an, dass der Nominallohn - wie es die neoklassische Arbeitsmarkttheorie unterstellt - dem Wertgrenzprodukt der Arbeit entspricht, wären beispielsweise Großbritannien und Italien zwei Länder mit einer annähernd gleichen Wertgrenzproduktivität der Arbeit, jedoch sehr unterschiedlichen Direktlohn-Soziallohn-Kombinationen. Die italienische Entlohnungsstruktur entspricht der des Landes B in Abb. 3: das Verhältnis zwischen beiden Lohnbestandteilen ist in etwa 1:1. Großbritanniens Entlohnungsstruktur entspricht hingegen der des Landes A: offensichtlich gibt es hier eine höhere Präferenz für den Direktlohn.

Auch Frankreich, dessen Arbeitskosten ebenfalls denen Großbritanniens nahezu entsprechen, ist wie Italien eher in der Position des Landes B. Ein Erklärungsgrund für die hohe Zusatzkostenquote Frankreichs kann die stärkere Orientierung am Solidaritätsprinzip (vgl. Abb. 4) sein. Andere Länderpaarungen, die trotz nahezu gleicher Arbeitskosten sehr unterschiedliche Zusatzkostenquoten aufweisen, sind: Dänemark/Belgien, Dänemark/Österreich, Ostdeutschland/Italien und Irland/Spanien. Die Entlohnungsstruktur des jeweils zuerst genannten Landes entspricht dabei tendenziell eher der des Landes A in Abb. 3 und die des zweitgenannten Landes der des Landes B.

Aber auch bei identischen Präferenzen in zwei Ländern ($\alpha_A = \alpha_B$ und $\beta_A = \beta_B$) weichen die Soziallöhne voneinander ab, wenn die Wertgrenzproduktivität in einem Land über der des anderen Landes liegt. In Abb. 5a liegt das Wertgrenzprodukt der Arbeit in Land B um x Prozent über dem des Landes A ($MRP_L(A) < MRP_L(B)$). Dementsprechend liegen auch der optimale Soziallohn (sw_B^*) und der optimale Direktlohn (dw_B^*) in Land B um x Prozent über denen des Landes A. Dieser Darstellung liegt die Annahme zugrunde, dass eine präferenzgerechte Aufteilung des Nominallohnes bei einer Verdopplung des Lohnes auch eine Verdopplung der Soziallöhne erfordert, d.h. dass die Nachfragefunktionen nach Soziallöhnen und Direktlöhnen lineare Funktionen des Gesamtlohnes sind und der Entlohnungs-Expansionspfad somit eine Ursprungsgerade mit der Steigung (α/β) ist. Trotz unterschiedlich hoher Soziallöhne ist die Zusatzkostenquote in beiden Ländern identisch.

Dieses Ergebnis gilt allerdings nicht mehr, wenn man von einer nicht homothetischen Präferenzstruktur ausgeht. Unter der Annahme, dass die relativen Präferenzen für die beiden Güter "Direktlohn" und "Soziallohn" nicht unabhängig von der Höhe des Gesamtlohnes sind, sondern dass es sich bei dem Gut "Soziallohn" um ein superiores Gut (Einkommenselastizität größer Eins) handelt (*Vaubel* 1998, S. 102), ist die Präferenzordnung der Arbeitnehmer nicht homothetisch. Mit steigendem Gesamtlohn steigt dann auch die Nutzenelastizität des Soziallohns β. Der Entlohnungs-Expansionspfad ist eine degressiv steigende Funktion (vgl. Abb. 5b). Liegt nun das Wertgrenzprodukt der Arbeit in Land B, wie schon in Abb. 5a angenommen, um x Prozent über dem des Landes A, übersteigen die Soziallöhne des Landes B die des Landes A um mehr als x Prozent. Dementsprechend liegt auch die Zusatzkostenquote des Landes B über der des Landes A.

Im Ergebnis bleibt festzuhalten, dass die isolierte Betrachtung der Zusatzkostenquote zunächst einmal keine Aussage über die Wettbewerbsfähigkeit des Arbeitsangebots in einem Land erlaubt. Präferenzunterschiede bedingen, dass Länder mit einer ähnlichen Wertgrenzproduktivität der Arbeit voneinander abweichende Beteiligungen der Arbeitgeber an der sozialen Sicherung der Arbeitnehmer wählen. Die hieraus resultierenden Unterschiede in der Ausgestaltung sozialpolitischer Regulierungen beeinflussen die Wettbewerbsfähigkeit eines Landes im internationalen Standortwettbewerb nicht.

Abbildung 5: Entlohnungs-Expansionspfade in Abhängigkeit von der Präferenzordnung

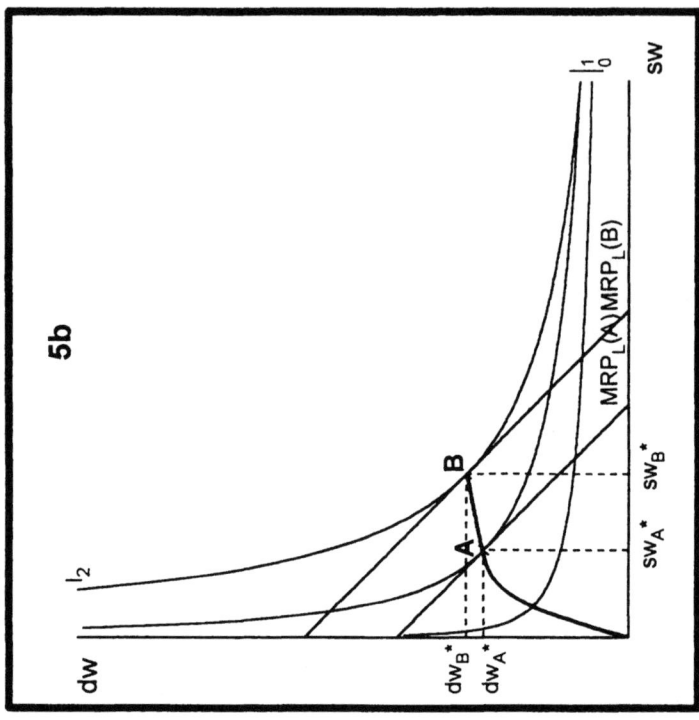

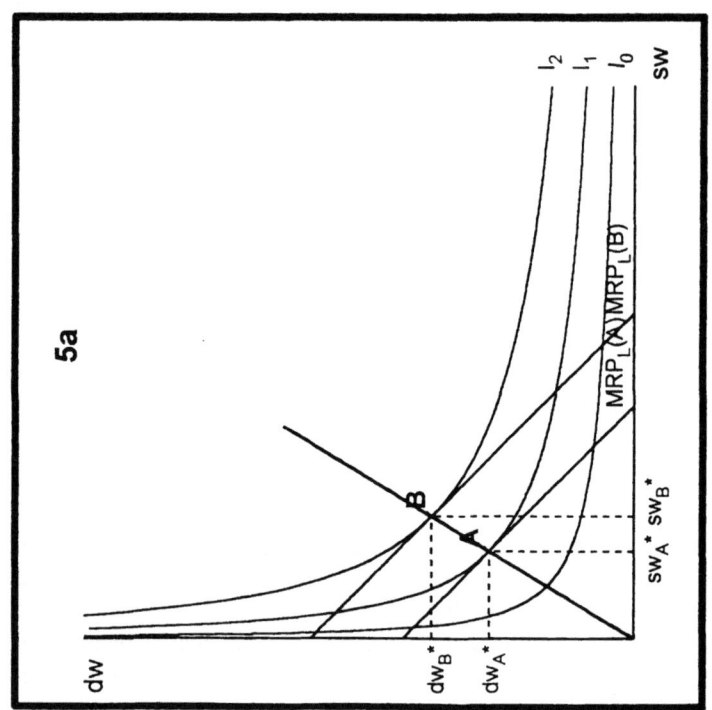

Einheitliche soziale Mindeststandards

2.4.3. Produktivitätsbedingte Soziallohnunterschiede

Abb. 6 greift noch einmal den in Abb. 5 dargestellten Fall, bei dem zwar die Präferenzen der Arbeitnehmer in beiden Ländern identisch sind, jedoch Unterschiede in der Höhe der Wertgrenzproduktivität der Arbeit bestehen, auf. Bei präferenzgerechter Aufteilung des Gesamtlohnes liegen sowohl der Direktlohn als auch der Soziallohn in Land B über denen des Landes A. Aus einem auf die Höhe der Direkt- und Soziallöhne beschränkten Vergleich lässt sich jedoch nicht der Schluss ziehen, dass das Land mit den niedrigeren Löhnen über einen Wettbewerbsvorteil verfügt, da den unterschiedlichen Kosten auch unterschiedliche Produktivitäten gegenüber stehen. Ob eines der beiden Länder tatsächlich über einen Wettbewerbsvorteil verfügt, kann nur eine Analyse der das Wertgrenzprodukt des letzten eingesetzten Arbeitnehmers bestimmenden Faktoren ergeben.

Abbildung 6: Produktivitätsbedingte Unterschiede in der Höhe der Soziallöhne

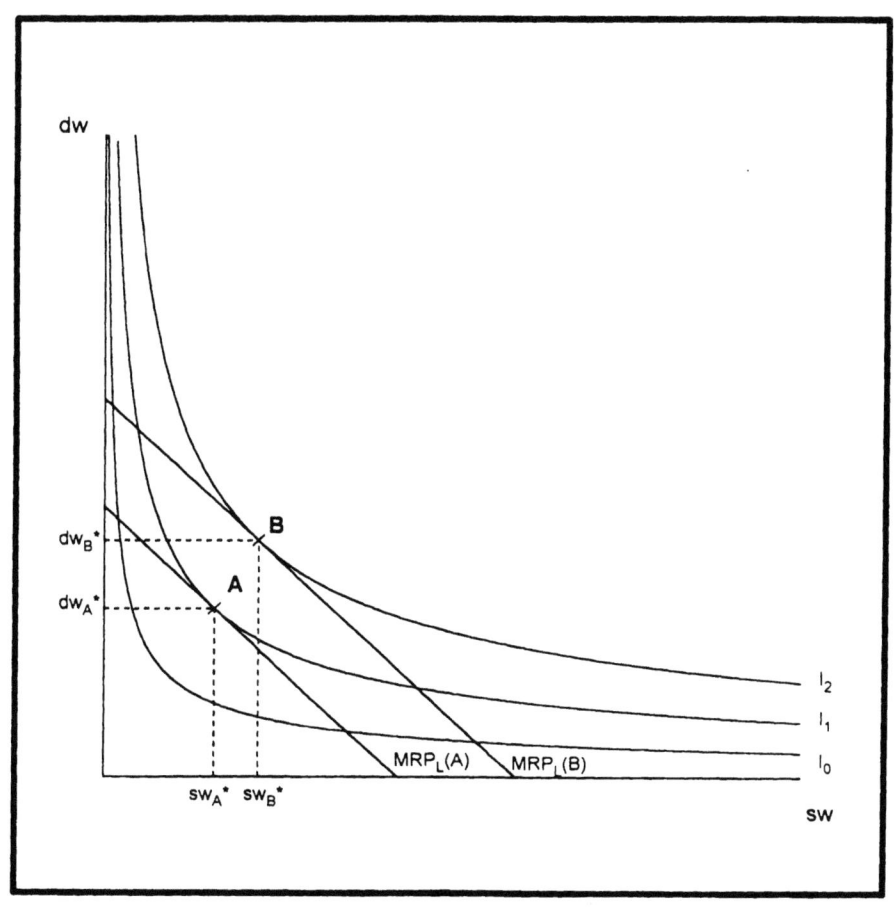

2.4.3.1. Bestimmungsfaktoren der Wertgrenzproduktivität der Arbeit

Unterschiede in den Wertgrenzprodukten können sich bei sonst gleichen Bedingungen beispielsweise durch Unterschiede in den Produktionsfunktionen ergeben. Ist die Produktivität der Produktionsfaktoren in Land B höher als in Land A, äußert sich dieser Umstand in einer nach rechts verschobenen Arbeitsnachfragekurve. Obwohl die Arbeitgeber des Landes B bei identischen Arbeitsangebotskurven in beiden Ländern die Möglichkeit hätten, die gleiche Menge an Arbeitskräften zum gleichen Lohn wie die Arbeitgeber des Landes A zu beschäftigen, ist es für sie optimal, mehr Arbeitskräfte zu einem höheren Lohn einzusetzen. Trotz höherer Löhne verfügt Land B in diesem Fall aufgrund des Produktivitätsvorteils über einen Wettbewerbsvorteil.

Allerdings darf dieser Wettbewerbsvorteil in der längerfristigen Perspektive nicht überbewertet werden. Es ist zu erwarten, dass die fortschreitende Integration der Güter- und Faktormärkte dazu führt, dass neben Geldkapital zunehmend auch Real- und Humankapital sowie technologisches Wissen exportiert wird und nationale Produktivitätsunterschiede so eingeebnet werden (*Maly* 1995, S. 88). Gegen einen Ausgleich der nationalen Produktivitäten sprechen lediglich solche Faktoren, die die Produktivität zwar beeinflussen, jedoch nicht ins Ausland transferierbar sind, wie beispielsweise politische Stabilität, Infrastrukturausstattung und Agglomerationsvorteile (*Härtel* und *Jungnickel* 1998, S. 76; *Köddermann* und *Wilhelm* 1996, S. 88). Für die Zukunft ist daher zwar kein vollständiger Ausgleich, jedoch eine Angleichung der Arbeitsproduktivitäten in der EU zu erwarten.

Antizipieren die Unternehmen eine solche Entwicklung, werden unterschiedliche Produktivitätsniveaus immer weniger und Divergenzen in der Höhe der Arbeitskosten immer mehr zum entscheidenden Kriterium für Standortentscheidungen (*Schröder* 1999, S. 37). *Kittel* und *Traxler* (1999) zeigen auf, dass die Korrelation zwischen nominellen Lohnkosten und den Lohnstückkosten als Indikator für die Wettbewerbsfähigkeit einer Volkswirtschaft im Untersuchungszeitraum 1970-1995 in 19 OECD-Ländern sehr hoch war, während kein solcher Zusammenhang zwischen der Arbeitsproduktivität und den Lohnstückkosten beobachtet werden konnte. Hieraus ziehen sie den Schluss, "daß das an den Lohnstückkosten gemessene Wettbewerbspotential tatsächlich entsprechend den Erwartungen der neoliberalen Argumentation in erster Linie von den Lohnkosten determiniert wird" (S. 102). *Lorz* (1993) kommt bei einer Untersuchung der Beziehungen zwischen den aggregierten deutschen Direktinvestitionen und den Standortbedingungen ihrer Gastländer zu einem eindeutig negativen Einfluss der Arbeitskosten auf die Höhe der deutschen Direktinvestitionen innerhalb Europas.

Neben Unterschieden in den Produktionsfunktionen können Lohnunterschiede auch auf unterschiedliche Arbeitsangebotsfunktionen zurückzuführen sein. Verfügt Land A unter sonst gleichen Bedingungen über eine reichlichere Ausstattung mit Arbeitskräften, so dass die Arbeitsangebotskurve unter der des Landes B verläuft, ist es den Arbeitgebern möglich, eine größere Menge an Arbeitskräften zu einem niedrigeren Lohn zu beschäftigen. In diesem Fall hat Land A einen Wettbewerbsvorteil. In beiden Fällen handelt es sich um natürliche Wettbewerbsvorteile.

Aber auch bei identischem Verlauf der Arbeitsangebots- und Arbeitsnachfragefunktionen in zwei Ländern können sich Unterschiede in der Höhe der Grenzprodukte ergeben. Wenn man beachtet, dass die Höhe der Produktivität nicht exogen gegeben, sondern auch eine Funktion der ausgehandelten Löhne ist (*Hinze* 1998, S. 69), können Produktivitätsunterschiede durch Unterschiede in der Lohnbildung erklärt werden. Ein gewinnmaximierender Arbeitgeber wird nur so lange Arbeitskräfte einstellen, bis die Wertgrenzproduktivität des letzten eingesetzten Arbeitnehmers dem zu zahlenden Lohn entspricht. Sind die Gewerkschaften in Land B in der Lage, Monopollöhne durchzusetzen, während der Lohn in Land A dem Vollbeschäftigungslohn entspricht, werden in Land B weniger Arbeitnehmer zu einem höheren Lohn beschäftigt. Sowohl die Wertgrenzproduktivität des letzten noch eingestellten Arbeitnehmers als auch die durchschnittliche Produktivität aller Arbeitskräfte sind dann in Land B höher als in Land A.

Die höhere Produktivität der Arbeitskräfte ist nicht Ausdruck eines Standortvorteils, sondern die Folge der unternehmerischen Reaktion auf einen Standortnachteil: eine hohe Verhandlungsmacht der Gewerkschaften. Die gleiche Anpassungsreaktion ist zu erwarten, wenn die Arbeitgeber in Land B bei nach unten rigiden Direktlöhnen durch neue sozialpolitische Regulierungen zusätzlich belastet werden. Derartige Standortnachteile sind im Gegensatz zu den beiden zuvor beschriebenen Situationen nicht natürlicher Art, sondern die Folge eines mit gesamtgesellschaftlichen Wohlfahrtsverlusten verbundenen Lohnbildungsprozesses im eigenen Land. Während die Unternehmen in der Lage sind, auf einen entsprechenden Standortnachteil durch Anpassung bei der Beschäftigung zu reagieren, so dass das Verhältnis zwischen Arbeitskosten und Produktivität augenscheinlich stimmt, muss die Hauptlast des Standortnachteils von den Arbeitslosen getragen werden. Diese findet jedoch beim Vergleich von Produktivitäten und Arbeitskosten keine Berücksichtigung.

Neben der Höhe des physischen Grenzproduktes spielt auch der Wert, den das Grenzprodukt am Markt hat, eine entscheidende Rolle für die Arbeitsnachfrage der Unternehmen. Diese fragen so lange zusätzliche Arbeitskräfte nach, bis die Wertgrenzproduktivität des letzten eingesetzten Arbeitnehmers dem Lohn entspricht. Ist der Wert des Grenzproduktes in einem EU-Mitgliedstaat höher als in einem anderen, verläuft die Arbeitsnachfragekurve in diesem Land weiter außen (Drehung im Uhrzeigersinn um den Schnittpunkt mit der Abszisse). Ursächlich hierfür können Unterschiede in der Wettbewerbsintensität oder auch Unterschiede im Nachfrageverhalten sein. Können die Unternehmen des Landes B für jede verkaufte Einheit einen höheren Grenzerlös erzielen, werden sie unter sonst gleichen Bedingungen eine größere Menge an Arbeitskräften zu einem höheren Lohn nachfragen. Die Unternehmen des Landes B sind in der Lage, die höheren Löhne durch entsprechend höhere Preise im Inland zu finanzieren. Es ist jedoch davon auszugehen, dass derartig bedingte Unterschiede in den Wertgrenzproduktivitäten einzelner Länder durch den sich im Zuge der wachsenden wirtschaftlichen Integration intensivierenden Wettbewerb zunehmend abgebaut werden - zumindest im Bereich der handelbaren Güter und Dienstleistungen.

2.4.3.2. Vergleich der Arbeitsproduktivitäten in der EU

Der vorherige Abschnitt hat aufgezeigt, dass Unterschiede in der Höhe der Soziallöhne nicht nur auf Präferenzunterschiede, sondern auch auf Produktivitätsunterschiede zurückzuführen sind. Übertragen auf die Ergebnisse der Tab. 1 (S. 28) wäre daher zu erwarten, dass Länder, in denen eine hohe Zusatzkostenquote mit hohen Direktlöhnen kombiniert ist (so z.b. in Belgien, Westdeutschland und Finnland), eine höhere Arbeitsproduktivität besitzen als Länder, die neben einer niedrigen Zusatzkostenquote auch über niedrige Direktlöhne verfügen (z.b. Irland, Griechenland, Portugal). Inwiefern diese Erwartung der Realität entspricht, soll der folgende Vergleich der Arbeitsproduktivitäten in den EU-Mitgliedstaaten zeigen.

Tab. 7 stellt die Höhe der Arbeitsproduktivitäten in verschiedenen Sektoren der einzelnen EU-Mitgliedstaaten dar. Bei der Auswahl der Sektoren wurde darauf geachtet, dass diese sowohl in der Arbeits- und Kapitalintensität als auch in der Humankapitalintensität der eingesetzten Arbeitskräfte variieren. Während das Textilgewerbe und der Fahrzeugbau zu den arbeitsintensiven Branchen zählen, ist der Produktionsfaktor Arbeit im Verlags- und Druckgewerbe zunehmend durch den Produktionsfaktor Kapital ersetzt worden. Die Chemische Industrie ist traditionell eine sehr kapitalintensive Industrie. Wegen der großen Bedeutung von Forschung und Entwicklung werden in der Chemischen Industrie viele hoch qualifizierte Arbeitskräfte benötigt. Im Textil- und Ernährungsgewerbe hingegen ist der Grad der Humankapitalintensität gering (*Heitger, Schrader* und *Stehn* 1999, S. 19f.).

Beim Vergleich der Arbeitsproduktivitäten in Tab. 7 fallen zunächst nur drei Länder durch ihre weit vom Durchschnitt abweichenden Positionen auf.[15] Während Belgiens Arbeitnehmer in allen abgebildeten Wirtschaftszweigen eine Produktivität erreichen, die über dem EU-Durchschnitt liegt, fallen die Arbeitnehmer in Griechenland und Spanien durch eine weit unter dem EU-Durchschnitt liegende Produktivität auf. Die niedrige Produktivität in Griechenland und Spanien entspricht den niedrigen Arbeitskosten (Rang 15 und Rang 13), während die hohen Arbeitskosten in Belgien (Rang 3) ins Verhältnis zu der hohen Produktivität gesetzt werden müssen.

Für die anderen Länder ist das Ergebnis nicht so eindeutig. Vor allem die Länder, die zu den hoch spezialisierten Ländern innerhalb der EU zu zählen sind (z.B. Irland und Finnland, *Eurostat* 1999c), verfügen über eine vergleichsweise hohe Produktivität in den Bereichen, auf die sie sich spezialisiert haben, während ihre Produktivität in den anderen Sektoren zumeist unterhalb des EU-Durchschnitts liegt.[16]

---

[15] Luxemburg, die Niederlande und Portugal fehlen in dem Vergleich, da für diese Länder zum Zeitpunkt der Erstellung der Tabelle keine Daten verfügbar waren.

[16] Zählt eine der in Tab. 7 aufgeführten Branchen zu den drei wichtigsten Wirtschaftsbereichen des Verarbeitenden Gewerbes in einem Land, ist der entsprechende Indexwert unterstrichen.

Einheitliche soziale Mindeststandards 55

Tabelle 7: Arbeitsproduktivität in ausgewählten Zweigen des Verarbeitenden Gewerbes in der EU (1997)

	Textilgewerbe		Ernährungsgewerbe und Tabakverarbeitung		Papier-, Verlags- und Druckgewerbe		Fahrzeugbau		Chemische Industrie	
	Bruttowertschöpfung je Beschäftigten zu Faktorkosten in 1000 ECU	Index	Bruttowertschöpfung je Beschäftigten zu Faktorkosten in 1000 ECU	Index	Bruttowertschöpfung je Beschäftigten zu Faktorkosten in 1000 ECU	Index	Bruttowertschöpfung je Beschäftigten zu Faktorkosten in 1000 ECU	Index	Bruttowertschöpfung je Beschäftigten zu Faktorkosten in 1000 ECU	Index
EU-Durchschnitt	33	100	48	100	52	100	55	100	81	100
Belgien	44	133	54	113	53	102	57	104	113	140
Dänemark	40	121	53	110	53	102	40	73	77	95
Deutschland	36	109	50	104	42	81	64	116	74	91
Finnland	32	97	42	90	78	150	38	69	72	89
Frankreich	36	109	53	110	56	108	54	98	86	106
Griechenland	16	48	23	48	18	35	17	31	26	32
Großbritannien	29	91	49	102	53	102	53	96	87	107
Irland	25	76	76	158	74	142	37	70	188	232
Italien	42	127	54	113	57	110	45	82	77	95
Österreich	53	161	53	110	124	238	68	124	70	86
Schweden	38	115	45	94	78	150	50	91	91	112
Spanien	28	85	33	69	35	67	45	82	55	68

Quelle: Eigene Zusammenstellung und Berechnungen nach Angaben des *Statistischen Bundesamtes* 1999.

In Irland haben das Ernährungsgewerbe und die Chemische Industrie einen Anteil von 48 Prozent am Verarbeitenden Gewerbe. In beiden Branchen ist die Arbeitsproduktivität überdurchschnittlich hoch, während die Arbeitskosten in Irland zu den geringsten innerhalb der EU zu zählen sind. Zwar besitzt auch Finnland eine hohe Produktivität in den Bereichen, auf die es spezialisiert ist (Papier und Holz), der hohen Produktivität stehen jedoch auch vergleichsweise hohe Arbeitskosten (Rang 5) gegenüber.

In anderen Ländern schwankt die Arbeitsproduktivität in den einzelnen abgebildeten Sektoren um den EU-Durchschnitt. Hierzu sind Frankreich und Großbritannien (+/- 10 Prozent) und im weiteren Sinne auch Deutschland (+/- 20 Prozent) zu zählen. Fehlende „Spitzenpositionen" können evtl. auf den geringen Spezialisierungsgrad der Länder zurückgeführt werden. Großbritannien und Frankreich sind (neben Spanien) die Länder mit der diversifiziertesten Industriestruktur, auch Deutschland ist vergleichsweise gering spezialisiert. Aus diesem Grund bietet es sich an, in diesen Ländern die in der gesamten Verarbeitenden Industrie erreichte Arbeitsproduktivität zu vergleichen. Hier lag 1996 Deutschland mit 50.900 ECU je Beschäftigten vor Frankreich mit 44.900 ECU, Großbritannien mit 40.100 ECU und Spanien mit 33.300 ECU (*Eurostat* 1999c). Diese Reihenfolge entspricht auch der Reihenfolge der Länder beim Vergleich der Arbeitskosten.

Die obigen Auswertungen haben gezeigt, dass höhere Arbeitskosten in einem EU-Mitgliedstaat meistens auch mit einer höheren Produktivität der Arbeitskräfte einhergehen. Wie Abschnitt 2.4.3.1 gezeigt hat, erlaubt jedoch der Nachweis einer hohen Produktivität noch nicht den Schluss auf einen Standortvorteil bei der Produktion, der in Form hoher Löhne zum Teil an die Arbeitskräfte weitergegeben wird. Vielmehr können hohe Produktivitäten auch das Resultat einer nicht auf Vollbeschäftigung ausgerichteten Lohn- und Sozialpolitik sein. Ohne eine Kenntnis der die Wertgrenzproduktivität des letzten eingesetzten Arbeitnehmers bestimmenden Faktoren ist es daher unmöglich zu sagen, ob eine hohe Zusatzkostenquote das Resultat eines Produktionsvorteils oder aber die Ursache für einen geringen Beschäftigungsstand und die damit verbundene höhere durchschnittliche Produktivität der Arbeitnehmer ist.

Genauso wenig wie eine hohe Zusatzkostenquote Ausdruck eines Standortnachteils sein muss, ist eine niedrige Zusatzkostenquote mit einem Standortvorteil gleichzusetzen. Sie kann auch das Resultat einer hohen Präferenz für Direktlöhne oder in Kombination mit niedrigen Direktlöhnen eines geringen Wertes der Grenzprodukte sein. Trotzdem werden Vergleiche der Zusatzkostenquoten in der Öffentlichkeit häufig dazu benutzt, den Abbau der Personalzusatzkosten als zwingend erforderlich für die Erhaltung der Wettbewerbsfähigkeit eines Landes zu postulieren oder den Ländern mit niedrigen Zusatzkostenquoten ein Sozialdumping vorzuwerfen. Während die bisherigen Ausführungen zeigen konnten, dass der Zusammenhang zwischen Wettbewerbsfähigkeit und Zusatzkostenquote nicht eindeutig ist, wird sich das folgende Kapitel mit dem Vorwurf des Sozialdumpings befassen.

2.5. Ergebnisse

Ergebnis 2.1.: Die Nationalstaaten nehmen in ihrer Rolle als Gesetzgeber über die Ausgestaltung des Sozial- und Arbeitsrechts Einfluss auf die Kosten für den Einsatz des Produktionsfaktors Arbeit. Auf welche ihrer Gestaltungsmöglichkeiten sich Forderungen nach einheitlichen sozialen Mindeststandards beziehen, hängt von verschiedenen Faktoren ab: dem Entwicklungsstand der betroffenen Länder, den Interessen, die von den Befürwortern vertreten werden, und den Regelungskompetenzen, mit denen die supranationale Ebene ausgestattet ist. Während sich Forderungen nach international einheitlichen sozialen Mindeststandards auf die in den ILO-Konventionen festgeschriebenen Arbeitnehmerrechte beschränken, schließen die Forderungen auf europäischer Ebene auch andere Bereiche der sozial- und arbeitsrechtlichen Gestaltungsmöglichkeiten des Gesetzgebers wie den Kündigungsschutz, die Entgeltfortzahlung im Krankheitsfall und die Arbeitszeiten mit ein.

Ergebnis 2.2.1.: Der Erlass von Rechtsakten durch die Organe der EU erfordert eine Kompetenzzuweisung im Primärrecht der Gemeinschaft. Die Entwicklung der europäischen Sozialpolitik ist somit eng gekoppelt an die Entwicklung des Primärrechts, die vorwiegend an dem Hauptziel der Gemeinschaft, der Vertiefung der wirtschaftlichen Integration, ausgerichtet wurde. Aus der 1951 von sechs Ländern gegründeten Montanunion ist heute eine Europäische Wirtschafts- und Währungsunion mit 15 bzw. elf Mitgliedern geworden. Ab 2002 soll die Osterweiterung der EU erfolgen. 13 Beitrittskandidaten stehen vor der Tür.

Im Zuge der Integration wurden zunehmend nationale wirtschaftspolitische Kompetenzen auf die Organe und Institutionen der Gemeinschaft übertragen. In einer Währungsunion entfallen sowohl die Währungs- als auch die Geldpolitik als nationale wirtschaftspolitische Instrumente. Auch die nationale Fiskalpolitik ist in ihren Möglichkeiten stark eingeschränkt, da die einzelnen Länder nach ihrem Eintritt in die EWWU weiterhin an die Einhaltung der finanzwirtschaftlichen Konvergenzkriterien gebunden sind. Somit wird die Lohnpolitik zum wichtigsten Instrument zur Abfederung wirtschaftlicher Fehlentwicklungen - unabhängig davon, ob sie diese verursacht hat oder nicht. Die hohe Zahl an Arbeitslosen in der EU deutet allerdings darauf hin, dass die nationalen Arbeitsmärkte bisher nicht hinreichend flexibel auf die Herausforderungen der Integration reagiert haben.

Ergebnis 2.2.2.: In einem sich immer stärker integrierenden Weltsystem wird die Wohlfahrt der EU-Mitglieder nicht nur durch ihre Intra-Aktionen, sondern auch durch ihre Inter-Aktionen mit Ländern außerhalb der Gemeinschaft bestimmt. Der multilaterale Abbau von Handelsschranken und Kapitalverkehrskontrollen und die Senkung der Transport- und Kommunikationskosten haben immer mehr Güter und Dienstleistungen handelbar gemacht und den Produktionsfaktor Kapital weltweit nahezu vollständig mobil werden lassen. Der verschärfte Standortwettbewerb eröffnet den Nationalstaaten die Chance, mehr Kapital und technisches Wissen als jemals zuvor zu attrahieren. Andererseits besteht jedoch auch die Gefahr, inländische Produktionsfaktoren an Anbieter mit günstigeren Standortbedingungen zu verlieren. Es ist ein Wettbewerb der immobilen um die mobilen Produktionsfaktoren entstanden, der vor allem dort zu Anpassungsschwierigkeiten führt, wo Flexibilität und Mobilität gering sind: namentlich auf den europäischen Arbeitsmärkten. Eine Möglichkeit, sich dem verschärften Standortwettbewerb zu entziehen, ist die länderübergreifende Abstimmung der relevanten Wirtschaftspolitiken.

Ergebnis 2.2.3.: Zu Beginn der europäischen Integration fanden sozialpolitische Fragestellungen kaum Beachtung, da man davon ausging, wirtschaftlicher und sozialer Fortschritt seien quasi Kuppelprodukte und es reiche aus, die wirtschaftliche Entwicklung zu fördern, damit sich auch sozialer Fortschritt einstelle. Erste eigene sozialpolitische Regelungskompetenzen wurden der Gemeinschaft 1986 in der Einheitlichen Europäischen Akte eingeräumt. Diese wurden 1992 durch das Protokoll und das Abkommen über die Sozialpolitik erweitert, das 1997 in den EG-Vertrag integriert wurde. Bisher hat die Gemeinschaft von den ihr zugewiesenen Regelungskompetenzen wenig Gebrauch gemacht, jedoch kann dieses Verhalten angesichts des zunehmenden Drucks auf die europäischen Arbeitsmärkte nicht in die Zukunft extrapoliert werden. Denkbar sind zwei Szenarien: ein „circulus virtuosus" der Flexibilisierung und Deregulierung oder ein „circulus vitiosus" der Bildung von Interessenkoalitionen und der Verständigung über gemeinsame Rahmenbedingungen.

Ergebnis 2.3.: Innerhalb der EU divergieren die Arbeitskosten sowohl in ihrer Höhe als auch in ihrer Zusammensetzung erheblich. 1998 betrugen die Arbeitskosten in Westdeutschland das Vierfache des portugiesischen Niveaus. Die Zusatzkostenquote, die das Verhältnis von Personalzusatzkosten zu Direktentgelt widerspiegelt, belief sich in Italien auf 1,03 und in Dänemark auf 0,25. Eine Ursache für die Abweichungen in der Entlohnungsstruktur sind Unterschiede in Ausmaß und Intensität der sozialpolitischen Regulierungen. In allen untersuchten Bereichen (Sozialversicherungsbeiträge der Arbeitgeber, Entgeltfortzahlung im Krankheitsfall, Arbeitszeiten, Kündigungsschutzbestimmungen und gesetzliche Mindestlöhne) variieren die nationalen Regelungen in erheblichem Ausmaß.

Ergebnis 2.4.: Eine hohe Zusatzkostenquote ist allerdings noch kein Indiz für einen Standortnachteil. So können die Soziallöhne in zwei Ländern trotz identischer Wettbewerbsfähigkeit unterschiedlich hoch sein (Bsp. Präferenzen). Höhere Soziallöhne können auch Ausdruck eines Wettbewerbsvorteils (Bsp. Produktivitäten) sein. Allerdings darf der Produktivitätsvorteil eines Landes in der Analyse aus zwei Gründen nicht überbewertet werden. Zum einen ist damit zu rechnen, dass sich Produktivitätsunterschiede in der Zukunft immer stärker angleichen werden, da die die Produktivität bestimmenden Faktoren zunehmend mobil werden. Zum anderen kann eine hohe Produktivität auch das Resultat eines Standortnachteils sein. Sind die Arbeitnehmer in der Lage, über dem Vollbeschäftigungslohn liegende Löhne durchzusetzen oder werden die Arbeitgeber bei nach unten rigiden Löhnen in zunehmendem Ausmaß durch sozialpolitische Regulierungen belastet, reagieren sie mit einer Anpassung der Beschäftigung, die die durchschnittliche Produktivität der noch eingesetzten Arbeitskräfte erhöht. In einem solchen Fall sind hohe Soziallöhne tatsächlich gleichbedeutend mit einem Standortnachteil, der aus einer beeinträchtigten Funktionsweise der Arbeitsmärkte resultiert. Hohe Soziallöhne können auch Ausdruck eines natürlichen Wettbewerbsnachteils sein (Bsp.

schlechtere Ausstattung mit Produktionsfaktor Arbeit). Ohne eine genauere Kenntnis der Präferenzen und der die Produktivität der Arbeitskräfte bestimmenden Faktoren ist die Wettbewerbsfähigkeit des Arbeitsangebots in einem Land nicht aus der Höhe der Zusatzkostenquote ableitbar.

3. Die allokationstheoretische Perspektive: Der Vorwurf des Sozialdumpings

Alle Arbeitsmärkte in Europa werden reguliert - allerdings in unterschiedlichem Ausmaß, wie Kapitel 2 gezeigt hat. Im Autarkiezustand ist die Regulierung des nationalen Arbeitsmarktes eine rein nationale Angelegenheit und findet lediglich dann das Interesse anderer Staaten, wenn es z.B. darum geht, nach neuen effizienteren Regulierungsmethoden zu suchen. Mit zunehmender wirtschaftlicher Integration gewinnt jedoch die nationale Regulierung an Bedeutung für Wirtschaftssubjekte anderer Länder. Ist das Kapital mobil, kann es zu den Produktionsstandorten mit den günstigsten Bedingungen, zu denen auch die Kosten für den Einsatz des Produktionsfaktors Arbeit zu zählen sind, wandern. Wäre der Faktor Arbeit mobil, würde auch er an die Standorte wandern, an denen er am besten entlohnt wird.

Während die Mobilität des Kapitals in der EU hoch ist, sind zwar auch die rechtlichen Voraussetzungen für die Mobilität der Arbeitskräfte geschaffen worden, in der Realität ist sie jedoch gering (*Eichengreen* 1993). Wären die Arbeitsmärkte flexibel, würde allein die Mobilität des Faktors Kapital auf einen Ausgleich der Bedingungen in den einzelnen Ländern hinwirken. Wandert das Kapital in die Länder, in denen Arbeit zunächst billiger ist, steigt die Nachfrage nach Arbeit und damit müsste auch der Preis für Arbeit steigen. In den Ländern, aus denen das Kapital abfließt, müsste hingegen der Preis des Faktors Arbeit sinken. In der Realität sind die Arbeitsmärkte jedoch nicht so flexibel, so dass die entsprechenden Anpassungsprozesse nur langsam oder gar nicht stattfinden. Folglich ergeben sich Ungleichgewichte.

Eine Ursache für die mangelnde Flexibilität der Arbeitsmärkte sind die vielfältigen staatlichen Regulierungen. In der Regel wird argumentiert, dass eine hohe Regulierungsintensität einem Staat im internationalen Standortwettbewerb zum Nachteil gereicht. Man kann dieses Argument auch umdrehen, so dass einem Staat aus einem geringen Ausmaß an Regulierungen ein Vorteil erwächst. Kapitel 2 hat gezeigt, dass diese Schlussfolgerung nicht per se zutrifft. Die Höhe der Soziallöhne muss immer in Zusammenhang mit der Höhe der Direktlöhne gesehen werden. Nur wenn sich eine sozialpolitische Regulierung auf die Höhe der gesamten Arbeitskosten auswirkt, beeinflusst sie die Position eines Landes im internationalen Standortwettbewerb.

Gegenstand dieses Kapitels ist die Frage, ob sich ein Land durch Sozialdumping Wohlfahrtsvorteile zu Lasten anderer Länder verschaffen kann. Auf der Suche nach einer Antwort erläutert Abschnitt 3.1 zunächst, was unter "fairem" Handel zu verstehen ist und wann ein die natürlichen Wettbewerbsverhältnisse verzerrendes Dumping vorliegt. Welche Möglichkeiten zu Sozialdumping bestehen, zeigt Abschnitt 3.2, indem er die Funktionen sozialpolitischer Regulierungen genauer untersucht. Auch wenn Sozialdumping theoretisch möglich ist, muss das noch nicht heißen, dass es für einen Staat vorteilhaft ist, es zu betreiben. Abschnitt 3.3 zeigt auf, in welcher Situation ein Land durch Sozialdumping die nationale Wohlfahrt auf Kosten anderer Länder mehren kann. Abschnitt 3.4 setzt sich schließlich mit der Frage auseinander, ob einheitliche soziale

Mindeststandards geeignet sind, eine faire Ausgangsposition für alle Wettbewerber, ein „level playing field", zu schaffen.

3.1. Das Konzept des „fairen" Handels

„Bei einem System des vollkommen freien Handels wendet natürlich jedes Land sein Kapital und seine Arbeit solchen Zweigen zu, die für jedes am vorteilhaftesten sind. Dieses Verfolgen des individuellen Vorteils ist bewundernswert mit dem allgemeinen Wohle des Ganzen verbunden" (*Ricardo* 1817 in der Übersetzung von Bondi, S. 114). Die Erkenntnis *Ricardos*, dass Freihandel, der die Ausnutzung komparativer Kostenvorteile ermöglicht, die Wohlfahrt der am Freihandel beteiligten Länder erhöht, wird weitgehend von Ökonomen und Politikern akzeptiert, solange es sich um die Ausnutzung der in der traditionellen Außenhandelstheorie postulierten natürlichen Kostenvorteile handelt. Hierzu sind Unterschiede in den Produktionsbedingungen, d.h. den Produktionsfunktionen und der Faktorausstattung, sowie Unterschiede in den Nachfragebedingungen zu zählen (*Siebert* 1994, S. 38ff).

3.1.1. Standortvorteil: Institutionelle Regelungen

Zu den relevanten Standortfaktoren sind auch solche Standortvorteile, die auf unterschiedlichen Regelungen zur Umwelt-, Wettbewerbs-, Steuer-, Währungs-, Subventions- und Sozialpolitik beruhen, zu zählen. Welche Auswirkungen Unterschiede in den institutionellen Regelungen auf die relative Position eines Landes im Standortwettbewerb haben, zeigen verschiedene empirische Untersuchungen. *Alesina* und *Perotti* (1997) untersuchen für ein Sample von 14 OECD-Ländern die Auswirkungen unterschiedlich hoher steuerfinanzierter Sozialtransfers. Sie unterstellen, dass eine Steuererhöhung von den Arbeitnehmern zumindest teilweise auf die Arbeitgeber überwälzt werden kann und kommen zu dem Ergebnis „when taxes on labor increase by 1 percent of GDP from their sample average of about 25 percent, unit labor costs in countries with an intermediate degree of centralization increase by up to 2.5 percent relative to competitors" (*Alesina* und *Perotti* 1997, S. 923). *Rodrik* (1996) untersucht die Auswirkungen sozialpolitischer Regelungen auf Arbeitskosten und Handelsströme. Er findet einen positiven Zusammenhang zwischen der Höhe der sozialen Standards und den Arbeitskosten („an increase of one step in my measure of child labor is associated with an increase in annual labor costs of $ 4,849 to $ 8,710", *Rodrik* 1997, S. 45f.) und einen negativen Zusammenhang zwischen der Höhe der sozialen Standards und dem Export arbeitsintensiver Güter.

Lawrence (1991) untersucht das vielfach als „unfair" angeprangerte „Keiretsu"-System Japans. Bei einem „Keiretsu" handelt es sich um einen Zusammenschluss einer Vielzahl rechtlich selbständiger Firmen zur Wahrung gemeinsamer Interessen (*Lichtblau* und *Breuer* 1996, S. 7), der nach den strengeren wettbewerbspolitischen Regelungen der meisten Industrieländer nicht zulässig wäre. *Lawrence* stellt hierbei zwei Hypothesen auf: Wäre das „Keiretsu" lediglich eine effiziente Form der Unternehmensorganisation, müssten Sektoren, in denen das Keiretsu-System die dominante Form der

Unternehmensorganisation ist, niedrigere Importe und höhere Exporte aufweisen. Ist „Keiretsu" hingegen lediglich ein Mittel, um den Wettbewerb zu beschränken und den Marktzutritt ausländischer Anbieter zu verhindern, müssten die betreffenden Sektoren zwar niedrigere Importe, aber nicht höhere Exporte aufweisen. Er kommt zu dem Ergebnis, dass in „Keiretsu" dominierten Sektoren der Importanteil zwar deutlich geringer ist, die Exporte jedoch nur bei vertikalen „Keiretsu" und dort auch nur unwesentlich höher als in anderen Sektoren sind.

Während Standortvorteile, die aus Unterschieden in den Produktions- und Nachfragebedingungen resultieren, generell als „faire" Standortvorteile betrachtet werden, taucht im Zusammenhang mit Unterschieden in der Ausgestaltung institutioneller Regelungen immer wieder der Vorwurf auf, es handele sich um einen „unfairen" Versuch, den internationalen Wettbewerb zu den eigenen Gunsten durch Währungs-, Öko-, Steuer-, Lohn- und Sozialdumping oder auch durch eine zu laxe Wettbewerbspolitik zu verzerren. Die Annahme, der Wettbewerb sei verzerrt, nur weil auf dem Weltmarkt Anbieter, die unter unterschiedlichen institutionellen Regelungen produzieren, aufeinander treffen, ist jedoch falsch. Zu einer Wettbewerbsverzerrung kommt es lediglich dann, wenn Unternehmen einzelner Länder ihre natürlichen Kostenvorteile nicht mehr ausspielen können (*Caspers* 1999, S. 62f.). Zu klären wäre deshalb, wann die aus unterschiedlichen institutionellen Regelungen resultierenden Kostenbelastungen für die Unternehmen zur Verzerrung der natürlichen komparativen Vorteile führen und wann die unterschiedlichen institutionellen Regelungen lediglich Ausdruck der natürlichen Standortvorteile sind. So kann beispielsweise eine laxere Umweltpolitik die effiziente Lösung der Umweltproblematik in einem Land sein, das im Vergleich zu anderen Ländern in einem reichlicheren Ausmaß über die Ressource „Umwelt" und damit über eine höhere Absorptionsfähigkeit verfügt.

3.1.2. Institutionelles Dumping

Spätestens seit Beginn des 20. Jahrhunderts hat der Begriff des Dumpings einen festen Stellenwert in der ökonomischen Literatur (*Viner* 1923). Ursächlich hierfür waren die Verkaufspraktiken deutscher und amerikanischer Hersteller von Drahtstiften, die ihre Produkte in England so lange zu niedrigeren Preisen als auf ihren Heimatmärkten anboten, bis sie die englischen Hersteller aus dem Markt verdrängt hatten. Anschließend erhöhten sie die Preise um einen größeren Betrag, als sie sie zuvor gesenkt hatten (*Chamberlain Tariff Commission* 1904, S. 919). Dieses Verhalten der Hersteller von Drahtstiften entspricht einer auf ausländische Absatzmärkte übertragenen Strategie des „predatory pricing". "Predatory pricing behavior involves a reduction of price in the short run as to drive competing firms out of the market or to discourage entry of new firms in an effort to gain larger profits via higher prices in the long run than would have been earned if the price reduction had not occurred" (*Joskow* und *Klevorick* 1979, S. 219f.). Eine solche Strategie ist immer dann lohnend, wenn die Verluste, die vorübergehend in Kauf genommen werden müssen, durch die späteren zusätzlichen Gewinne überkompensiert werden.

Betreiber eines Dumpings kann jedoch nicht nur ein Unternehmen, sondern auch ein Staat sein. Dieser hat zwar mit Ausnahme des Währungsdumpings, bei dem er durch eine Weichwährungspolitik eine Verringerung der Exportpreise in ausländischen Währungen bewirkt, keinen direkten Einfluss auf den strategischen Parameter des Dumpings, den Absatzpreis des Unternehmens. Indem er aber über Umweltauflagen, Steuergesetze oder sozialpolitische Regelungen die Preise der bei der Produktion eingesetzten Ressourcen mitbestimmt, nimmt er indirekt Einfluss auf die Preisgestaltungsmöglichkeiten der Unternehmen.

Von einem institutionellen Dumping kann allerdings nur dann gesprochen werden, wenn ein Staat - analog zu der unternehmerischen Strategie - bei der Ausgestaltung seiner institutionellen Regelungen bewusst Verluste in Kauf nimmt, um seinen Unternehmen so einen Vorteil auf den internationalen Märkten zu verschaffen. Dieses ist der Fall, wenn er ein unter Effizienzgesichtspunkten zu niedriges Regulierungsniveau wählt. Im Autarkiezustand würde eine solche Regulierung zu dauerhaften Wohlfahrtsverlusten führen und wäre irrational. Bei Freihandel kann mit ihr jedoch das Ziel verfolgt werden, die eigene Position im internationalen Wettbewerb zu verbessern und hierdurch stärker vom Freihandel zu profitieren als bisher. Im Gegensatz zu unternehmerischem Dumping setzt der Erfolg institutionellen Dumpings nicht die Verdrängung der Konkurrenz voraus. Die gesamtgesellschaftliche Wohlfahrt steigt immer dann, wenn der zusätzliche Gewinn der begünstigten Gruppen größer ist als der Verlust der benachteiligten Gruppen. Anders als beim unternehmerischen Dumping fallen Kosten und Erträge des institutionellen Dumpings nicht an der gleichen Stelle, dafür aber zum gleichen Zeitpunkt an.

„Unfair" ist institutionelles Dumping, weil es die Möglichkeiten anderer Länder, von ihren natürlichen Standortvorteilen zu profitieren, einschränkt. Um derartige Wettbewerbsverzerrungen zu vermeiden, wird die Schaffung eines „level playing field" gefordert. „Wir brauchen gleiche Bedingungen, zumindest vergleichbare Regeln und Begrenzungen" (*Kurt Biedenkopf* in einem Interview mit der Zeit vom 14. Mai 1998). Andernfalls wird befürchtet, dass das institutionelle Dumping eines Staates ein „race to the bottom" initiiere mit der Folge, dass sich die Regulierungen allgemein auf einem ineffizient niedrigen Niveau einpendeln.[17] „What is the concern that motivates the „race to the bottom" literature and discussion of trade policy? It is that to attract mobile resources, especially firms, governments will choose policies - for example, environmental standards, occupational health and safety standards, competition policies - that entail suboptimal requirements, which afford their citizens too little protection - whether from environmental hazards, unsafe or unhealthy working conditions, or cartel behavior. The idea is that to make its country a hospitable location in which to do business, a government would establish lax standards to be imposed upon those it wishes to draw. The result, it is argued, is that all countries will impose standards that are much more lax than those they would set if they did not have to compete with one another for the mobile resources. In short, they will race to the bottom of the domain of

---

[17] Vgl. *Dehousse* 1992, S. 395 ff; *Revesz* 1994, S. 379; *Hilpert* 1997, S. 633.

standards, and the contest will be to no avail because with all countries choosing the same standard, mobile resources will have no incremental incentive to move. If only these countries could agree not to compete in the dimensions of these standards, the argumet concludes, each government would choose the social optimal level of the relevant standard, and all their populations would be better served" (*Klevorick* 1997, S.459f.).

Im Vordergrund der Forderungen nach einem "level playing field" steht offensichtlich nicht die Einheitlichkeit der Bedingungen, denn würde sich das im Zusammenhang mit institutionellem Dumping beschworene Szenario eines "race to the bottom" einstellen, würde irgendwann (at the bottom) ein Zustand gleicher Bedingungen erreicht. Genau diese Situation soll jedoch durch die Schaffung eines "level playing field" unterbunden werden. "Level playing field" bezeichnet somit nicht die Einheitlichkeit der Ausgangsposition für in- und ausländische Unternehmen, sondern die Einheitlichkeit auf einem angemessenen oder richtigen Niveau. „The idea must be not only that there be uniformity among standards but uniformity at the „appropriate" or „correct" level" (*Klevorick* 1997, S. 462).

Während die Problematik des Umweltdumpings in der Literatur bereits seit einiger Zeit modelltheoretisch analysiert wird,[18] beschränken sich die Auseinandersetzungen mit dem Phänomen des Sozialdumpings zumeist auf die reine Verbalanalyse. In der Regel werden Vorwürfe, einzelne Staaten betreiben ein Sozialdumping, und Forderungen nach einheitlichen sozialen Mindeststandards von ökonomischer Seite mit der Begründung, sie seien rein protektionistischer Natur, zurückgewiesen. So spricht beispielsweise der *Kronberger Kreis* (1996, S. 26) von der „Mär vom Sozialen Dumping ". Diese Arbeit will versuchen, die Diskussion um Sozialdumping auf modelltheoretische Füße zu stellen. Hierzu ist es zunächst erforderlich zu klären, wann ein Sozialdumping vorliegt.

3.1.3. Unfaire Soziallöhne

Sozialdumping ist der Vorwurf, sich durch ein unfaires Soziallohnniveau Wettbewerbsvorteile zu Lasten anderer Länder zu verschaffen. Ob ein Soziallohnniveau fair ist, lässt sich nicht durch einen auf die Höhe der Soziallöhne beschränkten Vergleich zwischen einzelnen Ländern ermitteln, sondern nur durch eine Analyse des jeweiligen Soziallohns in Zusammenhang mit dem entsprechenden Direktlohn und den Marktverhältnissen auf dem Arbeitsmarkt. Ein niedriges Soziallohnniveau begünstigt keinen Arbeitgeber, wenn diesem ein entsprechend hohes Direktlohnniveau gegenüber steht (vgl. Abschnitt 2.4). Zu Wettbewerbsverzerrungen kann es nur dann kommen, wenn die Summe aus Sozial- und Direktlohn als gesamtgesellschaftlich zu niedrig erachtet wird. Es geht daher zunächst darum, zu klären, welches Niveau des Gesamtlohns als fair erachtet werden soll.

---

[18] Vgl. z.B. *Anderson* 1992; *Barrett* 1994; *Killinger* und *Schmidt* 1998; *Oates* 1998; *Rauscher* 1994; *Ulph* 1996.

Nach Ansicht der Autorin kann es sich bei einem aus gesamtgesellschaftlicher Sicht fairen Gesamtlohn nur um den Lohn handeln, der sich bei voller Funktionsfähigkeit der Arbeitsmärkte einstellen würde: der Vollbeschäftigungslohn w*. Im Prinzip lässt die Definition des „level playing field" als einheitliche Ausgangsposition für in- und ausländische Unternehmen auf angemessenem Niveau die Frage offen, wo dieses Niveau liegen soll. Jede einheitliche Ausgangsposition, die Unternehmen verpflichtet, über dem Vollbeschäftigungslohn liegende Löhne zu zahlen, ist jedoch nicht geeignet, als fair bezeichnet zu werden, da sie die betroffenen Länder daran hindern würde, das Ziel der Vollbeschäftigung zu erreichen. Ein derartiger Referenzlohn wäre genauso unfair wie Sozialdumping, da er ebenso den Wettbewerb verzerren würde und zu einer Benachteiligung der Länder führen würde, in denen jetzt Arbeitslosigkeit entsteht.

Beim Vollbeschäftigungslohn ist die Summe aus Arbeitgeber- und Arbeitnehmerrente maximal. Seine Höhe wird bestimmt durch die Lage der Arbeitsangebots- und der Arbeitsnachfragekurve. Bei gegebener Arbeitsnachfrage wird w* um so niedriger sein, je niedriger der Reservationslohn der Anbieter von Arbeitskraft ist bzw. je elastischer die Arbeitsangebotskurve verläuft. Ebenso wird bei gegebenem Arbeitskräfteangebot w* um so höher sein, je höher die Wertgrenzproduktivität der eingesetzten Arbeitskräfte ist. Zu jedem w* gibt es zwar nur genau eine Kombination von Soziallohn und Direktlohn, die optimal ist, jedoch eine Vielzahl von Kombinationsmöglichkeiten der beiden Lohnbestandteile, die als fair erachtet werden müssen. In Abb. 7 ist jede Kombination von dw und sw, die auf der MRP_L^{w*}-Geraden liegt, fair, da sie den Arbeitgeber insgesamt zu der Zahlung eines Lohnes verpflichtet, der dem Wertgrenzprodukt des letzten eingesetzten Arbeitnehmers bei Vollbeschäftigung entspricht. Nur die Kombination von dw** und sw** ist hingegen optimal.

Wären die Arbeitsmärkte funktionsfähig, wäre jeder sich einstellende Soziallohn fair. Würde die Summe aus Soziallohn und Direktlohn unter den Vollbeschäftigungslohn w* sinken, würden die Arbeitnehmer eine derartige Veränderung mit einer Reduzierung ihres Arbeitsangebots sanktionieren. Der Nachfrageüberhang würde den Lohn wieder auf das Vollbeschäftigungsniveau zurückführen. In einer solchen Situation wäre eine sozialpolitische Regulierung nicht erforderlich. Die Arbeitnehmer könnten ihren Präferenzen entsprechende Soziallöhne durchsetzen, da die Arbeitgeber annahmegemäß in Bezug auf die Aufteilung des Nominallohns in Direkt- und Soziallohn indifferent sind. Letztendlich müsste sich die optimale Direktlohn-Soziallohn-Kombination dw** und sw** durchsetzen, mit:

$$dw^{**} = \frac{\alpha}{\alpha + \beta} * w^* \quad \text{und}$$

$$sw^{**} = \frac{\beta}{\alpha + \beta} * w^*.$$

Selbst wenn der Staat in die Marktbeziehungen eingreifen würde, indem er dem Arbeitgeber bestimmte Soziallohnbestandteile vorschreibt, könnte ein derartiger Eingriff nie zu einer unfairen Begünstigung der Arbeitgeber führen, da der Wettbewerb um die Arbeitskräfte den Gesamtlohn immer wieder auf die Höhe des Vollbeschäftigungslohnes zurückführen würde. Auch Abweichungen vom Gleichgewicht nach oben dürften nicht dauerhaft stabil sein. Übersteigt die Höhe der Gesamtentlohnung das Wertgrenzprodukt des letzten beschäftigten Arbeitnehmers, wird der Arbeitgeber mit Entlassungen reagieren, bis die Gleichheit von Lohn und Wertgrenzprodukt wieder hergestellt ist. In einer Welt funktionsfähiger Arbeitsmärkte würde die Konkurrenz der Outsider (Arbeitslose) eine Rückführung des Gesamtlohnes auf die Höhe des Vollbeschäftigungsniveaus bewirken.

Abbildung 7: Faire und unfaire Direktlohn-Soziallohn-Kombinationen

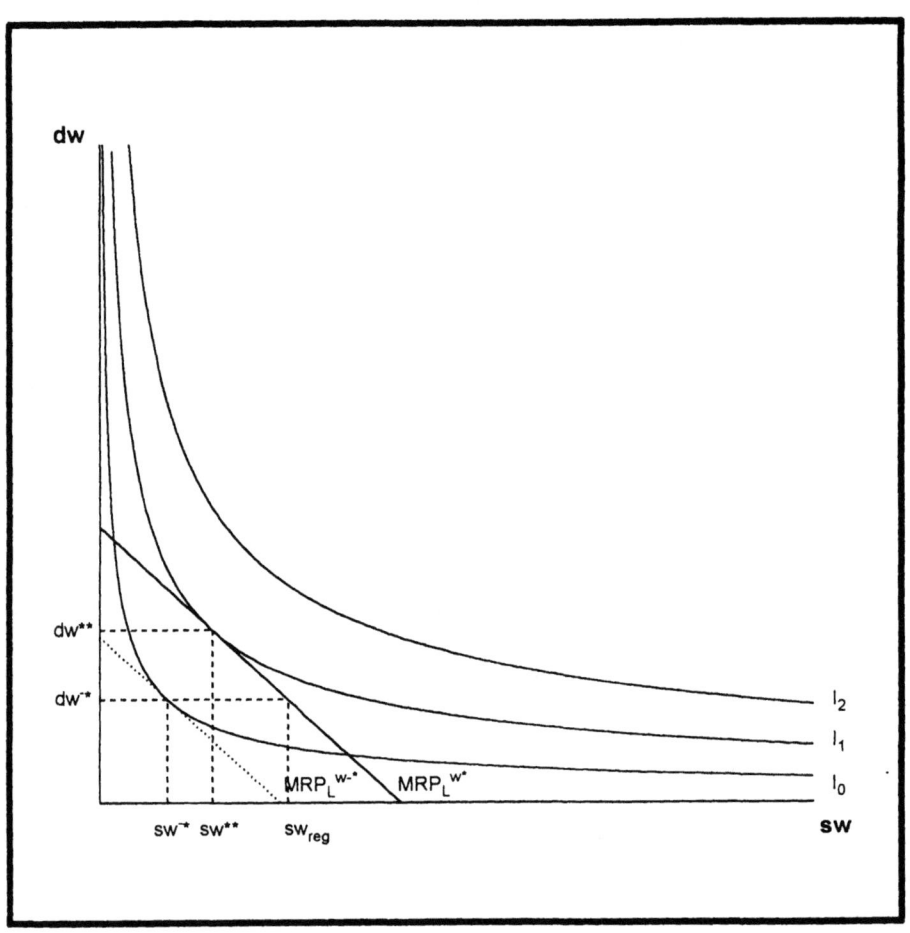

Sozialdumping ist daher nur dann möglich, wenn Marktversagenstatbestände dazu führen, dass die Arbeitgeber auch bei einem unterhalb des Vollbeschäftigungslohns liegenden Lohn w⁻ ihren gesamten Bedarf an Arbeitskräften decken können. Verzichtet ein Staat in einer solchen Situation auf die Beseitigung des Marktversagens, erlangt der Arbeitgeber hierdurch einen Vorteil gegenüber Arbeitgebern in anderen Staaten, in denen Regulierungen dazu eingesetzt werden, das gesamtgesellschaftliche Optimum zu erreichen. Ein derartiger Vorteil muss als unfair bezeichnet werden, weil er diejenigen benachteiligt, die sich aus gesamtgesellschaftlicher Sicht optimal verhalten. Dementsprechend gewährt jede Direktlohn-Soziallohn-Kombination, die auf der $MRP_L^{w^-}$-Geraden in Abb. 7 liegt, einen unfairen Wettbewerbsvorteil - unabhängig davon, ob das Niveau des Soziallohns dem bei einem Nominallohn in Höhe von w⁻ optimalen Soziallohn sw⁻* entspricht, darüber oder darunter liegt. Ausschlaggebend für die Gewährung eines unfairen Wettbewerbsvorteils ist nicht die Höhe des Soziallohns, sondern die Nicht-Beseitigung des Marktversagens.

3.2. Sozialpolitik als funktionsspezifische Regulierung

Gemäß den obigen Ausführungen kann sich ein Staat nur dann durch Sozialdumping Wettbewerbsvorteile verschaffen, wenn Marktversagenstatbestände Anpassungsprozesse verhindern. Ob es überhaupt eine ökonomische Legitimation für die Befürchtung eines Sozialdumpings gibt, hängt somit entscheidend davon ab, welche Funktionen sozialpolitische Regulierungen haben. Die Motivation für einen staatlichen Eingriff kann zweierlei sein: die Erhöhung der allokativen Effizienz und/oder die Veränderung des distributiven Ergebnisses des Marktprozesses. Nur im Fall eines Verzichts auf eine funktionsspezifische Regulierung, deren Aufgabe es ist, den Lohn auf die Höhe des Vollbeschäftigungslohns w* zurückzuführen, kann von Sozialdumping gesprochen werden. Inwiefern sozialpolitische Regulierungen dazu dienen können, die Allokation des Faktors Arbeit zu verbessern, sollen die folgenden Abschnitte zeigen.

3.2.1. Soziale Standards zur Vermeidung von Sweating

Sozialpolitische Regulierungen können die Funktion des Marktmechanismus verbessern, indem sie Wohlfahrtverluste durch „Sweating" vermeiden. Das Phänomen des "Sweating" oder der "sweated trades" ist seit dem Zeitalter der industriellen Revolution bekannt und beschreibt eine Situation „(d)es salaires exceptionnellement bas et insuffisants, une durée excessive de travail et des ateliers insalubres" (*Boyaval* 1911, S. 14). Ist der Produktionsfaktor Arbeit reichlich vorhanden und das Angebot von Arbeitskraft der einzige Weg zur Einkommenserzielung, müssen Arbeitnehmer bei sinkenden Löhnen unter Umständen mit einer Ausweitung ihres Arbeitsangebotes reagieren, um auch weiterhin ein Einkommen in Höhe des Subsistenzminimums zu erzielen. Wie die folgenden Ausführungen zeigen werden, ist in einem solchen Fall der sich einstellende Gleichgewichtslohn gesamtgesellschaftlich ineffizient.

Die Arbeitsangebotskurve lässt sich aus der Nutzenfunktion der Arbeitnehmer ableiten (*Wagner* und *Jahn* 1997, S. 10-16). Die Arbeitnehmer sind bestrebt, ihren Nutzen aus dem Angebot von Arbeitskraft, der eine Funktion des erzielten Einkommens und der verbleibenden Freizeit ist, zu maximieren. Da mit steigendem Einkommen der Grenznutzen einer weiteren Einkommenssteigerung abnimmt, während der Wert der verbleibenden Freizeit mit zunehmendem Arbeitseinsatz zunimmt, bedarf das Angebot weiterer Arbeitskraft steigender Löhne. Im Normalfall hat die Arbeitsangebotskurve daher den in Abb. 8 dargestellten Verlauf SS'.

Abbildung 8: Sicherung des Subsistenzminimums durch Arbeit

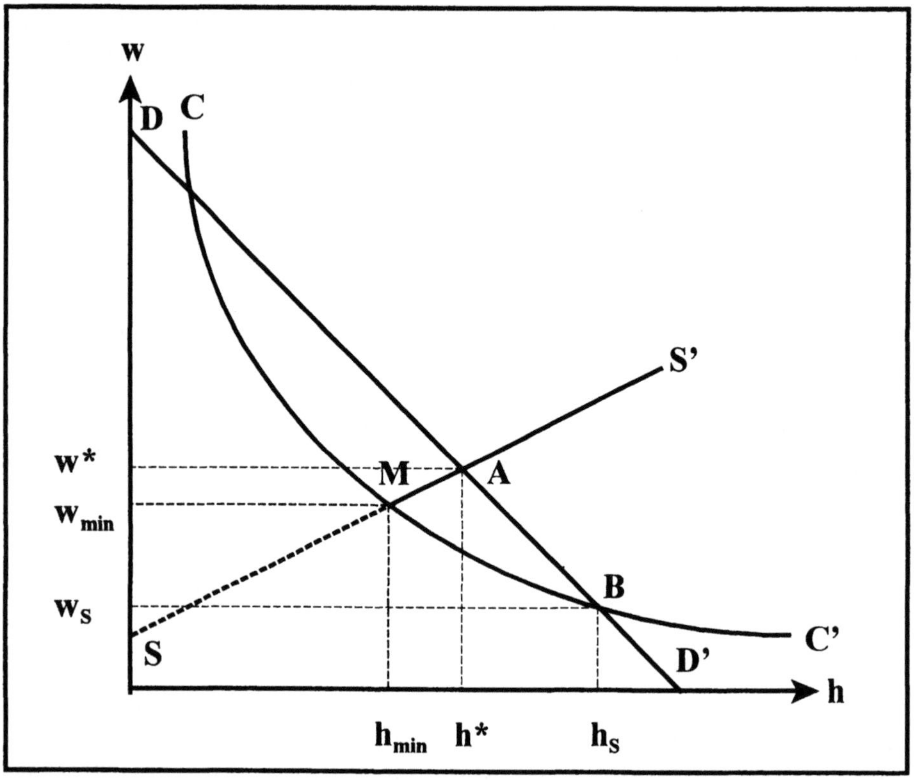

Quelle: Eigene Darstellung in Anlehnung an *Raynauld* und *Vidal* 1998, S. 25.

Solange es jedoch keine Mindestabsicherung für Erwerbstätige und Nicht-Erwerbstätige gibt, sind die Arbeitnehmer gezwungen, mindestens ein Einkommen in Höhe des Subsistenzminimums zu erzielen. Alle Kombinationen von Löhnen (w) und Arbeitsstunden (h), die dem Subsistenzminimum entsprechen, liegen in Abb. 8 auf der CC'-Kurve. Bei Löhnen unterhalb von w_{min} ist das durch den Abschnitt SM der Arbeitsangebotskurve SS' abgebildete Angebot an Arbeitsstunden zu gering, um das Überleben der Arbeitnehmer zu sichern. Die Arbeitnehmer sind daher gezwungen, ihr Arbeitsangebot über h_{min} hinaus zu erhöhen, anstatt es, wie im Normalfall, bei sinkenden Löhnen einzuschränken. Das tatsächliche Arbeitsangebot hat den Verlauf C'MS'. Bei einem solchen Verlauf der Arbeitsangebotsfunktion und gegebenem Verlauf der Arbeitsnachfragefunktion DD' gibt es zwei mögliche Gleichgewichtslöhne: w* und w_S. Bei einem Lohn in Höhe von w* erzielen die Arbeitnehmer mit ihrem Arbeitseinsatz h* ein über dem Subsistenzminimum liegendes Einkommen, während sie zum Lohnsatz w_S zwar länger arbeiten (h_S > h*), jedoch ein geringeres Einkommen erhalten. Dieser Zustand entspricht der obigen Definition von "Sweating".

Da die Arbeitgeberrente bei der Kombination (w_S; h_S) größer ist als bei (w*; h*), präferieren die Arbeitgeber den geringeren Lohnsatz, ohne dass die Arbeitnehmer in der Lage sind, diese Wahl mit einer Einschränkung des Arbeitsangebotes zu sanktionieren. Die Kombination (w_S; h_S) ist jedoch mit Wohlfahrtsverlusten verbunden, wie anhand eines Wohlfahrtsvergleichs in Abb. 9 gezeigt werden kann. Abb. 9a bildet die Arbeitgeber- und die Arbeitnehmerrente bei einem Stundenlohn in der Höhe von w* ab. Die Arbeitgeberrente (hellgrau), die Summe der den Lohnsatz w* übersteigenden Wertgrenzproduktivitäten der einzelnen Arbeitnehmer, entspricht der Fläche EAD, die Arbeitnehmerrente (dunkelgrau) wird durch die Fläche ESA charakterisiert. In der Summe führt ein Lohn in der Höhe von w* und ein diesem Lohnsatz entsprechender Arbeitseinsatz von h* zu einer Gesamtwohlfahrt in Höhe der Fläche SAD.

Im Vergleich hierzu sind in Abb. 9b die Wohlfahrtseffekte bei einem Stundenlohn in der Höhe von w_S und einem Arbeitsangebot von h_S dargestellt. Zwar ist aufgrund des geringeren Lohnsatzes und des größeren Arbeitseinsatzes die Arbeitgeberrente (hellgrau) auf FBD angewachsen, jedoch hat die Arbeitnehmerrente eindeutig einen negativen Wert angenommen. Bei einem Lohnsatz in der Höhe von w_S übersteigt nur in den ersten geleisteten Arbeitsstunden der Lohn das Grenzleid der Arbeitnehmer. Der positive Wohlfahrtseffekt beträgt FSG (dunkelgrau). Für alle folgenden Arbeitsstunden ist das Grenzleid größer als die Entlohnung, so dass hieraus ein negativer Wohlfahrtseffekt in der Höhe von GBE (schraffiert) resultiert. In der Summe ist der Verlust an Arbeitnehmerrente bei dem niedrigen Lohnsatz w_S größer als der Zuwachs an Arbeitgeberrente, so dass die Kombination (w_S; h_S) zu einem Netto-Wohlfahrtsverlust in der Höhe von ABE führt.

Da die Arbeitgeber jedoch die Kombination (w_S; h_S) präferieren und die Arbeitnehmer nicht in der Lage sind, auf den niedrigen Lohn mit einer Reduzierung ihres Arbeitsangebotes zu reagieren, kommt es durch die freien Kräfte des Marktes zu Wohlfahrtsverlusten (*Stützel* 1981, S. 78). Sozialpolitische Regulierungen können in dieser Situation zu einer Verbesserung der allokativen Effizienz des Marktes führen. So kann z.B. ein gesetzlicher Mindestlohn in der Höhe von w_{min} eingeführt werden (vgl. Abb. 8) oder eine Grundabsicherung für Arbeitnehmer in Form von Sozial- und Arbeitslosenhilfe geschaffen werden, die es ihnen erlaubt, ihr Arbeitsangebot auf die ursprüngliche Angebotskurve SS' zu beschränken und dementsprechend Löhne unterhalb des Gleichgewichtslohns mit einer Rücknahme ihres Arbeitsangebots zu sanktionieren.

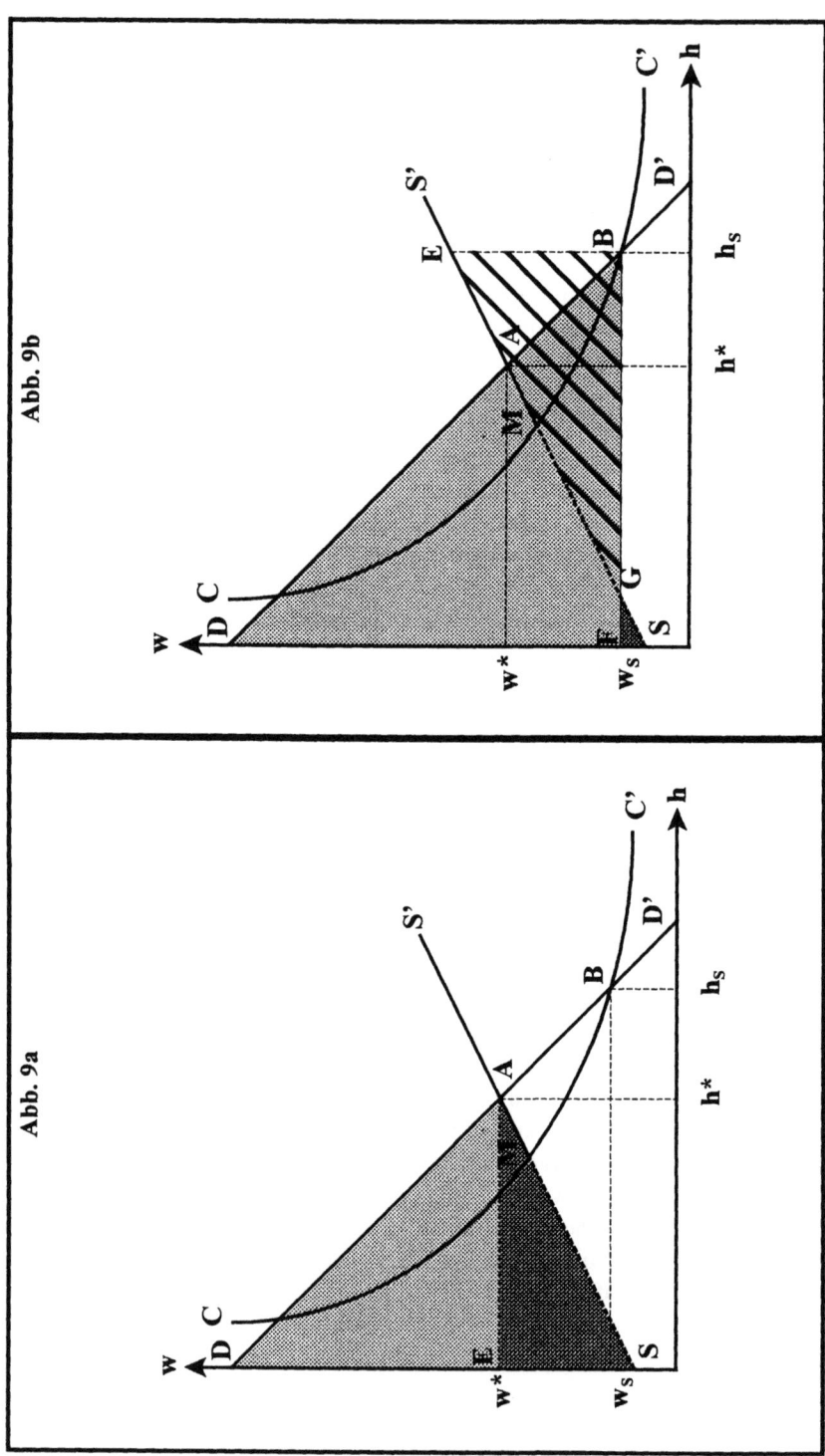

Während in vielen Entwicklungsländern „Sweating" zum Arbeitsalltag gehört, ist ein solches Szenario innerhalb der EU heute nicht mehr denkbar. Dieses bedeutet jedoch nicht, dass die obigen Ausführungen auf die EU nicht zutreffen, sondern dass sozialpolitische Regulierungen "Sweating" auch in den Segmenten der Arbeitsmärkte, in denen ein Angebotsüberhang besteht und somit die erste Voraussetzung für das Auftreten von "Sweating" erfüllt ist (hier ist vor allem das Angebot an gering qualifizierter Arbeit zu nennen), unmöglich gemacht haben. In allen EU-Mitgliedstaaten ist das Erreichen des Subsistenzminimums bei Nicht-Erwerbstätigkeit durch die Zahlung von Arbeitslosengeld, Arbeitslosenhilfe oder Sozialhilfe garantiert. Darüber hinaus ist, wie in Abschnitt 2.3.2.5 gezeigt, in acht EU-Ländern die Lohnflexibilität nach unten durch gesetzliche oder allgemeinverbindliche Mindestlöhne begrenzt.

3.2.2. Soziale Standards mit Clubgut-Charakter

Öffentliche Güter werden in der Literatur definiert als Güter, bei denen das "Ausschlussprinzip" nicht vollständig angewandt werden kann und/oder für die "Nicht-Rivalität im Konsum" herrscht (*Fritsch, Wein* und *Ewers* 1996, S. 281). Clubgüter unterscheiden sich von öffentlichen Gütern dadurch, dass sich die Kollektivguteigenschaft nur auf eine beschränkte Zahl von Individuen bezieht, nicht aber auf alle am Markt agierenden Wirtschaftssubjekte (*Buchanan* 1965). Auch im Arbeitsleben gibt es Clubgüter, wie z.B. Maßnahmen, die die Gesundheit und die Sicherheit am Arbeitsplatz gewährleisten. Luftfilter, Lärmschutzvorrichtungen oder Sicherheitszäune sind Güter, die sich sowohl durch die Nicht-Anwendbarkeit des Ausschlussprinzips sowie durch eine Nicht-Rivalität im Konsum auszeichnen. Obwohl diese Güter jedem Arbeitnehmer einen Nutzen stiften, kommt es zu keiner Bereitstellung, weil sich jeder Arbeitnehmer besser stellt, wenn er die freiwillige Finanzierung verweigert und auf die nicht zu verhindernde kostenlose Inanspruchnahme setzt. Individuell rationales Verhalten führt dann nicht zu einer Maximierung der gesamtwirtschaftlichen Wohlfahrt; vielmehr fallen individualistische und kollektive Rationalität auseinander (*Buttler* 1986, S. 49).

Bevor jedoch in diesen Fällen ein staatliches Eingreifen legitimiert werden kann, muss geprüft werden, ob es nicht doch marktliche Mechanismen gibt, die zu einer Bereitstellung dieser Güter führen können. So wird auch der Arbeitgeber ein Interesse an der Bereitstellung haben, wenn ihm diese einen Nutzen stiftet. Ist die Gesundheit der Arbeitnehmer akut gefährdet, wird er freiwillig Vorsichtsmaßnahmen treffen, um sich später nicht Schadensersatzforderungen seiner Angestellten stellen zu müssen, die Reputation seines Unternehmens zu gefährden oder gar neue Arbeitnehmer einarbeiten zu müssen. Seine Bereitschaft zur freiwilligen Bereitstellung von Schutzmaßnahmen wird jedoch um so geringer sein, je schlechter sich ein unmittelbarer Wirkungszusammenhang zwischen Ursache und Schaden nachweisen lässt oder je später eventuelle Schäden auftreten.

Bei Clubgütern kann auch der Zusammenschluss der Betroffenen, z.B. in einer Gewerkschaft oder einem Interessenverband, eine Bereitstellung des Gutes bewirken. Das Zustandekommen einer privat-kooperativen Lösung setzt allerdings voraus, dass die zentrale Organisation der Arbeitnehmerinteressen erlaubt ist und dass die Betroffenen bereit sind, einen Clubbeitrag zu entrichten (*Baird* 1982, S. 287f.). Dieses ist dann problematisch, wenn wie bei den oben genannten Beispielen aus dem Bereich der Sicherheit und Gesundheit am Arbeitsplatz gegenüber Nicht-Clubmitgliedern das Ausschlussprinzip nicht angewandt werden kann. Existiert keine Bereitschaft zum Verzicht auf die auf Kosten des Kollektivs erzielbaren individuellen Vorteile, können gesetzliche Regelungen, die den Arbeitgeber beispielsweise zum Einbau von Luftfiltern oder zur Nicht-Überschreitung eines bestimmten Lärmpegels verpflichten, zu einer Steigerung des Gemeinwohls führen. Eine andere Möglichkeit wäre, den Clubs die Kompetenz zur zwangsweisen Erhebung der Clubbeiträge zu übertragen.

3.2.3. Soziale Standards zur Überwindung von Informationsasymmetrien

Sozialpolitischer Regulierungsbedarf im Bereich der Sicherheit und Gesundheit am Arbeitsplatz kann auch durch die Existenz von Informationsasymmetrien zwischen Arbeitgebern und Arbeitnehmern begründet werden (*Apolte* 1999b, S.122ff). Während es in Abschnitt 3.2.2 um Sicherheitsvorkehrungen ging, von deren schützender Wirkung niemand ausgeschlossen werden konnte, fallen in diesen Abschnitt all jene Vorkehrungen, die speziell dem Schutz eines einzelnen Arbeitnehmers gelten. Hierzu sind Regelungen, die die Arbeitszeit beschränken (wie z.B. die Einhaltung bestimmter Ruhepausen), oder auch Mindestanforderungen an die Größe und Ausgestaltung der Arbeitsplätze (wie z.B. Richtlinien für Bildschirmarbeitsplätze) zu zählen. Sind die Arbeitnehmer hinreichend über evtl. Gesundheits- und Sicherheitsrisiken informiert, werden sie diese in ihrer Arbeitsangebotsentscheidung berücksichtigen. Risikoaverse Arbeitnehmer werden zu ihrem eigenen Schutz Sicherheitsvorkehrungen verlangen, weniger risikoaverse Arbeitnehmer werden eine finanzielle Kompensation für ihre Risikobereitschaft fordern. Verfügen die Arbeitnehmer über diese Information jedoch nicht, werden sie ihre Arbeit im Vergleich zu einer Situation mit vollkommener Information zu billig anbieten.

Wie bereits in Abschnitt 3.2.1 erläutert, lässt sich nach der neoklassischen Arbeitsmarkttheorie die Arbeitsangebotsfunktion aus der Nutzenfunktion der Arbeitnehmer ableiten. Welchen Nutzen ihnen das Angebot ihrer Arbeitskraft stiftet, hängt neben der Höhe des erzielbaren Einkommens auch von den Opportunitätskosten der Arbeit ab. Hierzu sind in einer Welt mit sozialpolitischen Regulierungen neben dem Wert der entgangenen Freizeit auch die ohne Arbeit zu erzielenden Alternativeinkommen wie die Sozial- und Arbeitslosenhilfe und das Arbeitslosengeld zu zählen (*Lorz* 1998). Damit es überhaupt zu einem Angebot von Arbeitskraft kommt, muss der gebotene Lohn das ohne Arbeit erzielbare Sozialeinkommen übersteigen. Weitere Arbeitseinheiten werden immer dann angeboten, wenn der Nutzen der zusätzlichen Konsummöglichkeiten, die die Entlohnung dieser Arbeitseinheiten ermöglicht, mindestens den Freizeitentgang und den Verlust des Anspruchs auf Sozialeinkommen kompensiert. Mit zunehmendem Arbeitseinsatz werden die Kompensationsforderungen der Arbeitnehmer steigen, da sie Freizeit mit zunehmender Knappheit höher und die zusätzlichen Konsummöglichkeiten geringer bewerten, d.h. die Grenzrate der Substitution zwischen Konsummöglichkeiten und Freizeit steigt mit zunehmendem Arbeitseinsatz. Es wird immer nur so viel Arbeit angeboten, bis die Grenzrate der Substitution dem Lohn entspricht.

Beeinträchtigt der Einsatz der Arbeitskraft auch die Gesundheit des Arbeitnehmers, da seine Tätigkeit mit Sicherheits- und Gesundheitsrisiken verbunden ist, ist der Wert der entgangenen Gesundheit ebenfalls den Opportunitätskosten der Arbeit zuzurechnen. In Abb. 10a repräsentiert LS_s die Arbeitsangebotskurve eines vollkommen informierten Arbeitnehmers. Kennt der Arbeitnehmer die Sicherheits- und Gesundheitsrisiken nicht, wird er diese auch nicht in seine Angebotsentscheidung mit einbeziehen, so dass seine Arbeitsangebotskurve (LS_p) unterhalb derjenigen, die den wahren Opportunitätskosten der Arbeit Rechnung trägt (LS_s), verläuft. Die Differenz zwischen den beiden Kurven entspricht den Risiken, die der Arbeitnehmer nicht kennt und dementsprechend auch nicht in seiner Entscheidung berücksichtigt. In Abb. 10b werden die durch den Einsatz einer weiteren Arbeitseinheit entstehenden zusätzlichen Schäden durch MD abgebildet.

Der abgebildete Verlauf der Grenzschäden unterstellt, dass die Höhe des Gesamtschadens mit zunehmendem Arbeitseinsatz überproportional ansteigt. So ist es wahrscheinlich, dass die Augen täglich eine Stunde Bildschirmarbeit problemlos verkraften können, während bei mehreren Stunden Müdigkeitserscheinungen und vorübergehende Sehschwächen auftreten und eine dauerhafte Bildschirmtätigkeit zu einer permanenten Verringerung der Sehkraft führt. Ohne dass sich an den Modellimplikationen etwas ändert, könnten jedoch auch proportional oder unterproportional ansteigende Grenzschäden unterstellt werden.

Bei Unkenntnis der Arbeitnehmer über die im Zusammenhang mit ihrem Arbeitseinsatz auftretenden Schäden wird aus gesamtgesellschaftlicher Sicht im Gleichgewicht (w_p; h_p) zu viel Arbeit zu zu hohen gesamtgesellschaftlichen Kosten eingesetzt. Dieses Ergebnis lässt sich auch Abb. 10b entnehmen. Die Differenz aus der Arbeitsnachfragekurve (LD), die die Wertgrenzproduktivität der eingesetzten Arbeitnehmer widerspiegelt, und der Arbeitsangebotskurve (LS_p), die den von den Arbeitnehmern erkennbaren Opportunitätskosten der Arbeit Rechnung trägt, zeigt, welcher Nutzenzuwachs durch den Einsatz einer weiteren Einheit Arbeit erzielt werden kann. Solange die Differenz der beiden Kurven positiv ist, erhöht eine Ausdehnung der Beschäftigung den Nutzen der Arbeitgeber und Arbeitnehmer. Bei h_p ist die Summe aus Arbeitgeberrente (= Summe der den Lohn übersteigenden Wertgrenzproduktivitäten) und Arbeitnehmerrente (= Lohn abzüglich der Opportunitätskosten der Arbeit) maximal - sie entspricht der Fläche unter LD-LS_p. Allerdings müssen zur Ermittlung des sozialen Wohlfahrtsoptimums die Grenzschäden (MD) des Arbeitseinsatzes abgezogen werden. Auch wenn der einzelne Arbeitnehmer die Schadenskosten nicht in jedem Fall selbst tragen muss (so werden z.B. evtl. notwendige Behandlungen oder Kuren von den Krankenkassen bezahlt), diese also zum Teil auf die Gesellschaft externalisiert werden können, müssen sie in eine Gesamtwohlfahrtsbetrachtung mit eingehen. Gesamtgesellschaftlich optimal wäre somit ein Arbeitseinsatz von h_s zum Lohn w_s, da hier die Grenzschäden dem Grenznutzen entsprechen. Die Kombination (w_p; h_p) ist mit einem Wohlfahrtsverlust in Höhe des Dreiecks CDE (schraffiert) in Abb. 10b verbunden.

Abbildung 10: Wohlfahrtsverluste durch Informationsasymmetrien

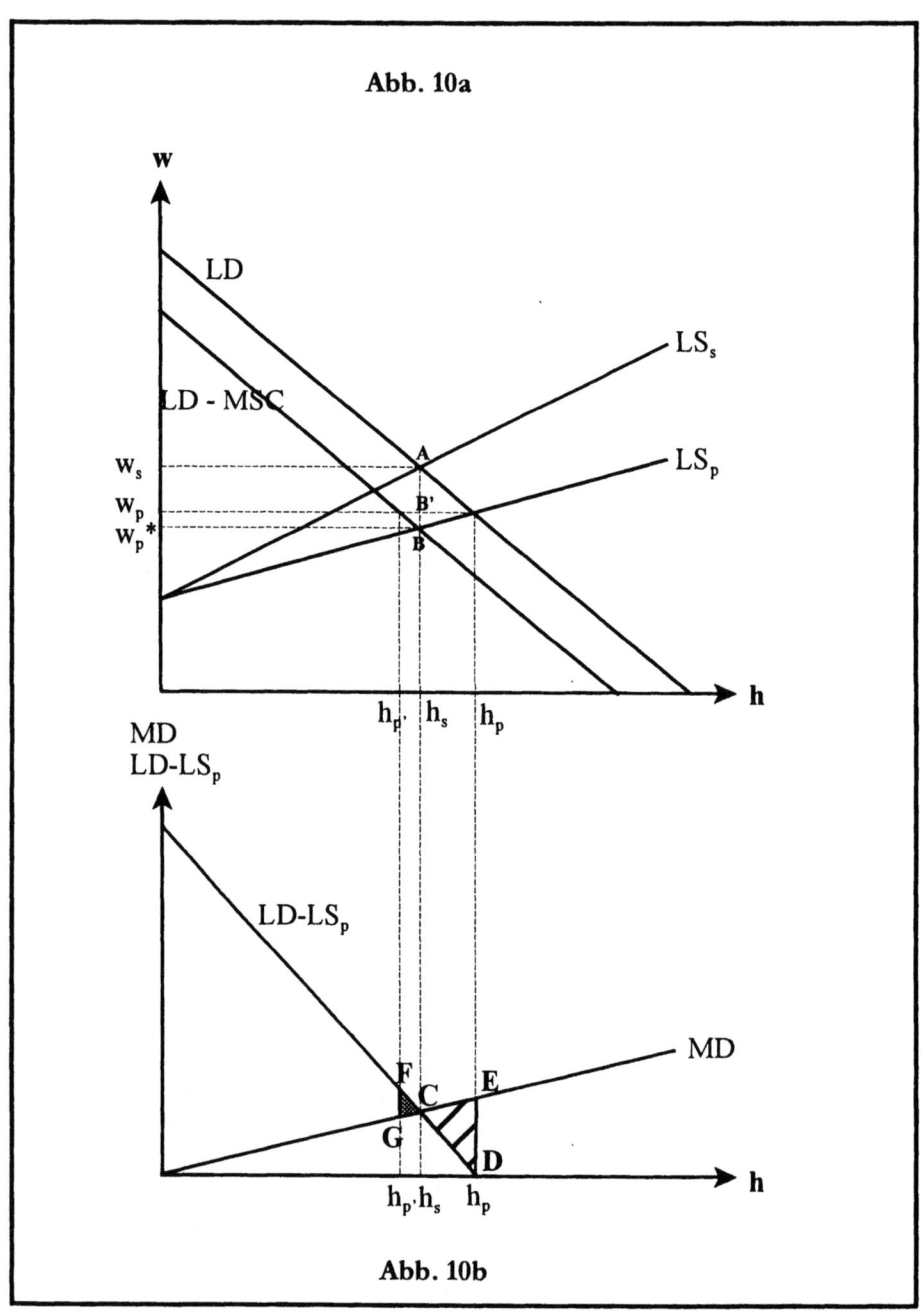

Quelle: Eigene Darstellung in Anlehnung an *Berthold* und *Hilpert* 1999, S. 133.

Die Asymmetrie der Informationsverteilung zwischen Arbeitnehmer und Arbeitgeber bzgl. der Sicherheits- und Gesundheitsrisiken muss nicht zwangsläufig zu einer vollkommenen Nicht-Bereitstellung von Schutzvorkehrungen führen. So kann analog zu der Argumentation in Abschnitt 3.2.2 auch der Arbeitgeber ein Interesse daran haben, die Gesundheit und Arbeitsfähigkeit seiner Mitarbeiter zu erhalten. Jede vom Arbeitgeber freiwillig getroffene Schutzvorkehrung verteuert den Einsatz des Produktionsfaktors Arbeit und verringert die entstehenden Schäden - zum einen durch den besseren Schutz der Beschäftigten, zum anderen durch die durch die Verteuerung bedingte Reduktion des Einsatzes von Arbeitskräften. Der in Abb. 10b dargestellte Wohlfahrtsverlust wird somit verringert. Allerdings wird ein Arbeitgeber nur so lange Schutzvorkehrungen treffen, wie diese ihm einen direkten Nutzen stiften. Da der Nutzen entsprechender Sicherheitsvorkehrungen bei asymmetrischer Information nicht von den Arbeitnehmern erkannt wird, lohnt es sich für den Arbeitgeber nicht, über das für ihn optimale Maß hinaus weitere Sicherheitsvorkehrungen zu treffen, da die Arbeitnehmer nicht bereit sind, die Kosten für einen entsprechend hohen Sicherheitsstandard am Arbeitsplatz, z.B. in Form niedriger Löhne, mitzutragen (*Apolte* 1999, S. 122f.). Um im Wettbewerb überleben zu können, sind die Arbeitgeber gezwungen, die Sicherheitsvorkehrungen auf das für sie vorteilhafte Mindestmaß zu beschränken.

Die verbleibenden Wohlfahrtsverluste können auf verschiedene Weise durch sozialpolitische Regulierungen abgebaut werden. Zum einen kann der Staat Maßnahmen ergreifen, die die Divergenz zwischen Informationsstand und Interessenlage zumindest teilweise beseitigen. Hierzu ist die Verpflichtung des Arbeitgebers zum Abschluss einer Unfallversicherung zu zählen. Der Anreiz zur freiwilligen Schadensprävention wird dabei um so höher ausfallen, je stärker die Höhe der zu entrichtenden Beiträge an die in einem Unternehmen in der Vergangenheit entstandenen Schäden gekoppelt ist. Auch die Beteiligung der Arbeitgeber an den Beiträgen zur Krankenversicherung und die Verpflichtung des Arbeitgebers zur Entgeltfortzahlung im Krankheitsfall sind Maßnahmen, die die Sicherheit und Gesundheit der Arbeitnehmer zum originären Interesse des Arbeitgebers werden lassen. Allerdings gilt für die Krankenversicherung wie bei der Unfallversicherung, dass der Arbeitgeber nur dann einen Anreiz zu höheren Schutzvorkehrungen hat, wenn ein unmittelbarer Zusammenhang zwischen den berufsbedingten Krankheiten in einem Unternehmen und der Höhe des Arbeitgeberbeitrages besteht.

Eine zweite Möglichkeit, die durch asymmetrische Information bedingten Wohlfahrtsverluste abzubauen, besteht darin, den Arbeitgeber durch gesetzliche Auflagen zu höheren Schutzvorkehrungen zu zwingen. Im Idealfall (bei flexiblen Arbeitsmärkten) sollten die Vorschriften so ausgestaltet sein, dass bei der gesamtwirtschaftlich optimalen Arbeitseinsatzmenge h_s die um die Grenzsicherheitskosten (MSC) reduzierte Arbeitsnachfrage (LD-MSC) dem Arbeitsangebot (LS_p) entspricht. Der bei einem Lohn in der Höhe von w_p bestehende Angebotsüberhang (sprich: Arbeitslosigkeit) müsste dann Anpassungsprozesse in Gang setzen, so dass sich letztendlich das gesamtgesellschaftliche Gleichgewicht einstellt, bei dem h_s Arbeitseinheiten zum Lohn w_p^* beschäftigt werden. Sind die Löhne jedoch nach unten rigide, so sinkt die Arbeitsnachfrage über das gesamtgesellschaftliche Optimum hinaus auf h_p', und es entsteht ein Wohlfahrtsverlust in

Höhe des Dreiecks CFG (grau) in Abb. 10b. Ist mit einer geringen Flexibilität der Löhne zu rechnen, sollten die zu erfüllenden Vorschriften so ausgestaltet sein, dass die Grenzsicherheitskosten lediglich AB' anstelle von AB betragen. Somit würde gewährleistet, dass die gesamtgesellschaftlich optimale Arbeitseinsatzmenge h_s erreicht wird. Das Problem der Arbeitslosigkeit könnte hierdurch zwar auf die Differenz zwischen h_p und h_s verringert, jedoch nicht vermieden werden.

Eine dritte Möglichkeit wäre der Versuch, die Informationsasymmetrien zwischen Arbeitgeber und Arbeitnehmer zu verringern, indem die Arbeitgeber verpflichtet werden, Sicherheits- und Gesundheitsrisiken offen zu legen (*Berthold* und *Hilpert* 1999, S. 133). Die zu erwartende Wirkung einer solchen Regelung wäre nicht, dass nur noch hundertprozentig abgesicherte Arbeitsplätze angeboten würden. Vielmehr würden die Arbeitnehmer bestehende Risiken in ihrem Angebotskalkül berücksichtigen und sich je nach ihrer individuellen Risikobereitschaft einen Arbeitsplatz mit höheren Sicherheitsvorkehrungen suchen oder Prämien als Risikoausgleich fordern. Auch eine solche Regulierung erhöht die Effizienz, da die Wohlfahrtsverluste nicht aus der Nicht-Einhaltung bestimmter Standards, sondern aus der Nicht-Berücksichtigung der Risiken in der Arbeitsangebotsentscheidung der Arbeitnehmer resultieren. In welcher Form die Arbeitnehmer die zur Verfügung gestellte Information verwenden, ob zur Durchsetzung bestimmter Standards oder einer Lohnerhöhung, richtet sich nach ihren individuellen Präferenzen.

Analog zu Abschnitt 3.2.2 muss an dieser Stelle gefragt werden, ob ein Eingreifen des Staates überhaupt erforderlich ist, damit die Information bereitgestellt wird. Ist die Informationsasymmetrie allein darin begründet, dass die Informationskosten für den einzelnen Arbeitnehmer prohibitiv hoch sind, können die Informationskosten für den Einzelnen gesenkt werden, wenn eine zentrale Institution wie eine Gewerkschaft oder ein Interessenverband die Beschaffung und Bereitstellung der Information übernimmt. Ob es zu einer derartigen Organisation der Arbeitnehmer kommt, hängt von zwei Faktoren ab: zum einen müssen die Arbeitnehmer bereit sein, Kosten für die Beschaffung von Informationen zu tragen, deren Nutzen ihnen ex ante unbekannt ist und die wiederum einen Kollektivgut-Charakter haben. Zum anderen erfordert die Organisation von Arbeitnehmerinteressen das Recht auf Vereinigungsfreiheit.[19] Zumindest diese sozialpolitische Regulierung ist eine Grundvoraussetzung für die private Informationsbeschaffung und -bereitstellung.

Auch die Wirkungsweise des Reputationsmechanismus kann Unternehmen zur Einhaltung von Sicherheits- und Gesundheitsstandards veranlassen. Der 1970 von *Akerlof* beschriebene Prozess der adversen Selektion tritt nur dann ein, wenn das Angebot hoher Sicherheit privatwirtschaftlich nicht rentabel ist. Oben wurde angenommen, dass die Arbeitnehmer nicht bereit sind, die Kosten der von einem Unternehmer freiwillig ergriffenen Sicherheits- und Gesundheitsstandards mitzutragen, da sie deren Nutzen nicht erkennen. Dieses gilt jedoch nur in kurzfristiger Betrachtung. Langfristig ist davon aus-

---

[19] Zur Erinnerung: bei der Vereinigungsfreiheit handelt es sich um einen der "core labour standards" (vgl. Abschnitt 2.1).

zugehen, dass die Arbeitnehmer die Qualität der Sicherheitsvorkehrungen anhand bestimmter Indikatoren (z.B. weniger Arbeitsunfälle als in anderen Unternehmen der gleichen Branche) erkennen können und dann bereit sind, diese durch Lohnzugeständnisse zu honorieren. Gelingt es einem Unternehmen, eine Reputation für hohe Sicherheit aufzubauen, kann es die hierzu aufgewandten Investitionen in späteren Perioden amortisieren. Sozialpolitische Regulierungen sind in dieser Sichtweise für eine Bereitstellung von Sicherheitsvorkehrungen nicht erforderlich, aber sie können dazu dienen, die Kosten des Reputationsaufbaus zu reduzieren. Indem der Staat bestimmte Mindeststandards festlegt, sinkt sowohl die erforderliche Investition in Reputation als auch die zur Amortisation der Investition benötigte Reputationsprämie (*Shapiro* 1983). Sozialpolitische Regulierungen in Form gesetzlicher Mindeststandards leisten in diesem Fall einen Beitrag zur Ressourceneinsparung.

3.2.4. Soziale Standards zur Internalisierung externer Kosten

Ein idealer Markt ist dadurch gekennzeichnet, dass jeder Akteur vollständig für die von ihm verursachten Kosten aufkommt und ein dem von ihm gestifteten Nutzen entsprechendes Entgelt erhält. Divergieren privat- und gesamtwirtschaftliche Kosten bzw. Nutzen einer Aktivität, spiegeln die Marktpreise die tatsächlichen Knappheitsrelationen nur verzerrt wider (*Fritsch, Wein* und *Ewers* 1996, S. 74 ff). Ein Bereich, in dem privatwirtschaftlich optimale Entscheidungen nicht zu einem gesamtgesellschaftlich optimalen Ergebnis führen, ist die Absicherung von Einkommensrisiken durch Arbeitslosigkeit, Erwerbsunfähigkeit und Alter. Da der einzelne Arbeitnehmer davon ausgehen kann, dass ihm entweder durch die staatliche Sozialhilfe oder die private Fürsorge ein Existenzminimum gewährt wird, hat er keinen ausreichenden Anreiz, selbst für den Fall des Eintretens der Risiken vorzusorgen (*Breyer* 1998, S. 274f.) bzw. zu versuchen, die Eintrittswahrscheinlichkeit der Risiken zu vermindern. Vielmehr ist er in der Lage, die im Zusammenhang mit seinen privatwirtschaftlichen Risiken entstehenden Kosten zumindest teilweise auf die Gesellschaft bzw. auf zukünftige Generationen zu externalisieren.

Eine staatlich verordnete Versicherungspflicht für die wichtigsten Einkommensrisiken kann die Effizienz der privatwirtschaftlichen Entscheidungen erhöhen und zu einer angemessenen Berücksichtigung der Präferenzen zukünftiger Generationen beitragen. Indem auch die Arbeitgeber an der Finanzierung der Versicherungen beteiligt werden, werden sie dazu angehalten, die Eintrittswahrscheinlichkeit der Risiken (Arbeitslosigkeit, Erwerbsunfähigkeit) zu vermindern, da sie andernfalls mit steigenden Versicherungsbeiträgen rechnen müssen. Im Gegensatz zu einer staatlich verordneten Versicherungspflicht wird ein staatliches Versicherungsangebot durch diese Argumentation nicht legitimiert, da alle Risiken auch privat versichert werden können (*Vaubel* 1983, S. 152ff).

Auch im Bereich der Sicherheit am Arbeitsplatz lassen sich sozialpolitische Regulierungen durch das Vorliegen negativer externer Effekte begründen. Ein Arbeitgeber wird bei der Entscheidung über die Höhe von Sicherheitsvorkehrungen die im Falle eines durch einen betriebsinternen Unfall bedingten Konkurses entstehenden Entschädigungsforderungen der geschädigten Arbeitnehmer nicht berücksichtigen (*Vaubel* 1998, S. 104f.). Somit kann es zu der Wahl eines aus gesamtgesellschaftlicher Sicht zu niedrigen Sicherheitsniveaus kommen. Staatliche Mindestvorschriften zur Sicherheit am Arbeitsplatz können dazu dienen, die Schadensrisiken und die Schadenshöhe zu verringern. Eine staatlich verordnete Versicherungspflicht des Arbeitgebers in einer Unfallversicherung, bei der die Höhe der Versicherungsprämien in Abhängigkeit vom individuellen Risiko variiert, setzt Anreize zu einer Erhöhung der Sicherheitsvorkehrungen und vermeidet eine Externalisierung der Schadenskosten auf die Gesellschaft.

Eine weitere sozialpolitische Regulierung, die im Zusammenhang mit der Existenz externer Effekte begründet wird, ist der Kündigungsschutz (*Neumann* 1991, S. 117ff). Bei seiner Entscheidung über die Weiterführung oder die Kündigung eines Arbeitsverhältnisses vergleicht der Arbeitgeber die Kosten der beiden Alternativen miteinander. Für den Fall der Beendigung des Arbeitsverhältnisses gehen hierbei lediglich die ihm entstehenden Entlassungskosten in sein Kalkül ein. Hierzu sind die Produktionsumstellungskosten, künftige Wiedereinstellungskosten für neue Mitarbeiter sowie Kosten für betriebsspezifisches Humankapital, das bei Weiterbeschäftigung erhalten bliebe, zu zählen. Der Arbeitgeber wird einen Arbeitnehmer immer dann entlassen, wenn die abdiskontierten Verluste seiner Weiterbeschäftigung größer als die Entlassungskosten sind.

Im Kalkül des Arbeitgebers nicht erfasst sind Kosten, die dem Arbeitnehmer oder der Gesellschaft durch die Beendigung des Arbeitsverhältnisses entstehen. Hierzu sind zum einen die Kosten zu zählen, die zur Wiedereingliederung des Arbeitnehmers in das Erwerbsleben erforderlich sind, wie Bewerbungs-, Umzugs- und Umschulungskosten (*Schellhaaß* 1989, S. 181). Zum anderen sind auch die Kosten, die durch die Versorgung des Arbeitnehmers bis zu seiner Wiedereingliederung anfallen, zumindest teilweise den externen Kosten zuzurechnen, da die Beiträge zur Arbeitslosenversicherung im Gegensatz zu privaten Versicherungen nicht nach der Wahrscheinlichkeit des Risikoeintritts differenziert sind. Neben der Gemeinschaft der Beitragszahler, die gezwungenermaßen die schlechten Risiken mitfinanziert, trägt auch der Steuerzahler einen Teil der Folgekosten von Entlassungen, da sowohl die Bundeszuschüsse zur Arbeitslosenversicherung als auch die von den Gemeinden ausgezahlte Sozialhilfe aus Steuermitteln finanziert wird. Die Nicht-Berücksichtigung dieser Kosten durch den Arbeitgeber kann zu einzelwirtschaftlich rentablen, aber gesamtgesellschaftlich unerwünschten Trennungsentscheidungen führen (*Reuter* 1985, S. 65).

Bevor jedoch Forderungen nach einer Internalisierung der externen Kosten gestellt werden, sollte gefragt werden, was die tatsächliche Ursache für das Entstehen dieser Kosten ist. Ausschlaggebend für eine Entlassung ist in der Regel das Absinken der Wertschöpfung des Arbeitnehmers unter seine Entlohnung. Würden bei einer Verschlechterung der Erlös-Kosten-Relation die Arbeitsentgelte neu verhandelt („concession bargaining"), könnte die Freisetzung von Arbeitskräften vermieden werden (*Soltwedel* und *Trapp* 1988, S. 198). Kosten für die Gesellschaft würden nicht entstehen und der Arbeitnehmer hätte einen Anreiz, Maßnahmen zu ergreifen, um seine Wertschöpfung zu erhöhen oder nach alternativen Verwendungsmöglichkeiten seiner Arbeitskraft zu suchen, in denen er eine höhere Wertschöpfung erreichen kann. Ursächlich für das Entstehen externer Kosten ist somit der Inhalt des Tarifvertragsgesetzes: die Unabdingbarkeit der Tarifnormen, das Günstigkeitsprinzip, die Allgemeinverbindlicherklärung und die daraus resultierenden, mit hoher Wahrscheinlichkeit nicht marktgerechten Löhne. Die Existenz externer Kosten bei Entlassungen ist somit nicht Ausdruck eines Marktversagens bei Abschluss und Auflösung von Arbeitsverhältnissen, sondern eines Staatsversagens beim kollektiven Tarifrecht (*Soltwedel* 1990, S. 171f.).

Sozialpolitische Regelungen können in einem solchen Fall im Sinne einer secondbest-Lösung dazu dienen, den entstandenen Schaden zu mindern. *Neumann* (1991, S. 130ff) schlägt verschiedene Maßnahmen zur Erhöhung der Effizienz von Trennungsentscheidungen vor, so z.B. eine Abfindungsverpflichtung des Arbeitgebers. Die Abfindungen müssen hierbei so kalkuliert sein, dass sie den Arbeitnehmer für die ihm entstehenden Wiedereingliederungskosten entschädigen, gleichzeitig aber auch Anreize setzen, die Höhe der Kosten zu beschränken. Diese Funktion könnte die Erstattung individueller Erwartungswerte der Wiedereingliederungskosten übernehmen. Auch gesetzliche Kündigungsschutzregelungen werden mit der Existenz externer Kosten legitimiert. Ein generelles Kündigungsverbot zwingt die Unternehmen, die Beschäftigtenzahl über die natürliche Fluktuation anzupassen oder den Beschäftigten Abfindungen für eine freiwillige Kündigung anzubieten. Gesetzliche Kündigungsfristen verursachen zusätzliche lohnabhängige fixe Entlassungskosten, z.B. in der Höhe von drei Monatsgehältern. Sie verteuern somit die Entlassungsentscheidung und können gleichzeitig helfen, die Wiedereingliederungskosten zu senken, da die Arbeitnehmer bereits einige Zeit vor ihrer Entlassung über diese informiert werden und sich schon während der Restbeschäftigungszeit um einen neuen Arbeitsplatz bemühen können. Eine Regelung, die zwar nicht die individuellen jedoch die durchschnittlichen Wiedereingliederungskosten internalisiert, ist die in den USA praktizierte Abgabenlösung, das "experience rating". Hierbei ist der Beitrag eines Unternehmens zur Arbeitslosenversicherung nur von der Zahl der betriebsbedingten Entlassungen in der Vorperiode abhängig.

Allerdings ist obige Argumentation nicht unproblematisch, da zunächst argumentiert werden kann, dass es sich bei den dem Arbeitnehmer entstehenden Kosten nicht um externe Kosten handelt, da sie ja einem der beiden Vertragspartner entstehen und nicht einem unbeteiligten Dritten (*Soltwedel* 1990, S. 173f.). Dementsprechend sind die Vertragspartner auch in der Lage, die Kosten in ihren Vertragsverhandlungen zu berücksichtigen. Zudem handelt es sich nicht um ein einseitiges, sondern um ein beidseitiges Problem. Entscheidet sich ein Arbeitnehmer zu kündigen, weil er in einer alternativen Verwendung seiner Arbeitskraft einen höheren Lohn erzielen kann, berücksichtigt er ebenfalls die der anderen Vertragsseite entstehenden Kosten für die Neubesetzung des Arbeitsplatzes nicht. Auch dieses Problem lässt sich durch Verhandlungen im Rahmen der Vertragsgestaltung lösen. Ob einer staatlichen oder einer marktlichen Lösung des Problems der Vorzug zu geben ist, lässt sich nur nach der Berücksichtigung der jeweiligen Transaktionskosten beantworten.

3.2.5. Soziale Standards zur Vermeidung opportunistischen Verhaltens

In längerfristigen Vertragsbeziehungen kann es zu einer Situation kommen, in der eine Vertragspartei in geringerem Ausmaß auf die Erfüllung des Vertrages angewiesen ist als die andere Vertragspartei. Die im Vorteil befindliche Partei kann dann versuchen, den Vorteil in opportunistischer Weise zu Lasten des anderen Vertragspartners auszuspielen. Der Anreiz ist um so größer, je höher das Ausmaß der faktorspezifischen Investitionen des im Nachteil befindlichen Vertragspartners ist. Als faktorspezifisch werden alle im Zusammenhang mit einer Transaktionsbeziehung getätigten Aufwendungen, die irreversibel sind und mit Abbruch der Transaktionsbeziehung versinken, bezeichnet. Opportunismusgefahren durch den Abschluss eines umfassenden Vertrages, der sämtliche Eventualitäten von vornherein berücksichtigt, zu begegnen, ist in der Regel unmöglich, unzweckmäßig oder zu teuer. Kommt es aufgrund der Opportunismusgefahren zu keiner Vertragsbeziehung, wird von einem Marktversagen gesprochen (*Fritsch, Wein* und *Ewers* 1996, S. 264f.).

Auf den Arbeitsmärkten zählen Investitionen in den Aufbau des betriebsspezifischen Humankapitals zu den faktorspezifischen Investitionen (*Schellhaaß* und *Nolte* 1999, S. 417). Muss ein Arbeitnehmer befürchten, dass der Arbeitgeber versuchen wird, sich nachvertraglich die Quasirenten einer betriebsspezifischen Qualifizierung anzueignen, sinkt seine Bereitschaft, in eine entsprechende Ausbildung zu investieren. Gleiches gilt auch für den Arbeitgeber, der die Kosten einer betriebsspezifischen Ausbildung nicht vollständig übernehmen wird, da er dann der Gefahr des opportunistischen Verhaltens durch den Arbeitnehmer ausgesetzt ist, den er nicht mehr ohne Verluste durch einen Outsider ersetzen kann (*Becker* 1962, S. 141ff). Im Arbeitsrecht werden die Gefahren für den Arbeitnehmer in der Regel höher gewichtet (*Reuter* 1985, S. 56f.) und aus den beschriebenen Opportunismusgefahren die Notwendigkeit sozialpolitischer Regulierungen in Form von Kündigungsschutzregelungen oder Mitbestimmungsvorschriften, wie die Einrichtung von Betriebsräten, abgeleitet. Diese Ungleichbehandlung von Arbeitnehmern und Arbeitgebern ist begründet in der Annahme, ihre Beziehung gleiche einer Autoritäts-Abhängigkeitsbeziehung (*Simon* 1957, S.184), da Abwanderungs- und Widerspruchskosten zwischen den beiden Marktpartnern nicht gleichwertig verteilt seien: „Within the scope of the contract, the relation between employer and employee is no longer a market relation but an authority relation. Of course, the scope of this authority will usually be limited by the terms of the contract, and, more fundamentally it is limited by the freedom with which an employee can leave the job. But since there is normally some cost to the exercise of this freedom, the scope of this authority is not trivial" (*Arrow* 1974, S. 64).

Ein marktlicher Mechanismus, der den Arbeitnehmer zumindest teilweise vor einer nachvertraglichen Erpressung durch den Arbeitgeber schützt, ist der Reputationsmechanismus. Muss ein Arbeitgeber befürchten, dass sein opportunistisches Verhalten von der Marktgegenseite in die Zukunft extrapoliert wird, wird er die kurzfristigen Vorteile des Opportunismus mit den Nachteilen eines Reputationsverlustes vergleichen. Verliert er den Ruf eines vertrauenswürdigen Vertragspartners, kann es dazu kommen, dass er in der Folgezeit keine Vertragspartner mehr findet oder diese mit einem entsprechenden

Risikozuschlag entschädigen muss. Ob sich ein Arbeitgeber vor den Folgewirkungen seines opportunistischen Verhaltens fürchten muss, hängt zum einen von der Verhandlungsstärke der Arbeitnehmer und zum anderen von dem Ausmaß, in dem das Verhalten des Unternehmens offenkundig und von potentiellen Arbeitssuchenden auch wahrgenommen wird, ab.

3.2.6. Sozialdumping als Regulierungsverzicht

Die obigen Ausführungen haben gezeigt, dass Marktversagenstatbestände dazu führen können, dass die Arbeitgeber beim Einsatz des Faktors Arbeit nicht mit den vollen gesamtgesellschaftlichen Kosten belastet werden. Sweating und das Vorliegen asymmetrischer Information sind zwei Beispiele, bei denen der sich einstellende Vollbeschäftigungslohn (w_S bzw. w_p) ineffizient ist: in beiden Fällen wird aus wohlfahrtstheoretischer Sicht zu viel Arbeit zu einem zu niedrigen Lohn eingesetzt. Trotzdem reagieren die Arbeitnehmer nicht mit einer Reduzierung ihres Arbeitangebots, weil sie aus wirtschaftlichen Gesichtspunkten hierzu nicht in der Lage sind (Sweating) oder weil sie gar nicht realisieren, dass die Opportunitätskosten der Arbeit das geltende Entgelt überschreiten (asymmetrische Information). Ein Staat, der bestrebt ist, die Effizienz der Allokation des Faktors Arbeit zu erhöhen, könnte in einer solchen Situation die Arbeitskosten mit Hilfe einer der erläuterten sozialpolitischen Regulierungen auf die Höhe des gesamtgesellschaftlich optimalen Vollbeschäftigungslohnes w^* zurückführen.

Durch welche Regulierungen er dieses Ziel erreichen kann, soll im folgenden noch einmal anhand des Beispiels der asymmetrischen Information und der Abb. 7 (S. 66) erläutert werden. Das Wertgrenzprodukt des letzten zu dem Lohn w_p beschäftigten Arbeitnehmers wird dabei durch die $MRP_L^{w^-}$-Gerade in Abb. 7 abgebildet. Geht man davon aus, dass die Arbeitnehmer für den Gesamtlohn w^- ($= w_p$) eine präferenzgerechte Entlohnung in Form von $dw^-{}^*$ und $sw^-{}^*$ durchgesetzt haben, müsste der Staat bestrebt sein, durch eine sozialpolitische Regulierung, die zu einer Erhöhung von w^- auf w^* führt, die gesamtgesellschaftliche Wohlfahrt zu erhöhen. Wie in Abschnitt 3.2.3 erläutert, kann er dieses tun, indem er dem Arbeitgeber die Einhaltung bestimmter Sicherheits- und Gesundheitsstandards vorschreibt. Steigen die Soziallöhne durch die Kosten, die derartige Regelungen dem Arbeitgeber auferlegen, von $sw^-{}^*$ auf sw_{reg}, steigt auch der Gesamtlohn auf w^* - unabhängig davon, ob die Arbeitnehmer den Nutzen der Standards erkennen oder nicht. Erkennen sie den Nutzen nicht, werden sie nicht bereit sein, die Erhöhung der Soziallöhne mit einer Verringerung der Direktlöhne zu bezahlen. Werden ihnen durch die Vorschriften die Gefahren für ihre Sicherheit und Gesundheit erst bewusst, werden sie diese ab jetzt bei ihrer Arbeitsangebotsentscheidung berücksichtigen.

Eine derartige Regulierung ist insofern positiv zu bewerten, als dass sie die Effizienz der Allokation des Faktors Arbeit verbessert. Die Entlohnung des Faktors Arbeit entspricht den tatsächlichen Opportunitätskosten. Nachteilig ist, dass sie die Präferenzen der Arbeitnehmer unberücksichtigt lässt. So ist es durchaus denkbar, dass die Arbeitnehmer einen Teil des Sicherheits- und Gesundheitsrisikos lieber in Kauf nehmen würden, wenn sie hierfür durch eine Erhöhung der Direktlöhne entschädigt würden. In Abb.

7 bilden dw** und sw** die von den Arbeitnehmern präferierte Kombination. Indem der Staat ein bestimmtes Sicherheitsniveau vorschreibt, verhindert er das Erreichen der optimalen Direktlohn-Soziallohn-Kombination. Eine präferenzgerechtere Form der Regulierung wäre daher die ebenfalls in Abschnitt 3.2.3 behandelte Verpflichtung der Arbeitgeber zur Offenlegung der Sicherheits- und Gesundheitsrisiken. Sie würde die Arbeitnehmer dazu veranlassen, sämtliche Risiken in ihrer Arbeitsangebotsentscheidung zu berücksichtigen, und ihnen gleichzeitig ermöglichen, den optimalen Soziallohn auszuhandeln.

Die obigen Ausführungen zeigen, dass es ausgehend von einem gegebenen Vollbeschäftigungslohn zwar das optimale Soziallohnniveau, nicht aber das faire Soziallohnniveau gibt. In dem dargestellten Fall würde sowohl die optimale Kombination (dw**; sw**) als auch die Kombination (dw¨*; sw$_{reg}$) zu fairen Wettbewerbsverhältnissen führen. Andererseits kann jede Regulierung oder jeder Regulierungsverzicht, der eine Kombination von Direktlöhnen und Soziallöhnen ermöglicht, die unterhalb des wahren Vollbeschäftigungslohnes w* liegt, als wettbewerbsverzerrend, und damit unfair beurteilt werden.

Diese Erkenntnis ist allerdings kein Plädoyer für eine möglichst breite Regulierungstätigkeit des Staates. Es muss beachtet werden, dass staatliche Regulierungen in der Praxis mit erheblichen Informationsproblemen behaftet sind (*Vaubel* 1998) und Transaktionskosten verursachen (*Fritsch, Wein* und *Ewers* 1996, S. 46ff). In den Fällen, in denen Marktversagen vorliegt, sollte daher zunächst geprüft werden, ob nicht kostengünstigere und wirksamere marktliche Lösungsmechanismen zur Verfügung stehen. Sollte dieses nicht der Fall sein, muss außerdem geprüft werden, ob die bei einem staatlichen Eingriff entstehenden Transaktionskosten nicht größer als der Nutzen der Regulierung sind. Nur in einem Fall, in dem marktliche Lösungsmechanismen nicht vorhanden sind oder aufgrund zu hoher Transaktionskosten nicht zum Tragen kommen, macht sich ein Staat, der darauf verzichtet, eine Allokationsverbesserung herbeizuführen, die unter Berücksichtigung der Informations- und Transaktionskosten vorteilhaft wäre, des Sozialdumpings schuldig.

Die derzeit hohe Arbeitslosigkeit in der EU kann zwar ein Indiz dafür sein, dass die Arbeitsmärkte der EU-Mitgliedstaaten derart überreguliert sind, dass der tatsächliche Gesamtlohn oberhalb des Vollbeschäftigungslohnes w* liegt, muss es aber nicht. Arbeitslosigkeit entsteht auch, wenn einige Branchen über- und andere Branchen unterreguliert sind und die Arbeitskräfte zwischen den einzelnen Branchen nicht mobil sind. Es kann somit nicht ausgeschlossen werden, dass auch innerhalb der EU in einigen Mitgliedstaaten einzelne Branchen auf unfaire Weise begünstigt werden. Allerdings stellt sich an dieser Stelle die Frage, warum ein Staat bereit sein sollte, die mit einem Sozialdumping verbundenen Wohlfahrtsverluste bewusst in Kauf zu nehmen. Sie soll im folgenden Abschnitt beantwortet werden.

3.3. Sozialdumping als Standortwettbewerbsversagen

Auch wenn ein Staat die Möglichkeit hat, Sozialdumping zu betreiben, heißt das noch nicht, dass er diese nutzen wird. Vielmehr wird er sich nur dann für ein Sozialdumping entscheiden, wenn er sich davon Vorteile verspricht. Im Autarkiezustand wäre Sozialdumping aus allokationstheoretischer Sicht eine irrationale Entscheidung, da die Nicht-Beseitigung eines Marktversagenstatbestandes zu Wohlfahrtsverlusten führt. Mit dieser Argumentation wird der Dumping-Vorwurf von ökonomischer Seite häufig als aus theoretischer Perspektive nicht einsichtig bezeichnet (*Monopolkommission* 1998, S. 24).

Unberücksichtigt bei dieser Argumentation bleibt die Rolle, die die zunehmende Integration der Märkte spielt. Nationalstaatliche Interventionen haben heute nicht mehr nur eine Auswirkung auf den intervenierenden Staat, sondern auch auf alle anderen Staaten, mit denen dieser wirtschaftlich und politisch verflochten ist. Somit kann es zu einer Divergenz zwischen der optimalen regulierenden Tätigkeit eines Staates im Autarkiezustand und der eines in die Weltwirtschaft integrierten Staates kommen. Bei Sozialdumping handelt es sich um eine ökonomisch rationale Vorgehensweise, wenn die in rein nationaler Betrachtung entstehenden Wohlfahrtsverluste durch Wohlfahrtsgewinne überkompensiert werden können, die im Zusammenhang mit einem national ineffizienten Niveau sozialer Standards im internationalen Handel entstehen. Dann hätten wir den Fall, dass die Konkurrenz um mobile Produktionsfaktoren und die international mobile Nachfrage zu einem Standortwettbewerbsversagen[20] führt, d.h. dass auf nationaler Ebene auf eine Regulierung von Marktversagen verzichtet wird bzw. es zu grenzüberschreitenden Marktversagenstatbeständen kommt.

Die folgenden beiden Abschnitte analysieren die Wohlfahrtseffekte eines Sozialdumpings in einem 2 Länder-1 Gut-Modell mit dem Inland B und dem Ausland C auf der Grundlage der Annahmen der traditionellen Außenhandelstheorie (Abschnitt 3.3.1) bzw. der neuen Außenhandelstheorie (Abschnitt 3.3.2). Hierbei bleibt die Analyse nicht allein auf die Wohlfahrtseffekte im dumpenden Land und damit auf die Frage nach den Anreizen, ein nationales Marktversagen nicht zu korrigieren, beschränkt. Sozialdumping wird von anderen Staaten beanstandet, weil diese befürchten, Wohlfahrtsverluste zu erleiden. Ob diese Befürchtungen begründet sind und welche Wohlfahrtseffekte für die Summe der beiden Länder entstehen, soll ebenfalls ermittelt werden. Als Referenzszenario dient jeweils das Freihandelsergebnis, das sich ohne Wettbewerbsverzerrungen einstellen würde.

3.3.1. Sozialdumping in der traditionellen Außenhandelstheorie

Zuerst soll aus Sicht der traditionellen Außenhandelstheorie untersucht werden, ob ein Land durch Sozialdumping Wohlfahrtsgewinne erzielen kann. Die traditionelle Außenhandelstheorie geht von den Annahmen vollständiger Konkurrenz, nicht-steigender

---

[20] In der Literatur ist in diesem Zusammenhang auch von einem "Freihandelsversagen" die Rede (*Maennig* und *Wilfling* 1998, S. 205).

Skalenerträge sowie von vollständiger Faktormobilität innerhalb der einzelnen Länder aus. Transport-, Informations- und Kommunikationskosten werden nicht berücksichtigt.[21]

3.3.1.1. Wohlfahrtseffekte des Freihandels bei vollständiger Konkurrenz

Sowohl im Inland als auch im Ausland existiere eine beliebige Zahl von jeweils identischen Unternehmen, die ein homogenes Gut produzieren. Die Summe der Angebotsmengen der inländischen Unternehmen beträgt q_B, die der ausländischen Unternehmen q_C. Unterschiede in der Höhe der Grenzkosten zwischen den Unternehmen der beiden Länder beruhen zunächst auf natürlichen Kostenvor- bzw. -nachteilen. In den meisten Modellen (v.a. in denen, die sich mit unvollständiger Konkurrenz befassen) wird an dieser Stelle davon ausgegangen, dass zwar beide Länder das Gut produzieren, es jedoch in keinem der beiden Länder konsumiert, sondern ausschließlich in ein Drittland exportiert wird.[22] Das vereinfacht die Analyse, da zur Ermittlung der Wohlfahrtswirkungen in beiden Ländern lediglich die Produzentenrenten berücksichtigt werden müssen. Im Zusammenhang mit der Fragestellung nach den Wohlfahrtswirkungen eines Sozialdumpings wäre ein solches Modell jedoch zu einseitig, da es positive Wohlfahrtseffekte auf Konsumentenseite ausklammern und somit die negative Seite des Sozialdumpings überbetonen würde. Außerdem wäre die Annahme, dass beide Länder lediglich für einen Drittmarkt produzieren, angesichts des intensiven intra-industriellen Handels in der EU für fast alle Branchen unzutreffend.

Aus diesen Gründen soll im folgenden Modell das Gut in beiden Ländern nachgefragt werden.[23] Zur Vereinfachung wird angenommen, dass die Güterangebotskurven in beiden Ländern die gleiche Steigung besitzen und dass die Nachfrage nach dem Gut in beiden Ländern identisch ist.[24] Es gilt also:

$p_B = c_B + d * q_B$ (MC_B: Angebotsfunktion des Landes B) und

$p_C = c_C + d * q_C$ (MC_C: Angebotsfunktion des Landes C),

sowie:

$p_B = a - 2b * q_B$ (D_B: Nachfragefunktion des Landes B) und

---

[21] Für eine vollständige Auflistung der Annahmen der traditionellen Außenhandelstheorie vgl. *Zweifel* und *Heller* 1997, S. 26ff.

[22] Vgl. *Brander* und *Spencer* 1985, *Eaton* und *Grossman* 1986, *Wild* 1996, S. 16, *Bandyopadhyay* 1997.

[23] Diesen Ansatz verfolgen auch *Dixit* 1984, *Venables* 1985 sowie *Horstmann* und *Markusen* 1986.

[24] Die Annahmen der identischen Nachfragefunktionen und der gleichen Steigung der Angebotsfunktionen können jedoch problemlos aufgehoben werden, ohne dass sich die Richtung der Ergebnisse verändert.

$p_C = a - 2b * q_C$ (D_C: Nachfragefunktion des Landes C),

mit: $a, b, c_B, c_C, d > 0$.

Weiterhin wird angenommen, dass zwar nicht die einzelnen Unternehmen, jedoch die Gesamtheit der Unternehmen in den beiden Ländern groß genug ist, um bei Freihandel durch ihre Angebotspolitik den Marktpreis im jeweils anderen Land zu beeinflussen. Aber auch unter der Annahme, dass die Länder zu klein sind, um durch ihre Handlungen Einfluss auf die Preise im jeweils anderen Land nehmen zu können, stellen sich mit Ausnahme des Preiseffektes die nachfolgenden Wohlfahrtseffekte ein.

Bei vollständiger Konkurrenz bildet die Preis=Grenzkosten-Regel die Basis der individuellen Angebotsplanung. Die Unternehmen in Land B produzieren im Autarkiefall (A) die Menge

$$(1.1) \quad q_{B,A} = \frac{a - c_B}{2b + d}$$

und bieten sie zum Grenzkostenpreis $p_{B,A}$ an. Die Unternehmen in Land C produzieren die Menge

$$(1.2) \quad q_{C,A} = \frac{a - c_C}{2b + d}$$

und bieten sie zum Preis $p_{C,A}$ an. Im Autarkiefall wird in dem Land mit den niedrigeren Grenzkosten mehr produziert und zu einem geringeren Preis angeboten.

Bei Aufhebung aller Handelsbeschränkungen (F: Freihandel) sehen sich die nationalen Anbieter einer größeren Menge an Nachfragern gegenüber, da sie ihr Produkt nicht mehr nur auf dem nationalen Markt, sondern auch auf dem Markt des anderen Landes absetzen können. Die Gesamtnachfrage als Summe der beiden Einzelnachfragen beträgt:

$$p_F = a - b * (q_{B,F} + q_{C,F}).$$

Gleichzeitig werden die Produzenten aber auf dem heimischen Markt nicht mehr nur durch die nationale, sondern auch durch die ausländische Konkurrenz bedroht. Die nach der Preis=Grenzkosten-Regel zu ermittelnde Produktionsmenge des Landes B ($q_{B,F}$) ist somit eine Funktion der Produktionsmenge des Landes C ($q_{C,F}$), und umgekehrt. Im Gleichgewicht gilt:

$$(1.3) \quad q_{B,F} = \frac{a - c_B - b * q_{C,F}}{d + b} \quad \text{(Reaktionsfunktion des Landes B)}$$

und

$$(1.4) \quad q_{C,F} = \frac{a - c_C - b * q_{B,F}}{d + b} \quad \text{(Reaktionsfunktion des Landes C)}.$$

Abbildung 11: Netto-Wohlfahrtseffekt des Freihandels bei vollständiger Konkurrenz

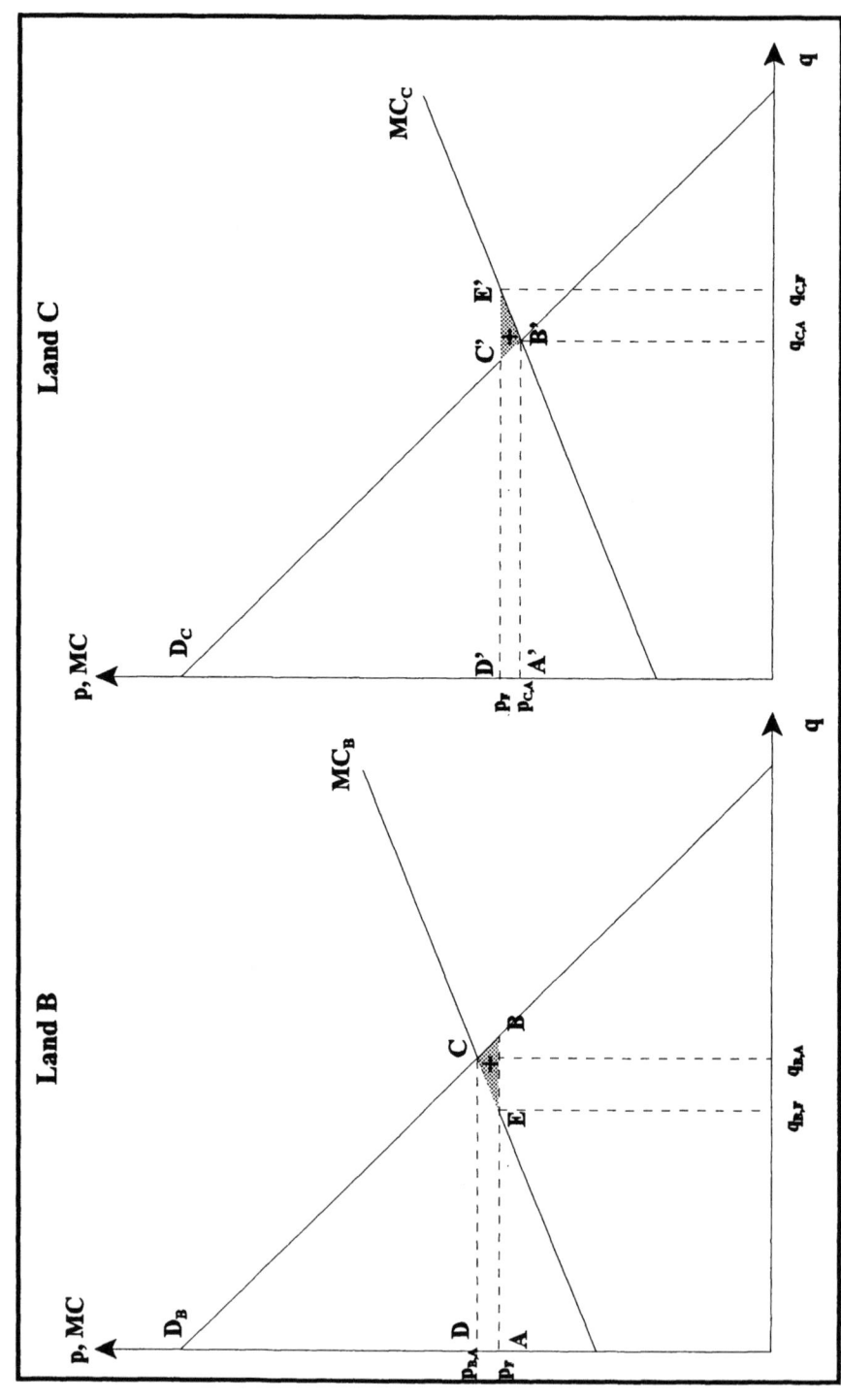

Durch Einsetzen von (1.4) in (1.3) lässt sich die Produktionsmenge des Landes B bei Freihandel errechnen als:

$$(1.5) \quad q_{B,F} = \frac{ad + b*c_C - (d+b)*c_B}{d^2 + 2bd}.$$

Umgekehrt erhält man durch Einsetzen von (1.3) in (1.4) die Produktionsmenge des Landes C:

$$(1.6) \quad q_{C,F} = \frac{ad + b*c_B - (d+b)*c_C}{d^2 + 2bd}.$$

Besitzen z.B. die ausländischen Unternehmen einen natürlichen Kostenvorteil (vgl. Abb. 11), wird es ihnen bei Freihandel gelingen, auf dem Markt des Inlands Fuß zu fassen, während die inländischen Produzenten nicht von den Möglichkeiten des Freihandels profitieren können und auf dem heimischen Markt Marktanteile verlieren. In beiden Ländern wird das Gut nun zu dem einheitlichen Preis p_F angeboten, der unterhalb von $p_{B,A}$, aber oberhalb von $p_{C,A}$ liegt. Der durch die Preissenkung und Angebotsausweitung bedingte Zuwachs an Konsumentenrente in Land B (ABCD) überkompensiert den Verlust an Produzentenrente (AECD), so dass in Land B ein Wohlfahrtsgewinn durch Freihandel in Höhe des grauen Dreiecks (EBC) entsteht. In Land C hingegen verlieren die Konsumenten A'B'C'D'. Ihr Verlust wird jedoch durch den zusätzlichen Gewinn der Produzenten (A'B'D'E') überkompensiert, so dass auch im Ausland die Wohlfahrt steigt (B'E'C'). Durch den Übergang zu Freihandel ist die Netto-Wohlfahrt in beiden Ländern gestiegen und somit auch die Gesamtwohlfahrt.

Formal lässt sich der Netto-Wohlfahrtseffekt des Freihandels für Land B aus der Differenz der Wohlfahrt bei Autarkie ($W_{B,A}$) und der Wohlfahrt bei Freihandel ($W_{B,F}$) berechnen. Im Autarkiefall gilt:

$$(1.7) \quad W_{B,A} = \frac{(a - c_B)}{2} * q_{B,A}.$$

Bei Freihandel beträgt die Wohlfahrt in Land B:

$$(1.8) \quad W_{B,F} = \frac{(a - c_B)}{2} * q_{B,A} + \frac{(p_{B,A} - p_F)*(q_{C,F} - q_{B,F})}{4}.$$

Der Netto-Wohlfahrtseffekt beim Übergang von Autarkie zu Freihandel beträgt somit:

$$(1.9) \quad W_{B,F} - W_{B,A} = \frac{(p_{B,A} - p_F)*(q_{C,F} - q_{B,F})}{4}.$$

Indem man die Preise und Mengen in Gleichung (1.9) mit Hilfe der jeweiligen Angebotsfunktionen der beiden Länder (MC_B, MC_C) sowie der Bedingungen (1.1) und (1.5) ersetzt, lässt sich nach einigen Umformungen der Netto-Wohlfahrtseffekt schreiben als:

$$(1.10) \quad W_{B,F} - W_{B,A} = \frac{b*(c_B - c_C)^2}{4d*(2b + d)}.$$

Aus Gleichung (1.10) lässt sich ableiten, dass Land B durch den Übergang zu Freihandel gewinnt, wenn zwischen beiden Ländern Kostendifferenzen bestehen, also $c_B \neq c_C$. Dabei ist es gleichgültig, ob Land B das Land mit dem natürlichen Kostenvor- oder -nachteil ist. Nur in dem Fall, dass beide Länder zu gleichen Grenzkosten produzieren, kann die Wohlfahrt durch den Übergang zu Freihandel nicht gesteigert werden. In einem solchen Fall sind die Angebotsmengen und -preise bei Autarkie und Freihandel identisch. Genauso wie Land B wird auch Land C bei Kostendifferenzen durch Freihandel immer gewinnen - unabhängig davon, ob es zum Importeur oder Exporteur des Gutes wird. Die Weltwohlfahrt, in einem 2 Länder-Modell die Summe der beiden nationalen Wohlfahrten, steigt somit immer dann durch Freihandel, wenn die Unternehmen in den beiden Ländern zu unterschiedlichen Grenzkosten produzieren. Wie sich ebenfalls aus (1.10) ableiten lässt, wird der Wohlfahrtsgewinn dabei um so größer ausfallen,

- je höher die Kostenunterschiede zwischen den beiden Ländern sind (je größer die Differenz zwischen c_B und c_C) und
- je elastischer die Unternehmen auf Preisänderungen reagieren (je kleiner d) (*Rose* und *Sauernheimer* 1992, S. 614).

3.3.1.2. Wohlfahrtseffekte eines Sozialdumpings bei vollständiger Konkurrenz

Während die positiven Wohlfahrtswirkungen eines natürlichen Kostenvorteils bei Freihandel unbestritten sind, ist es fraglich, ob es sich bei der Schaffung eines künstlichen Kostenvorteils durch Sozialdumping um eine ökonomisch rationale Vorgehensweise handelt. Im Gegensatz zu natürlichen Kostenvorteilen müssen künstliche Kostenvorteile irgendwie finanziert werden. Im Falle eines Sozialdumpings nimmt ein Staat Wohlfahrtsverluste auf Seiten der Arbeitnehmer und/oder der Gesellschaft in Kauf. Nur wenn diese durch die Wohlfahrtsgewinne der Produzenten und Konsumenten, die von der Unterbewertung des Faktors Arbeit in Form höherer Gewinne oder niedrigerer Preise profitieren, überkompensiert werden, handelt es sich bei Sozialdumping um eine vorteilhafte Strategie.

Bisher wurde angenommen, dass Kostenunterschiede zwischen den Ländern B und C auf natürlichen Kostenvor- bzw. -nachteilen beruhen. Jetzt wird diese Annahme dahingehend geändert, dass eines der beiden Länder, hier Land C, Sozialdumping betreibt. Weil Land C darauf verzichtet, die Funktionsfähigkeit der Arbeitsmärkte zu verbessern, gehen die Opportunitätskosten der Arbeit nicht vollständig in die Güterpreisbildung ein. Privatwirtschaftliche und gesamtgesellschaftliche Kosten des Einsatzes des Produktionsfaktors Arbeit fallen auseinander. Die Unternehmen des Landes C kommen in den Genus eines Kostenvorteils, der nicht den tatsächlichen Marktverhältnissen entspricht. Die Angebotsfunktion der Unternehmen des Landes C ($MC_{C,D}$) verläuft bei Sozialdumping (D) unterhalb der ursprünglichen Angebotsfunktion (MC_C). Im folgenden sollen die Wohlfahrtseffekte einer Parallelverschiebung der Angebotskurve der Unternehmen des Landes C nach unten analysiert werden. Es gilt:

$$p_C = (1-\gamma)*c_C + d*q_C \qquad \text{(MC}_{C,D}\text{: Angebotsfunktion des Landes C bei Sozialdumping),}$$

γ ist hierbei der Dumpingfaktor, der angibt, wie weit die privatwirtschaftlichen Grenzkosten unter den gesamtgesellschaftlichen liegen. Nimmt γ den Wert Null an, liegt kein Sozialdumping vor und die Angebotsfunktion der Unternehmen entspricht der Angebotsfunktion aus Abschnitt 3.3.1.1. Nimmt γ einen positiven Wert an, verschiebt sich die Reaktionsfunktion des Landes C nach außen, während die Reaktionsfunktion des Landes B unverändert bleibt. Für die gleichgewichtige Produktionsmenge des Landes C bei Freihandel gilt nun:

$$(1.4^*) \qquad q_{C,D} = \frac{a - (1-\gamma)*c_C - b*q_{B,D}}{d+b} \qquad \text{(Reaktionsfunktion des Landes C bei Sozialdumping).}$$

Durch Einsetzen von (1.4*) in (1.3) erhält man:

$$(1.5^*) \qquad q_{B,D} = \frac{ad + b*(1-\gamma)*c_C - (d+b)*c_B}{d^2 + 2bd} \qquad \text{mit}$$

$$(1.5a^*) \qquad \frac{\partial q_{B,D}}{\partial \gamma} = -\frac{b*c_C}{d^2 + 2bd}.$$

Analog ergibt sich durch Einsetzen von (1.3) in (1.4*):

$$(1.6^*) \qquad q_{C,D} = \frac{ad + b*c_B - (d+b)*(1-\gamma)*c_C}{d^2 + 2bd} \qquad \text{mit}$$

$$(1.6a^*) \qquad \frac{\partial q_{C,D}}{\partial \gamma} = \frac{(d+b)*c_C}{d^2 + 2bd}.$$

Aus (1.5a*) und (1.6a*) lässt sich erkennen, dass jede Erhöhung des Dumpingfaktors γ zu einer Produktionsausdehnung in Land C und zu einer Reduzierung der Produktionsmenge in Land B führen wird. Insgesamt steigt die angebotene Menge des Gutes q und der Angebotspreis in beiden Ländern sinkt.

Abb. 12 verdeutlicht die Wohlfahrtseffekte eines Sozialdumpings für die beiden Länder. In beiden Ländern profitieren die Konsumenten von der Ausweitung der Angebotsmenge und der damit einhergehenden Reduzierung des Preises von p_F auf p_D. Dem Zuwachs an Konsumentenrente in Land B in Höhe von ABCD steht jedoch ein Rückgang der Produzentenrente in Höhe von AEFD gegenüber. Die Produzenten verlieren zum einen aufgrund des gesunkenen Absatzpreises (Preiseffekt des Dumpings) und zum anderen durch die Verringerung ihrer Produktions- und Absatzmenge (Mengeneffekt des Dumpings). Jedoch fallen ihre Verluste geringer aus als die Gewinne der Konsumenten, so dass sich in Land B die gesamtgesellschaftliche Wohlfahrt um EBCF erhöht.

Dieses Ergebnis verwundert nicht, wenn man sich an die Aussage des Abschnitts 3.3.1.1, dass die positiven Wohlfahrtseffekte durch Freihandel um so größer ausfallen werden, je höher die Kostenunterschiede zwischen den beteiligten Ländern bei der Produktion des gehandelten Gutes sind, erinnert. In dem gewählten Beispiel sind die bestehenden Kostenunterschiede zwischen den beiden Ländern durch das Dumping weiter vergrößert worden.

Abbildung 12: Netto-Wohlfahrtseffekt eines Sozialdumpings bei vollständiger Konkurrenz

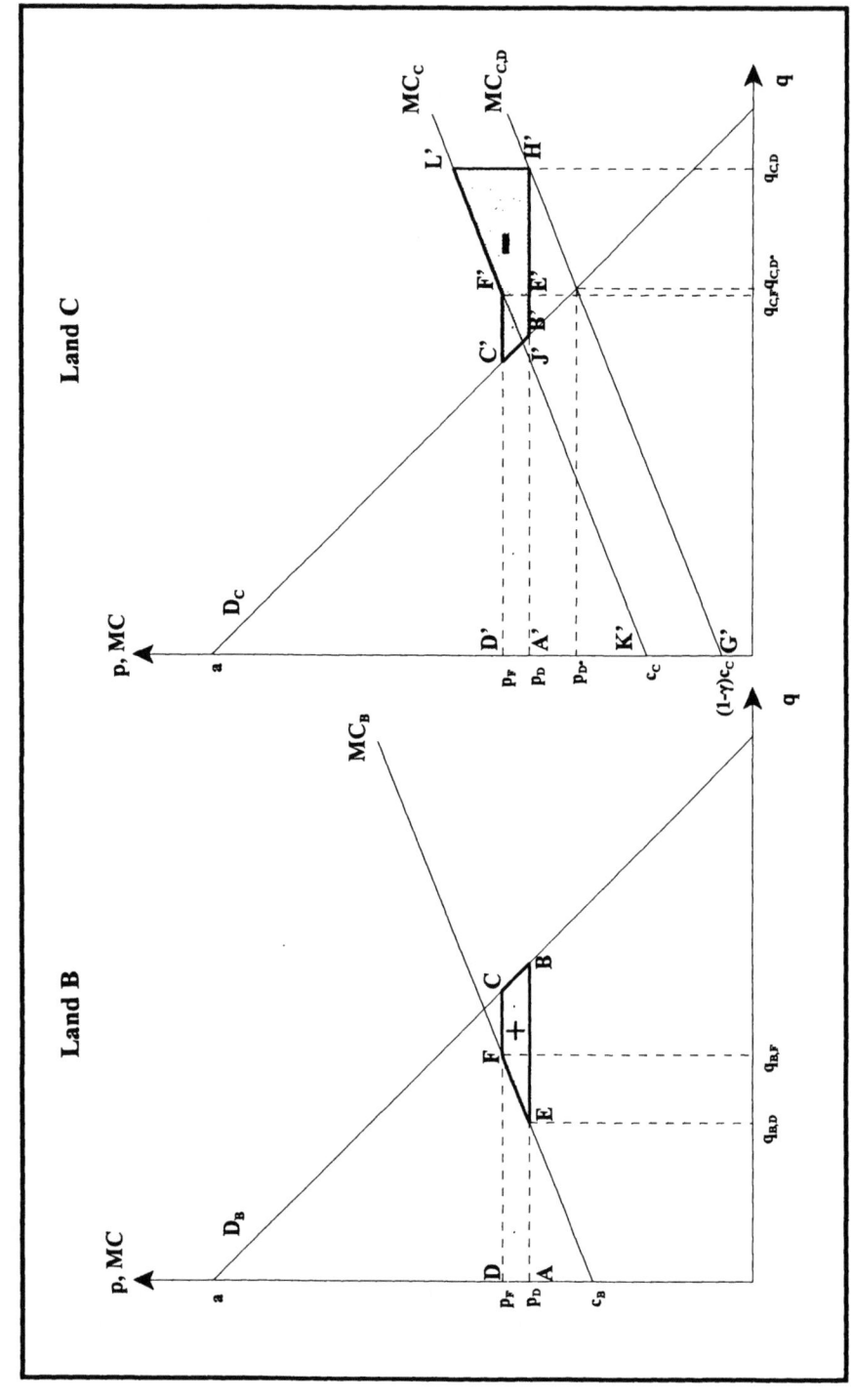

Ein anderes Ergebnis wäre zu erwarten, wenn Land B einen natürlichen Kostenvorteil bei der Produktion des Gutes besäße und dieser durch das Sozialdumping des Landes C verringert würde. Wann Sozialdumping zu positiven und wann zu negativen Wohlfahrtseffekten in dem nicht-dumpenden Land führt und wie hoch diese jeweils sind, soll die folgende Analyse zeigen.

Die Wohlfahrt in Land B bei einem Sozialdumping des Landes C beträgt:

$$(1.7^*) \qquad W_{B,D} = \frac{(a - c_B)}{2} * q_{B,A} + \frac{(p_{B,A} - p_D)*(q_{C,D} - q_{B,D})}{4}.$$

Subtrahiert man hiervon die Wohlfahrt des Landes B bei nicht verzerrtem Freihandel (1.8), ergibt sich:

$$(1.9^*) \qquad W_{B,D} - W_{B,F} = \frac{(p_{B,A} - p_D)*(q_{C,D} - q_{B,D}) - (p_{B,A} - p_F)*(q_{C,F} - q_{B,F})}{4}.$$

Durch Substitution der Preise und Mengen durch die jeweiligen Angebotsfunktionen der beiden Länder (MC_B, $MC_{C,D}$) und die Bedingungen (1.1), (1.5*) und (1.10) erhält man nach einigen Umformungen:

$$(1.10^*) \qquad W_{B,D} - W_{B,F} = \frac{b\gamma * c_C *(2c_B - (2-\gamma)*c_C)}{4d*(2b+d)}.$$

Wie man an Bedingung (1.10*) erkennt, wird die Richtung der Wohlfahrtsänderung in Land B bei einem Sozialdumping des Landes C ($\gamma > 0$; bei $\gamma = 0$ findet kein Sozialdumping statt, dementsprechend beträgt die Wohlfahrtsänderung Null) durch die Kostenverhältnisse in der Ausgangssituation in Zusammenhang mit der Höhe des Dumpingfaktors bestimmt. Es gilt:

$$(1.11^*) \qquad W_{B,D} - W_{B,F} > 0, \quad \text{wenn:} \quad \frac{c_B}{c_C} > 1 - \frac{\gamma}{2}.$$

Gilt $c_B \geq c_C$, ist die linke Seite der Ungleichung immer größer oder gleich Eins, während die rechte Seite für alle positiven γ einen Wert kleiner Eins annimmt. Hieraus lässt sich der Schluss ziehen, dass ein Sozialdumping des Landes C immer zu einer Wohlfahrtssteigerung in Land B führen wird, wenn Land B in der Ausgangssituation einen Kostennachteil besaß oder die Grenzkosten-Angebotsfunktionen beider Länder identisch verliefen. Für die Wohlfahrtswirkung in Land B ist es in diesem Fall völlig irrelevant, ob die Unterschiede in den Produktionskosten auf natürlichen Kostenvorteilen des Exportlandes oder auf Dumping beruhen.

Anders sieht es aus, wenn Land B in der Ausgangssituation über einen natürlichen Kostenvorteil verfügte. In diesem Fall wird die durch die Wettbewerbsverzerrung bedingte Reduktion der Produzentenrente nur dann durch den Zuwachs an Konsumentenrente ausgeglichen, wenn der Dumpingfaktor γ so hoch ist, dass er die ursprünglichen Kostendivergenzen zwischen beiden Ländern mehr als ins Gegenteil verkehrt, d.h. wenn gilt:

$$c_B - (1-\gamma)*c_C > c_C - c_B.$$

Besitzt Land B einen natürlichen Kostenvorteil, wird es mit großer Wahrscheinlichkeit beim Sozialdumping eines anderen Landes Wohlfahrtsverluste erleiden. Diese werden um so höher sein, je größer der natürliche Kostenvorteil des Landes B in der Ausgangssituation war.

Auch für Land C sollen die Wohlfahrtswirkungen des Sozialdumpings zunächst anhand des Beispiels in Abb. 12 erläutert werden. Die Konsumenten des Landes C profitieren in gleichem Ausmaß wie die des Landes B von der Preissenkung und der Angebotserhöhung. Der Zuwachs an Konsumentenrente um A'B'C'D' wird jedoch durch die preisbedingte Senkung der Produzentenrente um A'E'F'D' (Preiseffekt des Dumpings) überkompensiert, so dass aus der Preissenkung ein Netto-Wohlfahrtsverlust in der Höhe von B'E'F'C' resultiert. Gleichzeitig steigt die Produzentenrente jedoch aufgrund der geringeren Produktionskosten und der gestiegenen Absatzmöglichkeiten um G'H'J'K' (Kosten- und Mengeneffekt des Dumpings), so dass nicht nur die Konsumenten, sondern auch die Produzenten des Landes C von dem Sozialdumping profitieren. Allerdings muss aus gesamtgesellschaftlicher Sicht beachtet werden, dass dieser Wohlfahrtsgewinn durch unterhalb der Opportunitätskosten der Arbeit liegende Löhne erkauft wurde, so dass den Wohlfahrtsgewinnen auf Produzenten- und Konsumentenseite Wohlfahrtsverluste bei den Arbeitnehmern oder der Gesellschaft, insofern die entstehenden Kosten auf diese externalisiert werden, gegenüber stehen. Da die Arbeitgeber im Falle einer effizienten staatlichen Regelung in vollem Umfang mit den Kosten für den Einsatz des Produktionsfaktors Arbeit belastet worden wären, gibt die Differenz zwischen den beiden Angebotskurven MC_C und $MC_{C,D}$ den finanziellen Gegenwert des Nutzenverlusts der Arbeitnehmer bzw. der Gesellschaft bei Dumping an.[25] Bei einer Produktionsmenge von $q_{C,D}$ beträgt dieser G'H'L'K'. In der Summe erleidet Land C in dem gewählten Fall aufgrund des eigenen Sozialdumpings einen Wohlfahrtsverlust in der Höhe von B'H'L'F'C'.

Formal lässt sich die Wohlfahrt des Landes C bei Sozialdumping errechnen als:

$$(1.12^*) \qquad W_{C,D} = \frac{(a-(1-\gamma)*c_C)^2}{2(2b+d)} + \frac{(p_D - p_{D^*})*(q_{C,D} - q_{B,D})}{4} - \gamma * c_C * q_{C,D},$$

wobei p_D^* der Gleichgewichtspreis in einer Situation ohne Freihandel bei Gültigkeit der neuen Grenzkosten-Angebotsfunktion wäre (bestimmt durch Schnittpunkt von D_C und $MC_{C,D}$).

Die Wohlfahrtsänderung gegenüber einer unverzerrten Freihandelssituation beträgt:

---

[25] Anzumerken ist an dieser Stelle, dass die gesamten Wohlfahrtsverluste des Sozialdumpings wahrscheinlich noch höher ausfallen werden, da in die obigen Berechnungen lediglich die statischen Wohlfahrtsverluste eingehen. Neben den statischen Verlusten in Land C in Höhe der Differenz zwischen den gesamtgesellschaftlichen und den privatwirtschaftlichen Kosten des Einsatzes des Produktionsfaktors Arbeit entstehen weitere Wohlfahrtsverluste, wenn eine dauerhafte Unterbewertung des Produktionsfaktors Arbeit zu gesamtgesellschaftlich zu niedrigen Investitionen in diesen, z.B. für Bildung und Gesundheit, führt.

Einheitliche soziale Mindeststandards 93

$$(1.13^*) \quad W_{C,D} - W_{C,F} = \frac{(p_D - p_{D^*})^*(q_{C,D} - q_{B,D}) - (p_F - p_{C,A})^*(q_{C,F} - q_{B,F})}{4}$$

$$-\frac{\gamma * c_C *(q_{C,D^*} - q_{C,A})}{2} - \gamma * c_C *(q_{C,D} - q_{C,D^*})$$

mit $q_{C,D}$* als der zu einem Preis in Höhe von p_D* in Land C angebotenen Menge.

Unter Verwendung der Angebotsfunktionen der beiden Länder (MC_B, $MC_{C,D}$), der Nachfragefunktion des Landes C (D_C) sowie der Bedingungen (1.2), (1.6*) und (1.10) lässt sich Bedingung (1.13*) schreiben als:

$$(1.14^*) \quad W_{C,D} - W_{C,F} = \frac{b\gamma * c_C *((2-\gamma)*c_C - 2c_B)}{4d*(2b+d)} - \frac{\gamma^2 *(d+b)*c_C^2}{2d*(2b+d)}$$

Wie in Land B wird auch in Land C die Höhe und die Richtung der Wohlfahrtsänderung durch Sozialdumping von den natürlichen Kostendivergenzen und der Höhe des Dumpingfaktors γ bestimmt. Da der zweite Term der Bedingung (1.14*) eindeutig negativ ist und der erste Term negativ wird, wenn gilt:

$$\frac{c_A}{c_B} > 1 - \frac{\gamma}{2},$$

kann der Schluss gezogen werden, dass Land C durch das eigene Sozialdumping auf jeden Fall Wohlfahrtsverluste erleidet, wenn es bereits in der Ausgangssituation kostengünstiger oder zu gleichen Kosten wie Land B produzierte ($c_C \leq c_B$). Für den Fall, dass Land C in der Ausgangssituation einen Kostennachteil besaß, ist es hingegen möglich, dass es durch Sozialdumping gewinnt - und zwar dann, wenn der erste Term der Bedingung (1.14*) größer als der zweite Term wird.

In der Summe bleibt festzuhalten, dass die Konsumenten in beiden Ländern sowie die Produzenten in dem Sozialdumping betreibenden Land zu den Gewinnern eines Sozialdumpings zu zählen sind, während die Produzenten in dem nicht-dumpenden Land sowie die Arbeitnehmer und/oder die Gesellschaft in dem dumpenden Land die Verlierer sind. Ob die Verluste oder Gewinne überwiegen, hängt von den Kostendifferenzen in der Ausgangslage ab. Irrational, weil wohlfahrtsmindernd, ist Sozialdumping, wenn ein Land über einen natürlichen Kostenvorteil verfügt oder aber die Kostenverläufe in beiden Ländern identisch sind. Hat ein Land bei der Produktion eines Gutes hingegen einen natürlichen Kostennachteil, kann es die nationale Wohlfahrt durch Sozialdumping auf Kosten seiner Handelspartner steigern.

Die Befürchtungen eines drohenden "race to the bottom" bestätigen sich allerdings nicht. Sozialdumping ist für ein Land nur dann vorteilhaft, wenn es einen Kostennachteil besitzt. Je weiter sich die Wettbewerbspositionen der beiden Länder durch Sozialdumping annähern, desto geringer wird der Anreiz, den Dumpingfaktor weiter zu erhöhen. Noch vor dem Erreichen identischer Wettbewerbspositionen ist eine weitere Erhöhung des Dumpingfaktors wohlfahrtsmindernd. So lange das nicht-dumpende Land einen Kostenvorteil hat, wäre es für dieses Land irrational, ebenfalls mit Sozialdumping zu reagieren, da Sozialdumping immer zu Wohlfahrtsverlusten führt, wenn ein Land einen Kostenvorteil hat. Handeln beide Staaten individuell rational, wie hier unterstellt, veranlasst das Sozialdumping eines Staates den anderen Staat nicht dazu, ebenfalls mit Sozialdumping zu reagieren.

Welche Wohlfahrtswirkungen Sozialdumping für die Summe der beiden Staaten hat, zeigt die Addition der Gleichungen (1.10*) und (1.14*):

$$(1.15^*) \quad W_{B+C,D} - W_{B+C,F} = -\frac{\gamma^2 * (d+b) * c_C^2}{2d*(2b+d)}.$$

Aus (1.15*) lässt sich ableiten, dass unabhängig davon, wie die Wohlfahrtsgewinne und -verluste auf die beiden Länder verteilt sind, Sozialdumping für die Gesamtheit der beiden Staaten immer eine wohlfahrtsmindernde Praktik darstellt. Dabei werden die Wohlfahrtsverluste um so höher sein, je höher der Dumpingfaktor γ ist.

Die Analyse der Wohlfahrtswirkungen eines Sozialdumpings bei vollständiger Konkurrenz hat gezeigt, dass Forderungen nach der Schaffung eines "level playing field" nicht einfach mit den Argumenten, dass es sich bei Sozialdumping um eine irrationale Entscheidung handelt und daher die Wahrscheinlichkeit eines Sozialdumpings gering ist bzw. dass ein nicht-dumpendes Land sich eigentlich über ein Sozialdumping gemäß des von *Brander* und *Spencer* (1985, S. 83) formulierten Mottos "If foreigners wish to subsidize us to consume the goods they produce, so much the better for us" freuen müsste, abgetan werden können. Eine derartige Argumentation ist nur dann zutreffend, wenn es um die Anreize, Sozialdumping zu betreiben, geht, die ein Staat hat, der bereits ohne Sozialdumping über eine vorteilhafte oder gleichwertige Wettbewerbsposition verfügt. Wird also in der internationalen Diskussion den Entwicklungsländern oder auf europäischer Ebene den südlichen EU-Mitgliedstaaten vorgeworfen, durch Sozialdumping eine Vergrößerung ihrer natürlichen Kostenvorteile bei der Produktion standardisierter Güter anzustreben, sind derartige Argumentationen aus allokationstheoretischer Sicht tatsächlich wenig stichhaltig, da eine solche Strategie lediglich zu Wohlfahrtsverlusten führen würde.

Einem Land ist es jedoch immer dann möglich, durch Sozialdumping Wohlfahrtsgewinne auf Kosten anderer Länder zu erzielen, wenn es in der Ausgangsposition einen natürlichen Kostennachteil hat. Die Gefahr eines Sozialdumpings besteht somit immer dort, wo die natürliche Wettbewerbsposition schlecht ist. An dieser Stelle wird deutlich, dass im Prinzip jedes Land Anreize hat, Sozialdumping zu betreiben und eine Beschränkung des Vorwurfs auf die Entwicklungsländer oder die weniger entwickelten EU-Mitgliedstaaten nicht zu rechtfertigen ist. Sozialdumping ist kein Nord-Süd-Problem, sondern eine Form von Standortwettbewerbsversagen. Indem sich die Akteure individuell rational verhalten, kommt es zu einer für die Gesamtheit ineffizienten Lösung.

Nicht verwechselt werden mit einem Sozialdumping darf eine Situation, in der eine Absenkung der sozialen Standards gleichbedeutend mit einer Annäherung an das Optimum ist. Dieses ist der Fall, wenn die Arbeitsmärkte zu stark reguliert sind, so dass der Lohn über dem Vollbeschäftigungslohn liegt. Auch in einem solchen Fall kann ein Land seine Position im internationalen Standortwettbewerb verbessern, wenn es seine sozialen Standards senkt. Genau wie in den obigen Ausführungen werden die Konsumenten und die Produzenten von einer solchen Entscheidung profitieren. Im Gegensatz zu oben werden diese Vorteile jedoch nicht durch Ineffizienzen auf den Arbeitsmärkten erkauft. Folgt man der Interpretation des Abschnitts 3.1.3, dass es sich bei einem aus gesamtgesellschaftlicher Sicht fairen Lohn nur um den Vollbeschäftigungslohn handeln kann, können Maßnahmen, die dazu dienen, sich diesem Niveau wieder anzunähern, nicht als unfair interpretiert werden.

3.3.2. Sozialdumping in der Neuen Außenhandelstheorie

Die obigen Ausführungen beruhten auf der Annahme vollständiger Konkurrenz. Ob ihre Relevanz durch das Argument, vollständige Konkurrenz sei eher die Ausnahme und monopolistische Konkurrenz oder oligopolistische Marktstrukturen die Regel (*Gandolfo* 1998, S. 228), entkräftet werden kann, soll in diesem Abschnitt auf der Grundlage der Neuen Außenhandelstheorie[26], die Marktunvollkommenheiten berücksichtigt, untersucht werden. Begründet wurde die Neue Außenhandelstheorie durch die Arbeiten von *Krugman* (1979) und *Lancaster* (1980), die zum ersten Mal das Modell der monopolistischen Konkurrenz zur Analyse von Außenhandelsfragen verwendeten. "The main new insight from these models was that to the extent that trade driven by economies of scale is important in the world economy, imperfect competition is important as well." (*Krugman* 1987, S. 133). Bei den Skalenerträgen wird zwischen statischen Skalenerträgen (bedingt durch hohe Fixkosten), dynamischen Skalenerträgen durch Lerneffekte und Bündelungsvorteilen, die aus dem gleichzeitigen Angebot mehrerer Güter herrühren, unterschieden (*Bletschacher* und *Klodt* 1992, S. 72ff).

3.3.2.1. Wohlfahrtseffekte des Freihandels bei unvollständiger Konkurrenz

Analog zu Abschnitt 3.3.1.1 wird davon ausgegangen, dass sowohl in Land B als auch in Land C ein homogenes Gut produziert wird. Ebenso sei auch der Verlauf der Nachfragefunktionen unverändert. Im Gegensatz zu vorher wird jetzt jedoch unterstellt, dass in beiden Ländern nicht eine Vielzahl zum Grenzkostenpreis anbietender Unternehmen, sondern nur je ein Unternehmen oder ein Oligopol mit dem Ziel der gemeinsamen Gewinnmaximierung existiert. Diese Annahme wurde getroffen, um einen Gegenpol zu der bisherigen Annahme der vollständigen Konkurrenz zu bilden. Kann auch für den Monopolfall die Vorteilhaftigkeit eines Sozialdumpings nachgewiesen werden, ist zu vermuten, dass auch in jeder Marktform, die zwischen der vollständigen Konkurrenz und dem Monopol liegt, die nationale Wohlfahrt durch Sozialdumping gesteigert werden kann.

Wie in der Ausgangssituation wird zunächst unterstellt, dass Kostenunterschiede zwischen den beiden Anbietern natürlicher Art sind. Zur Vereinfachung der formalen

---

[26] *Brandner* bevorzugt die Bezeichnung "industrieökonomischer Ansatz der Außenhandelstheorie", da diese Analyse des Außenhandels aus den industrieökonomischen Überlegungen zur unvollständigen Konkurrenz hervorgegangen ist (*Baldwin* 1992, S. 804).

Analyse werden konstante Grenzkosten unterstellt (d=0). Die Richtung der Nettowohlfahrtseffekte bleibt hiervon unbeeinflusst. Lediglich die Intensität der Wohlfahrtswirkungen wird von dem Verlauf der Grenzkostenfunktion beeinflusst. Während die Wohlfahrtseffekte bei steigenden Grenzkosten leicht abgeschwächt werden, gewinnen sie bei fallenden Grenzkosten an Intensität.

Die Monopolisten beider Länder produzieren im Autarkiefall die ihren Grenzkosten entsprechende Monopolmenge und verkaufen sie auf dem heimischen Markt zum jeweiligen Cournot-Preis. In Land B wird die Menge

(2.1) $\quad q_{B,A} = \dfrac{a - c_B}{4b}$

produziert und zu einem Preis von

(2.1a) $\quad p_{B,A} = \dfrac{a + c_B}{2}$

verkauft. In Land C wird bei Autarkie die Menge

(2.2) $\quad q_{C,A} = \dfrac{a - c_C}{4b}$

produziert und zu einem Preis von

(2.2a) $\quad p_{C,A} = \dfrac{a + c_C}{2}$

angeboten. Wie auch bei vollständiger Konkurrenz wird in dem Land mit den niedrigeren Grenzkosten mehr produziert und zu einem geringeren Preis angeboten.

Werden alle Handelsbeschränkungen aufgehoben, sehen sich beide Unternehmen einer Gesamtnachfragefunktion mit dem Verlauf

$$p_F = a - b * (q_{B,F} + q_{C,F})$$

gegenüber. Der Absatzpreis ist eine Funktion der Angebotsmengen beider Anbieter, die diese bei nicht-kooperativem Verhalten autonom mit dem Ziel der individuellen Gewinnmaximierung festlegen. Hierbei wird Cournot-Verhalten unterstellt, d.h. die beiden Unternehmen erwarten, dass eigene Mengenentscheidungen keinen Einfluss auf die Produktionsentscheidung des jeweils anderen Unternehmens haben. Die Reaktionskurven der beiden Unternehmen, die anzeigen, welche Angebotsmengen bei gegebenen unterschiedlichen Angebotsmengen des anderen Anbieters zu einem Gewinnmaximum führen, lassen sich aus den Gewinnmaximierungsbedingungen 1. Ordnung

$$\dfrac{dG_{B,F}}{dq_{B,F}} = \dfrac{\partial G_{B,F}}{\partial q_{B,F}} + \dfrac{\partial G_{B,F}}{\partial q_{C,F}} * \dfrac{dq_{C,F}}{dq_{B,F}} = 0 \quad \text{und} \quad \dfrac{dG_{C,F}}{dq_{C,F}} = \dfrac{\partial G_{C,F}}{\partial q_{C,F}} + \dfrac{\partial G_{C,F}}{\partial q_{B,F}} * \dfrac{dq_{B,F}}{dq_{C,F}} = 0$$

ableiten. Gemäß der Cournot-Annahme nehmen die Reaktionskoeffizienten

$$\dfrac{dq_{B,F}}{dq_{C,F}} \quad \text{und} \quad \dfrac{dq_{C,F}}{dq_{B,F}}$$

im Gewinnmaximierungskalkül den Wert Null an. Für das Nash-Gleichgewicht, bei dem ein Unternehmen bei gegebenem Verhalten des Konkurrenten seinen Gewinn nicht durch die Wahl einer anderen als dieser Gleichgewichtsstrategie steigern kann, gilt:

(2.3) $\quad q_{B,F} = \dfrac{a - c_B - b * q_{C,F}}{2b} \quad$ (Reaktionsfunktion des Landes B)

und

(2.4) $\quad q_{C,F} = \dfrac{a - c_C - b * q_{B,F}}{2b} \quad$ (Reaktionsfunktion des Landes C).

Durch Einsetzen von (2.4) in (2.3) und vice versa lassen sich die gewinnmaximierenden gleichgewichtigen Produktionsmengen beider Anbieter errechnen als:

(2.5) $\quad q_{B,F} = \dfrac{a + c_C - 2c_B}{3b} \quad$ und

(2.6) $\quad q_{C,F} = \dfrac{a + c_B - 2c_C}{3b}$.

Durch den Übergang zu Freihandel wird die Marktmacht der ehemaligen Monopolisten auf ihren heimischen Absatzmärkten beschnitten. Sie sind nicht mehr in der Lage, das nationale Angebot auf die Cournot-Monopolmenge zu beschränken, um so den Cournot-Monopolpreis durchzusetzen, da sie jetzt der Konkurrenz aus dem Ausland ausgesetzt sind. Ob die ehemaligen Monopolisten von den zusätzlichen Absatzmöglichkeiten profitieren oder infolge der gestiegenen Konkurrenz Gewinneinbußen hinnehmen müssen, hängt von den Kostenverläufen in den beiden Ländern ab. In dem in Abb. 13 dargestellten Fall besitzt Land C einen natürlichen Kostenvorteil bei der Produktion des Gutes ($c_C < c_B$). Bei Freihandel weiten beide Unternehmen unter dem Druck der Konkurrenz ihre Angebotsmengen aus, jedoch kann nur der Produzent des Landes C von der gestiegenen Gesamtnachfrage profitieren und einen Teil seiner Produktion exportieren. In beiden Ländern wird das Gut nun zu dem einheitlichen Preis p_F angeboten, der unterhalb der jeweiligen Cournot-Monopolpreise $p_{B,A}$ und $p_{C,A}$ liegt.

Infolge der Preissenkung und der Ausdehnung des Angebotes steigt die Konsumentenrente in beiden Ländern. Der Zuwachs an Konsumentenrente in Land B (ABCD) überkompensiert den durch den sinkenden Preis verursachten Rückgang an Produzentenrente in Höhe von AECD. Es bleibt ein Wohlfahrtsgewinn in Höhe des Dreiecks EBC. Hinzu kommt ein Wohlfahrtsgewinn in Höhe von EFGH, der aus der Ausweitung der Produktionsmenge in Land B resultiert. In Land C wird der Wohlfahrtsverlust durch den preisbedingten Rückgang an Produzentenrente (A'E'C'D') ebenfalls durch den Zuwachs an Konsumentenrente (A'B'C'D') überkompensiert, so dass ein Wohlfahrtsgewinn in Höhe von E'B'C' resultiert. Darüber hinaus bedingt die Ausweitung der Produktionsmenge in Land C einen weiteren Wohlfahrtsgewinn in Höhe von E'F'G'H'. Analog zu den Ergebnissen bei vollständiger Konkurrenz erhöht sich auch bei unvollständiger Konkurrenz die Wohlfahrt beider Länder durch den Übergang von Autarkie zu Freihandel.

Abbildung 13: Netto-Wohlfahrtseffekt des Freihandels bei unvollständiger Konkurrenz

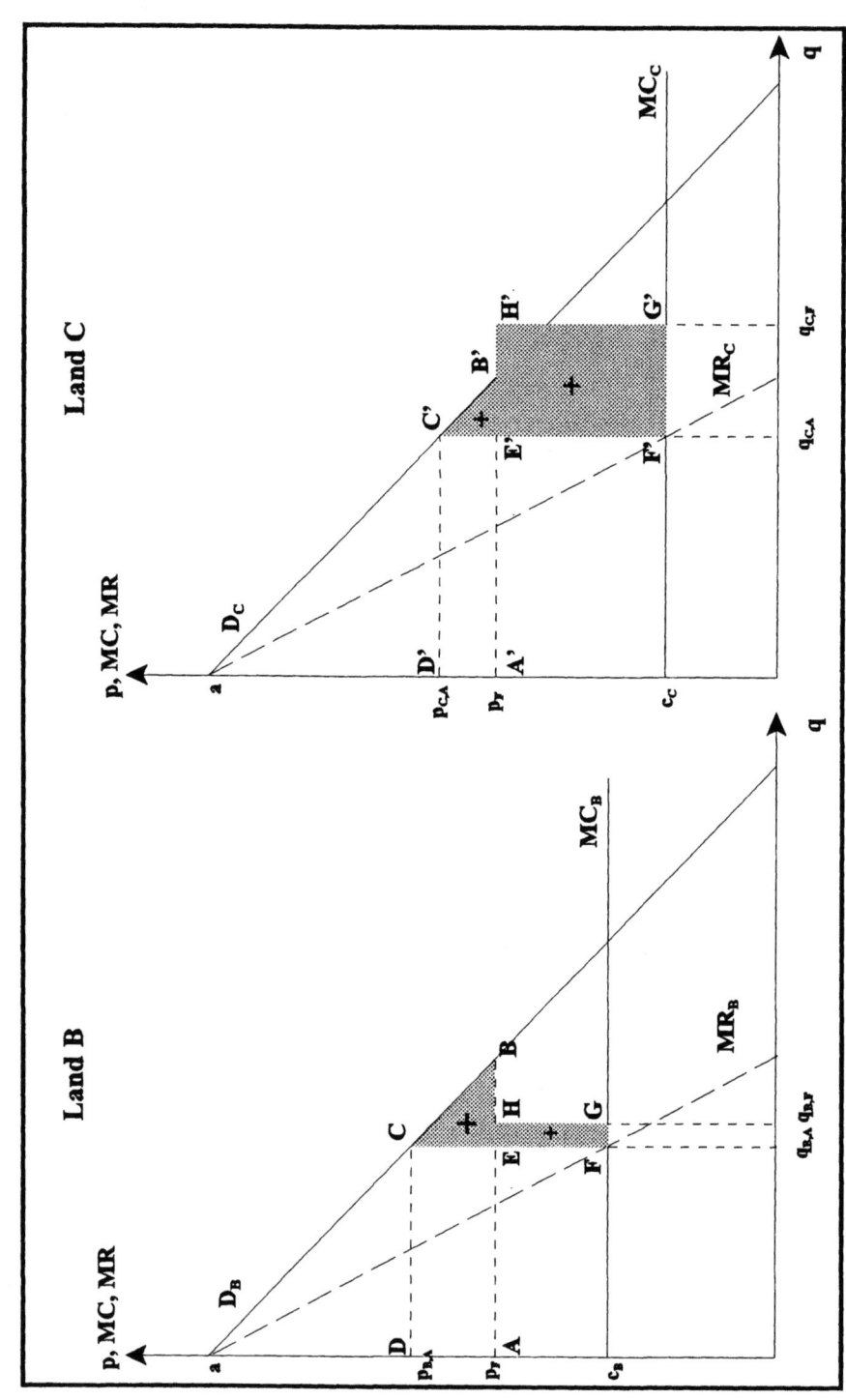

Wieder lassen sich die Wohlfahrtseffekte des Freihandels für Land B aus der Differenz der Wohlfahrt bei Autarkie ($W_{B,A}$) und der Wohlfahrt bei Freihandel ($W_{B,F}$) berechnen. Im Autarkiefall gilt:

(2.7) $\quad W_{B,A} = \dfrac{3(a - c_B)^2}{16b}$

Die Wohlfahrt bei Freihandel beläuft sich in Land B auf:

(2.8) $\quad W_{B,A} = \dfrac{3(a - c_B)^2}{16b} + \dfrac{(p_{B,A} - p_F)*(q_{B,F} + q_{C,F} - 2q_{B,A})}{4}$

$\quad\quad\quad + (p_F - c_B)*(q_{B,F} - q_{B,A}).$

Der Netto-Wohlfahrtseffekt beim Übergang von Autarkie zu Freihandel beträgt somit:

(2.9) $\quad W_{B,F} - W_{B,A} = \dfrac{(p_{B,A} - p_F)*(q_{B,F} + q_{C,F} - 2q_{B,A})}{4} + (p_F - c_B)*(q_{B,F} - q_{B,A}).$

Ersetzt man die Preise und Mengen in (2.9) durch die Gesamtnachfragefunktion sowie durch die Bedingungen (2.1), (2.1a), (2.5) und (2.6), lässt sich der Netto-Wohlfahrtseffekt schreiben als:

(2.10) $\quad W_{B,F} - W_{B,A} = \dfrac{(a + c_B - 2c_C)^2}{144b} + \dfrac{(a - 2c_B + c_C)*(a + 4c_C - 5c_B)}{36b}.$

Während der erste Term in jedem Fall positiv ist, kann der zweite Term in Abhängigkeit von der relativen Wettbewerbsposition des Produzenten in Land B sowohl einen positiven als auch einen negativen Wert annehmen. Da die Annahme des Modells, das Gut werde in der Ausgangssituation in beiden Staaten produziert und konsumiert, voraussetzt, dass gilt: $a > c_B$ und $a > c_C$, ist der zweite Term auf jeden Fall positiv, wenn die Ungleichung

$c_B \leq \dfrac{a + 4c_C}{5}$

erfüllt ist, d.h. wenn der Produzent in Land B einen natürlichen Kostenvorteil besitzt, die Kostenposition beider Produzenten identisch ist oder der Kostennachteil des Produzenten in Land B im Rahmen der obigen Ungleichung bleibt.

Ist der Kostennachteil des Produzenten in Land B so groß, dass gilt:

$c_B > \dfrac{a + 4c_C}{5},$

wird die in Land B produzierte Menge des Gutes bei Übergang zu Freihandel sinken ($q_{B,F} < q_{B,A}$). In diesem Fall verlieren die Produzenten des Landes B durch Preis- und Mengeneffekt, so dass nicht sofort ersichtlich ist, ob der Zuwachs an Konsumentenrente ausreicht, diese Verluste zu kompensieren. Löst man Gleichung (2.10) auf, erhält man:

(2.11) $W_{B,F} - W_{B,A} > 0$,

wenn gilt: $5a^2 + 16ac_C + 41c_B^2 + 20c_C^2 - 26ac_B - 56c_Bc_C > 0$.

Um zu überprüfen, ob diese Ungleichung erfüllt ist, substituiert man zunächst c_B mit Hilfe der Ausgangsbedingung bezüglich der Höhe des Kostennachteils durch:

$$c_B = \frac{a + 4c_C + z}{5} \quad \text{mit } z > 0.$$

Hierdurch wird (2.11) zu:

(2.12) $W_{B,F} - W_{B,A} > 0$,

wenn gilt: $\left(\frac{6a - 6c_C}{5}\right)^2 + \frac{z}{25} * (48c_C + 41z - 48a) > 0$.

Da der erste Term immer positiv ist, könnte diese Bedingung nur dann nicht erfüllt sein, wenn der zweite Term negativ und im Betrag größer als der erste Term ist. Der zweite Term erreicht sein Minimum bei:

$$z = \frac{48a - 48c_C}{82}.$$

Ist (2.12) auch noch erfüllt, wenn der zweite Term seinen Minimalwert erreicht, steht fest, dass die Wohlfahrt in Land B bei Übergang zu Freihandel auch für jeden beliebigen Kostennachteil des Produzenten in Land B immer steigen wird. Setzt man den Minimalwert für z in (2.12) ein, erhält man für diesen Extremfall:

(2.13) $W_{B,F} - W_{B,A} = \frac{1}{41} * (6a - 6c_C)^2$.

Selbst im schlechtesten Fall steigt die Wohlfahrt in Land B beim Übergang zu Freihandel noch um den Betrag aus (2.13).

Die obigen Ausführungen zeigen, dass die Wohlfahrt beider Länder beim Übergang vom Autarkiezustand zu Freihandel unabhängig von ihrer Wettbewerbsposition immer steigen wird. Während die Richtung der Wohlfahrtseffekte für beide Länder somit gleich ist, wird ihre Intensität durch die relative Kostenposition der Produzenten bestimmt. Nur in dem Fall, dass in beiden Ländern zu identischen Grenzkosten produziert wird, profitieren (im Gegensatz zu den Ergebnissen des Abschnitts 3.3.1.1 ist der Übergang zu Freihandel auch in dieser Situation wohlfahrtssteigernd) beide Länder in gleichem Ausmaß vom Freihandel. Inwieweit es der Regierung eines der beiden Länder möglich ist, durch Sozialdumping, das die relative Kostenposition des eigenen Produzenten künstlich verbessert, die Wohlfahrt über das hier beschriebene Ausmaß zu erhöhen, soll der folgende Abschnitt zeigen.

3.3.2.2. Wohlfahrtseffekte eines Sozialdumpings bei unvollständiger Konkurrenz

Die in der Neuen Außenhandelstheorie unterstellten Marktunvollkommenheiten ermöglichen den im Markt befindlichen Unternehmen in der Regel höhere Gewinne als bei vollständiger Konkurrenz. Diese Gewinne werden auch als Renten bezeichnet, da sie nicht durch eine außerordentliche Leistung, sondern durch die Existenz von Marktzutrittsschranken bedingt sind (*Freytag* 1995, S. 26f.). Bei unvollständiger Konkurrenz kann der Anreiz zu Sozialdumping darin bestehen, einen größeren Teil der Produktion an sich zu ziehen und somit die Renten ins Inland zu transferieren und die nationale Wohlfahrt zu erhöhen (*Krugman* 1988, S.12f.). Diese Handlungsweise wird in der Literatur als "rent-shifting", "rent-snatching" oder "profit-shifting" bezeichnet.

Analog zu Abschnitt 3.3.1.2 wird wieder angenommen, dass Land C den Produktionsfaktor Arbeit durch gesamtgesellschaftlich zu niedrige soziale Standards künstlich verbilligt, um sich Wohlfahrtsvorteile zu Lasten des Landes B zu verschaffen. Die für die Kalkulation des Unternehmens relevante Grenzkostenkurve verringert sich hierdurch um $\gamma^* c_C$, so dass sich die aus der Gewinnmaximierungsbedingung 1. Ordnung abgeleitete gleichgewichtige Produktionsmenge in Land C jetzt errechnen lässt als:

$$(2.4^*) \quad q_{C,D} = \frac{a - (1-\gamma)c_C - b^* q_{B,D}}{2b} \quad \text{(Reaktionsfunktion des Landes C bei Sozialdumping).}$$

Infolge des Sozialdumpings verschiebt sich die Reaktionsfunktion des Landes C nach außen, während die Reaktionsfunktion des Landes B (2.3) unverändert bleibt. Es ergibt sich ein neues Gleichgewicht mit einer geringeren Produktionsmenge des Landes B und einer höheren Produktionsmenge des Landes C. Die jeweiligen Produktionsmengen der beiden Länder lassen sich durch das Einsetzen von (2.4^*) in (2.3) und vice versa schreiben als:

$$(2.5^*) \quad q_{B,D} = \frac{a + (1-\gamma)^* c_C - 2 c_B}{3b} \quad \text{mit}$$

$$(2.5a^*) \quad \frac{\partial q_{B,D}}{\partial \gamma} = -\frac{c_C}{3b} \quad \text{und}$$

$$(2.6^*) \quad q_{C,D} = \frac{a + c_B - 2^*(1-\gamma)^* c_C}{3b} \quad \text{mit}$$

$$(2.6a^*) \quad \frac{\partial q_{C,D}}{\partial \gamma} = \frac{2 c_C}{3b}.$$

$(2.5a^*)$ und $(2.6a^*)$ zeigen, dass die zusätzliche Produktion des Produzenten in Land C bei einer Erhöhung des Dumpingfaktors das Doppelte der Produktionseinschränkung des Produzenten in Land B beträgt. Infolge des Sozialdumpings steigt somit die insgesamt angebotene Menge des Gutes und der Angebotspreis sinkt.

Abb. 14 verdeutlicht die Wohlfahrtseffekte eines Sozialdumpings für das bereits in Abb. 13 gewählte Beispiel. In Land C, das in der Ausgangslage einen natürlichen Kostenvorteil hatte, sinken die für die Produktionsentscheidung relevanten Grenzkosten von MC_C auf $MC_{C,D}$. In beiden Ländern profitieren die Konsumenten von der Ausweitung der Angebotsmenge und der Reduzierung des Angebotspreises von p_F auf p_D. Jedoch steht der Erhöhung der Konsumentenrente in Land B um ABCD ein Verlust des Produzenten in Höhe von AJGHFD gegenüber, der zum einen eine Folge des gesunkenen Absatzpreises (Preiseffekt des Dumpings) und zum anderen eine Folge der Produktionseinschränkung (Mengeneffekt des Dumpings) ist. Der Teil der Konsumentenrente (EBCF), der nicht benötigt wird, um den Wohlfahrtsverlust durch den Preiseffekt zu kompensieren, ist in dem abgebildeten Fall jedoch nicht ausreichend, um den Rückgang an Produzentenrente aufgrund des Mengeneffektes (JGHE) zu kompensieren. Land B erleidet in dem dargestellten Fall durch das Sozialdumping des Landes C einen Wohlfahrtsverlust.

Ob Land B in jedem Fall durch ein Sozialdumping des Landes C verliert, soll die folgende Analyse zeigen. Die Wohlfahrt in Land B bei einem Sozialdumping des Landes C beträgt:

$$(2.7^*) \quad W_{B,D} = \frac{(a-p_D)*(q_{B,D}+q_{C,D})}{4} + (p_D - c_B)*q_{B,D}.$$

Subtrahiert man hiervon die Wohlfahrt des Landes B bei unverzerrtem Freihandel, erhält man:

$$(2.9^*) \quad W_{B,D} - W_{B,F} = \frac{(a-p_D)*(q_{B,D}+q_{C,D})-(a-p_F)*(q_{B,F}+q_{C,F})}{4}$$

$$+(p_D - c_B)*q_{B,D} - (p_F - c_B)*q_{B,F}.$$

Indem man Preise und Mengen durch (2.5), (2.6), (2.5*) und (2.6*) ersetzt, lässt sich der Netto-Wohlfahrtseffekt für Land B bei einem Sozialdumping des Landes C schreiben als:

$$(2.10^*) \quad W_{B,D} - W_{B,F} = \frac{\gamma * c_C *(14 c_B - 4a - 5(2-\gamma)*c_C)}{36b}.$$

Ist γ gleich Null, findet kein Sozialdumping statt und der Netto-Wohlfahrtseffekt beträgt ebenfalls Null. Jedes positive γ hingegen verändert die Höhe der Gesamtwohlfahrt in Land B. Während die Steigung der Nachfragefunktionen lediglich einen Einfluss auf die Höhe des Netto-Wohlfahrtseffekts hat (dieser fällt um so höher aus, je elastischer die Nachfragekurven verlaufen, d.h. je geringer b), bestimmen die Kostenverhältnisse in der Ausgangssituation und die Höhe des Dumpingfaktors γ sowohl die Richtung als auch die Intensität der Wohlfahrtsänderung. Gleichung (2.10*) nimmt nur dann einen positiven Wert an, wenn gilt:

$$c_B > \frac{4a + 10c_C - 5\gamma * c_C}{14}.$$

Die Erfüllung dieser Ungleichung ist um so unwahrscheinlicher, je günstiger die Kostenposition des Landes B in der Ausgangslage war. In dem in Abb. 14 dargestellten Fall würde Land B zu dem gegebenen Dumpingfaktor des Landes C erst ab einer Grenzkostenhöhe, die den in der Abbildung unterstellten Verlauf um mindestens ein Drittel übersteigt, von dem Sozialdumping des anderen Landes profitieren. Ebenso beeinflusst die Höhe des Dumpingfaktors die Richtung und Intensität der Wohlfahrtseffekte. Je höher der Dumpingfaktor, desto eher wird der Zuwachs an Konsumentenrente den Verlust an Produzentenrente überkompensieren.

Einheitliche soziale Mindeststandards

Abbildung 14: Netto-Wohlfahrtseffekt eines Sozialdumpings bei unvollständiger Konkurrenz

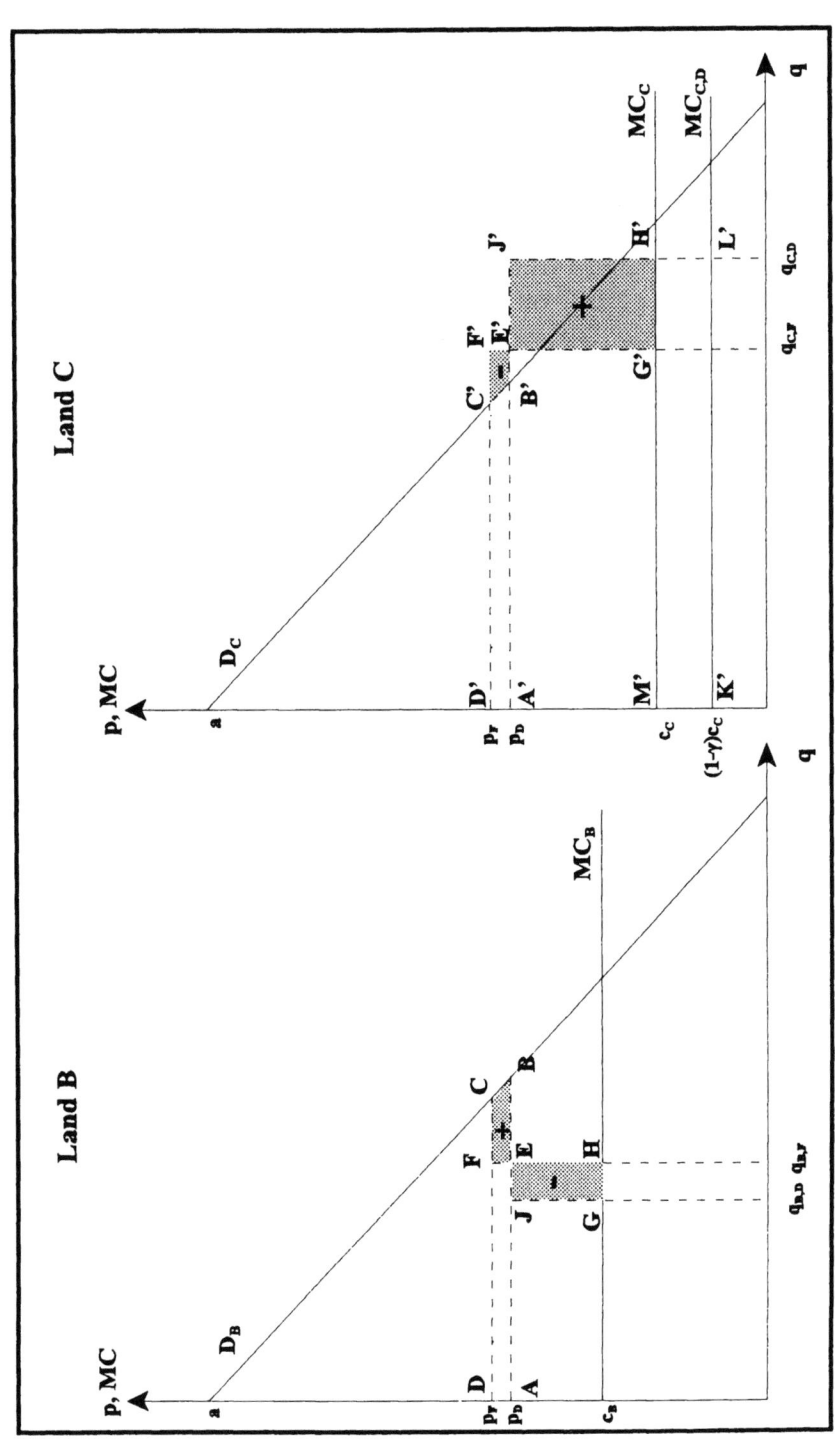

Bei den in Abb. 14 angenommenen Kostenverläufen müsste der Dumpingfaktor allerdings so groß sein, dass die Grenzkosten des Produzenten in Land C deutlich negativ würden - ein Fall, der bei Werten von γ zwischen Null und Eins ausgeschlossen ist.

Während bei vollständiger Konkurrenz das nicht-dumpende Land bei einem eigenen Kostennachteil oder identischen Kostenverhältnissen eindeutig vom Sozialdumping eines anderen Landes profitiert und nur im Falle eines eigenen Kostenvorteils mit hoher Wahrscheinlichkeit Wohlfahrtsverluste hinnehmen muss, ist bei unvollständiger Konkurrenz auch bei einem eigenen Kostennachteil oder identischen Kostenverhältnissen die Möglichkeit gegeben, dass ein Land durch das Sozialdumping eines anderen Landes Wohlfahrtsverluste erleidet. Sowohl bei vollständiger als auch bei unvollständiger Konkurrenz wird der Wohlfahrtsverlust um so höher ausfallen, je besser die Kostenposition des nicht-dumpenden Landes in der Ausgangslage war. Die Ergebnisse der Analyse unvollständiger Konkurrenz widersprechen somit keineswegs den Ergebnissen bei vollständiger Konkurrenz, sondern verstärken diese noch.

Auch für Land C sollen die Wohlfahrtswirkungen des eigenen Sozialdumpings zunächst anhand von Abb. 14 erläutert werden. In Land C steigt die Konsumentenrente zwar im gleichen Ausmaß wie in Land B, jedoch reicht der Anstieg der Konsumentenrente (A'B'C'D') nicht aus, um den Rückgang der Produzentenrente aufgrund des Preiseffektes (A'E'F'D') zu kompensieren, da in Land C aufgrund des natürlichen Kostenvorteils bereits zuvor ein Teil der Produktion exportiert, also mehr produziert als konsumiert wurde. Es entsteht ein Wohlfahrtsverlust in Höhe von B'E'F'C', der jedoch deutlich überkompensiert wird von dem Zuwachs an Produzentenrente aufgrund des Mengeneffektes (G'H'J'E'). Zusätzlich erhöht sich die Produzentenrente noch um die Differenz zwischen den Grenzkosten in der Ausgangslage (MC_C) und den bei Sozialdumping gültigen Grenzkosten ($MC_{C,D}$). Die Differenz beträgt K'L'H'M' (Kosteneffekt des Dumpings). Diese Gewinne des Produzenten, die aus der Wahl ineffizient niedriger sozialer Standards resultieren, sind jedoch bei den Arbeitnehmern oder der Gesellschaft als Verluste zu verbuchen, so dass es sich lediglich um eine Umverteilung handelt. In der Summe realisiert Land C in dem abgebildeten Fall einen Netto-Wohlfahrtsgewinn.

Allgemein lässt sich die Wohlfahrt in Land C bei Sozialdumping ausdrücken als:

$$(2.11^*) \quad W_{C,D} = \frac{(a - p_D)^*(q_{B,D} + q_{C,D})}{4} + (p_D - (1-\gamma)^* c_C)^* q_{C,D} - \gamma^* c_C^* q_{C,D}.$$

Subtrahiert man hiervon die Wohlfahrt des Landes C bei unverzerrtem Freihandel, erhält man:

$$(2.12^*) \quad W_{C,D} - W_{C,F} = \frac{(a - p_D)^*(q_{B,D} + q_{C,D}) - (a - p_F)^*(q_{B,F} + q_{C,F})}{4}$$

$$+ (p_D - (1-\gamma)^* c_C)^* q_{C,D} - (p_F - c_C)^* q_{C,F} - \gamma^* c_C^* q_{C,D}.$$

Indem man die Preise und Mengen in (2.12^*) mit Hilfe von (2.5), (2.6), (2.5^*) und (2.6^*) ersetzt, lässt sich der Netto-Wohlfahrtseffekt des Sozialdumpings schreiben als:

$$(2.13^*) \quad W_{C,D} - W_{C,F} = \frac{\gamma^* c_C^*(8a + 2c_B - (10 + 7\gamma)^* c_C)}{36b}.$$

Auch in Land C wird die Richtung und die Intensität der Wohlfahrtseffekte durch die Kostenverhältnisse in der Ausgangslage und die Höhe des Dumpingfaktors γ bestimmt. Die Wohlfahrt in Land C wird immer dann durch Sozialdumping steigen, wenn gilt:

$$c_C < \frac{8a + 2c_B}{10 + 7\gamma},$$

d.h. die Wahrscheinlichkeit eines Wohlfahrtsgewinns ist um so größer, je besser die Kostenposition des Landes C in der Ausgangslage war und je niedriger der Dumpingfaktor ist. Anhand von Abb. 14, in der Land C vom eigenen Sozialdumping profitierte, soll wieder verdeutlicht werden, in welcher Situation Land C durch das eigene Sozialdumping Wohlfahrtsverluste erleiden würde. Bei dem in Abb. 14 angenommenen Dumpingfaktor wäre ein Sozialdumping erst dann mit Wohlfahrtsverlusten verbunden, wenn die Grenzkosten in Land C in der Ausgangslage mehr als das Doppelte der Grenzkosten in Land B betragen hätten. Ein Dumpingfaktor, der bei dem gegebenen Grenzkostenverlauf zu Wohlfahrtsverlusten führen würde, läge auch in diesem Fall weit außerhalb des Definitionsbereichs von γ.

Während sich Land C bei vollständiger Konkurrenz nur im Falle eines eigenen Kostennachteils Wohlfahrtsgewinne durch Sozialdumping verschaffen konnte, besteht bei unvollständiger Konkurrenz nahezu in jeder Ausgangslage die Möglichkeit von Wohlfahrtsgewinnen durch Sozialdumping. Dieses Ergebnis hat gravierende Konsequenzen für die Gefahr eines "race to the bottom". Derartige Befürchtungen konnten bei vollständiger Konkurrenz als unbegründet zurückgewiesen werden, da immer nur das Land mit dem natürlichen Kostennachteil die nationale Wohlfahrt durch Sozialdumping steigern konnte, die Möglichkeit zur Realisierung von Wohlfahrtsgewinnen jedoch bereits vor dem Erreichen identischer Wettbewerbspositionen nicht mehr gegeben war. Eine Gegenreaktion des nicht-dumpenden Landes wäre daher für dieses immer mit Wohlfahrtsverlusten verbunden. Bei unvollständiger Konkurrenz ist diese eindeutige Rollenverteilung nicht mehr gegeben. Verbessert ein Land seine Wettbewerbsposition durch Sozialdumping, sind in dem nicht-dumpenden Land ebenfalls Anreize zu Sozialdumping gegeben, so lange Gleichung (2.13*) - jetzt aus Sicht des bisher nicht dumpenden Landes (c_B sind dann die Grenzkosten des bereits dumpenden Landes) - einen positiven Wert annimmt. Nur in Ausnahmefällen (bei sehr hohen Kostennachteilen) wäre eine Gegenreaktion irrational. In allen anderen Fällen ist ein "race to the bottom" mit der Folge eines ineffizient niedrigen Niveaus sozialer Standards in allen Staaten nicht mehr auszuschließen.

Abschließend lässt sich festhalten, dass Befürchtungen eines Sozialdumpings nicht mit der Begründung, Sozialdumping unterstelle aus allokationstheoretischer Sicht irrationales Verhalten, zurückgewiesen werden können. Vielmehr hat Abschnitt 3.3 gezeigt, dass der Standortwettbewerb sowohl im Monopolfall als auch bei vollständiger Konkurrenz Anreize setzt, die nationale Wohlfahrt durch Sozialdumping auf Kosten nichtdumpender Länder zu steigern. Zudem kann bei unvollständiger Konkurrenz ein "race to the bottom" nicht ausgeschlossen werden. Eine konsequent verfolgte Wettbewerbspolitik, die Marktzutrittsschranken abbaut und damit Wettbewerbsbeschränkungen und Marktkonzentration entgegenwirkt, kann zwar die Gefahr eines "race to the bottom" abwenden, nicht jedoch die eines Sozialdumpings. Denn auch wenn sich die Marktform der vollständigen Konkurrenz annähert, bestehen für ein Land mit einem natürlichen Kostennachteil weiterhin Anreize, Sozialdumping zu betreiben.

3.4. Soziale Mindeststandards als Instrument zur Schaffung eines Level Playing Field

Da die Gefahr eines Sozialdumpings aus allokationstheoretischer Sicht bejaht werden muss, bleibt zu fragen, ob es erforderlich ist, dieser Form des Standortwettbewerbsversagens durch eine supranationale Regulierung entgegenzuwirken und welche Form der Regulierung geeignet sein könnte. Das im Weißbuch zur europäischen Sozialpolitik von der *Europäischen Kommission* (1994, S. 13) vorgeschlagene Konzept zur Schaffung eines "level playing field" ist die Einführung einheitlicher Mindestvorschriften. Vor dem Hintergrund der vorangegangenen Ausführungen scheint dieser Vorschlag allerdings wenig geeignet. Ein fairer einheitlicher sozialer Mindeststandard müsste an der Höhe des Vollbeschäftigungslohnes in dem Land mit dem geringsten Vollbeschäftigungslohn ausgerichtet werden. Selbst wenn sich dieser ermitteln ließe, wäre die Frage nach der geeigneten Höhe des Standards noch unbeantwortet. Soll er nach den Präferenzen der Arbeitnehmer in dem betreffenden Land ausgestaltet sein, auch auf die Gefahr hin, dass er dann in einem anderen Land, in dem der Vollbeschäftigungslohn zwar höher, die Präferenz für Soziallöhne jedoch geringer ist, keine präferenzgerechte Ausgestaltung der Soziallöhne mehr zulässt?

Aber selbst wenn die unterschiedlichen Präferenzen in den einzelnen EU-Mitgliedstaaten vernachlässigt werden, die Optimalität zu Gunsten der Fairness also unberücksichtigt bleibt, und die sozialen Mindeststandards auf einem Niveau festgelegt werden, das mehrheitsfähig ist, ist nicht gewährleistet, dass Sozialdumping unterbunden wird. Solange die sozialen Mindeststandards nicht die Voraussetzung für die Möglichkeit des Dumpings, den Marktversagenstatbestand, beseitigen, ist Sozialdumping weiterhin möglich. Ein einheitlicher Mindestlohn beseitigt keine Informationsasymmetrien und einheitliche Mindeststandards im Bereich der Sicherheit und Gesundheit am Arbeitsplatz würden zwar zu höheren Kosten für den Arbeitgeber führen, damit aber auch zu einer reduzierten Arbeitsnachfrage und zu einer Notwendigkeit der Arbeitnehmer, zur Sicherung des Subsistenzminimums noch mehr Arbeitskraft zu noch geringeren Löhnen anzubieten.

Um durch soziale Mindeststandards das Ziel einer fairen Ausgangsposition für in- und ausländische Unternehmen zu erreichen, ist es daher nicht ausreichend, alle Unternehmen mit einem bestimmten Kostenniveau zu belasten[27], sondern die sozialen Min-

---

[27] An dieser Stelle erscheint es der Autorin wichtig, darauf hinzuweisen, dass gleiche Soziallöhne nicht gleichbedeutend sind mit gleichen Sozialleistungen. Geht es also darum, soziale Standards festzulegen, muss man sich dieses Unterschiedes bewusst sein. Gleiche soziale Standards im Sinne von gleichen Soziallöhnen verhindern Wettbewerb, weil durch eine derartige Regulierung die Ausgabenseite fixiert wird. Es besteht kein Anreiz mehr, effizientere Lösungen zu finden, weil hierdurch keine Wettbewerbsvorteile erlangt werden können. Gleiche soziale Standards im Sinne von gleichen Sozialleistungen würden

deststandards müssten verhindern, dass ein Marktversagen zum Zwecke des Sozialdumpings ausgenutzt wird. Ein derartiges Verhalten müsste in allen Mitgliedstaaten verhindert werden, denn die Anreize, Sozialdumping zu betreiben, sind nicht auf die Länder mit den niedrigsten Vollbeschäftigungslöhnen beschränkt. Vielmehr hatte Abschnitt 3.3 gezeigt, dass bei vollständiger Konkurrenz gerade die Länder mit einem natürlichen Wettbewerbsnachteil die nationale Wohlfahrt durch Sozialdumping steigern konnten. Werden einheitliche Mindeststandards auf vergleichsweise niedrigem Niveau festgelegt, sind sie nicht in der Lage, in allen Ländern Sozialdumping zu unterbinden. So variiert beispielsweise die Höhe des Mindestlohns, der geeignet ist, Sweating zu verhindern, in Abhängigkeit vom Verlauf der Arbeitsangebotsfunktion (vgl. Abschnitt 3.2.1). Orientieren sich soziale Mindeststandards an den Vollbeschäftigungslöhnen von Ländern mit einem vergleichsweise hohen Niveau, werden wiederum Länder mit einem niedrigen Niveau des Vollbeschäftigungslohnes auf unfaire Weise benachteiligt. In dem in Abb. 8 dargestellten Fall würde ein einheitlicher Mindestlohn oberhalb von w^* zwar Sweating verhindern, jedoch zu Arbeitslosigkeit führen.

Ergo: Einheitliche Mindeststandards, die für alle Unternehmen eine faire Ausgangsposition schaffen, sind nicht nur aufgrund von Informationsproblemen unmöglich zu ermitteln, sondern es gibt sie einfach nicht. Diese Erkenntnis ist jedoch aus allokationstheoretischer Sicht nicht allzu problematisch, da die Möglichkeiten, Sozialdumping zu betreiben, begrenzt sind. Sozialdumping setzt die Existenz von Marktunvollkommenheiten auf den Arbeitsmärkten voraus, die sich nur durch einen staatlichen Eingriff beseitigen lassen. Abschnitt 3.2 hat Bereiche aufgezeigt, in denen sozialpolitische Regulierungen dazu dienen können, die Funktionsfähigkeit des Marktmechanismus zu verbessern. Nicht in allen Bereichen besteht ein tatsächlicher Regulierungsbedarf, da zum Teil die ebenfalls vorgestellten marktlichen Lösungsmechanismen die Korrekturfunktion übernehmen.

Darüber hinaus werden die Möglichkeiten zu Sozialdumping durch bereits existierende nationale oder supranationale Regelungen eingeschränkt. Da in jedem EU-Mitgliedstaat das Subsistenzminimum auch bei Nicht-Erwerbstätigkeit gewährleistet wird, scheidet die Nicht-Verhinderung von Sweating als Maßnahme zum Sozialdumping aus. Auch in dem Bereich der Sicherheit und Gesundheit am Arbeitsplatz ist Sozialdumping unwahrscheinlich, da einheitliche europäische Richtlinien für alle Mitgliedstaaten ein hohes Schutzniveau vorschreiben. Die faktischen Möglichkeiten zum Sozialdumping dürften daher innerhalb der EU sehr gering sein. Wenn sich trotz dieser Erkenntnisse die Forderungen nach der Schaffung eines "level playing field" mehren, kann es hierfür nur polit-ökonomische Gründe geben. Politiker werden einheitliche soziale Mindeststandards - unabhängig von ihren allokationstheoretischen Wirkungen - fordern, wenn sie sich hiervon eine Mehrung ihres politischen Ertrages versprechen. Kapitel 4 wird

---

hingegen den Systemwettbewerb nicht unterbinden, sondern fördern, da durch effizientere Verfahren zur Bereitstellung der vorgeschriebenen Leistungen Kosten gespart und damit ein Wettbewerbsvorteil erzielt werden könnte.

zeigen, warum die Forderungen nach einheitlichen sozialen Mindeststandards eine aus polit-ökonomischer Sicht rationale Handlung darstellen.

3.5. Ergebnisse

Ergebnis 3.1.: Mit zunehmender wirtschaftlicher Integration gewinnen nationale Regulierungen an Bedeutung für Wirtschaftssubjekte anderer Länder. Ist das Kapital mobil, kann es zu den Standorten mit den günstigsten Bedingungen, zu denen auch die Kosten für den Einsatz des Produktionsfaktors Arbeit zu zählen sind, wandern. Standortvorteile, die aus Unterschieden in den institutionellen Regelungen resultieren, sind nicht unumstritten. Es ist jedoch falsch anzunehmen, der Wettbewerb sei verzerrt, nur weil auf dem Weltmarkt Anbieter, die unter unterschiedlichen institutionellen Regelungen produzieren, aufeinander treffen. Derartige Unterschiede können genauso Ausdruck natürlicher Standortvorteile sein. Ein Sozialdumping liegt erst dann vor, wenn ein Staat sich für ein ineffizient niedriges Niveau sozialer Standards entscheidet und so andere Länder daran hindert, von ihren natürlichen Standortvorteilen zu profitieren.

Ergebnis 3.2.: Sozialdumping setzt voraus, dass der Marktmechanismus allein nicht in der Lage ist, für eine effiziente Allokation auf dem Arbeitsmarkt zu sorgen. Untersucht man den Arbeitsmarkt auf die Existenz von den Arbeitgeber begünstigenden Marktversagenstatbeständen, finden sich mit der Gefahr eines Sweatings, dem Clubgut-Charakter von Maßnahmen zur Gewährleistung der Sicherheit und Gesundheit am Arbeitsplatz, der Existenz von Informationsasymmetrien zwischen Arbeitgebern und Arbeitnehmern bezüglich der Sicherheit und Gesundheit am Arbeitsplatz, der Gefahr der Externalisierung von Kosten auf die Gesellschaft bei der Absicherung von Einkommensrisiken und der Gefahr einer nachvertraglichen Erpressung des Arbeitnehmers durch den Arbeitgeber Bereiche, in denen sozialpolitische Regulierungen theoretisch effizienzsteigernd wirken können. Die praktische Umsetzung dürfte allerdings in vielen Fällen mit erheblichen Informationsproblemen und Transaktionskosten behaftet sein. Von einem Sozialdumping kann somit nur in den Fällen gesprochen werden, in denen es keine marktlichen Lösungsmechanismen gibt, und der Staat darauf verzichtet, eine Allokationsverbesserung herbeizuführen, obwohl eine solche unter Berücksichtigung der Transaktionskosten vorteilhaft wäre.

Ergebnis 3.3.1.: Im Autarkiezustand wäre Sozialdumping aus allokationstheoretischer Sicht eine irrationale Entscheidung, da die Nicht-Beseitigung von Marktversagenstatbeständen zu Wohlfahrtsverlusten führt. Bei Freihandel wird Sozialdumping zu einer ökonomisch rationalen Handlung, wenn die in rein nationaler Betrachtung entstehenden Wohlfahrtsverluste bei den Arbeitnehmern oder der Gesellschaft durch Wohlfahrtsgewinne überkompensiert werden können, die im Zusammenhang mit einem ineffizient niedrigen Niveau sozialer Standards im internationalen Handel bei den Produzenten und den Konsumenten entstehen. Unter der Annahme vollständiger Konkurrenz ist Sozialdumping für ein Land nur dann vorteilhaft, wenn es in der Ausgangslage einen natürlichen Kostennachteil besaß. Die Gefahr eines "race to the bottom" besteht nicht.

Ergebnis 3.3.2.: Unter der Annahme unvollständiger Konkurrenz wird ein Sozialdumping attraktiver, da die Renten der im Markt befindlichen Unternehmen, die es gilt, ins Inland zu transferieren, in der Regel höher sind als bei vollständiger Konkurrenz. Nahezu in jeder Ausgangslage hat ein Land die Möglichkeit, durch Sozialdumping Wohlfahrtsgewinne auf Kosten seiner Handelspartner zu realisieren. Die Gefahr eines "race to the bottom" kann nicht mehr ausgeschlossen werden. Sozialdumping ist somit eine Form von Standortwettbewerbsversagen, d.h. die Konkurrenz um die mobilen Produktionsfaktoren und die mobile Nachfrage setzt Anreize, auf nationaler Ebene auf eine Regulierung von Marktversagen zu verzichten, um unter der Inkaufnahme von Wohlfahrtsverlusten für die Gesamtheit der Staaten die nationale Wohlfahrt zu erhöhen.

Ergebnis 3.4.: Warnungen vor den Gefahren eines Sozialdumpings werden in der Regel verbunden mit Forderungen nach der Schaffung eines "level playing field". Das Weißbuch der Europäischen Kommission zur europäischen Sozialpolitik sieht vor, dieses Ziel durch die Einführung einheitlicher Mindestvorschriften zu erreichen. Es ist jedoch unmöglich, ein Niveau sozialer Standards zu finden, das für alle Länder fair ist und gleichzeitig die Möglichkeit zu Sozialdumping in allen Ländern unterbindet. Diese Erkenntnis ist insofern unproblematisch, als dass die Möglichkeiten zu Sozialdumping in der EU zum einen durch marktliche Mechanismen, die auch ohne einen staatlichen Eingriff das Marktergebnis verbessern, und zum anderen durch das bereits vorhandene hohe Regulierungsniveau in allen EU-Mitgliedstaaten begrenzt werden.

4. Die polit-ökonomische Perspektive: Das Level Playing Field als Antwort auf den Systemwettbewerb

Zu Beginn der 60er Jahre war es herrschende Meinung, dass Regulierungen lediglich mit dem Ziel der Maximierung der sozialen Wohlfahrt vorgenommen werden. Auslöser für Regulierungen konnte dementsprechend nur Marktversagen sein (*Joskow* und *Noll* 1981, S. 35f.; *Keeler* 1984, S. 106). Gegen diese These sprachen allerdings die Ergebnisse einer Reihe empirischer Analysen, die erstens zeigten, dass Märkte auch ohne Marktversagen reguliert werden, und zweitens bewiesen, dass viele Regulierungen das Ziel der Maximierung der Wohlfahrt verfehlen.[28]

Auf diese Erkenntnisse begründet sich die Chicago School der positiven Theorie der Regulierung, die im wesentlichen von *Stigler* (1971), *Posner* (1974), *Peltzman* (1976) und *Becker* (1983) entwickelt worden ist. Sie begreifen Regulierungen als ein marktmäßig handelbares Gut, das vom Staat angeboten und von nicht-staatlichen Wirtschaftssubjekten nachgefragt wird. Indem der Staat als Anbieter von Regulierungen modelltheoretisch endogenisiert wird, kann erklärt werden, warum Regulierungen erfolgen, auch wenn sie nicht dem Ziel der Maximierung der sozialen Wohlfahrt dienen. Die Grundthese lautet: "Staatliche Regulierung geschieht dort, wo relativ gut organisierte Minderheiten den Staat veranlassen, durch einen Regulierungseingriff Einkommen von der Mehrheit weg und zur Interessengruppe hin umzuverteilen" (*von Weizsäcker* 1982, S. 334). Beide Marktseiten sind bestrebt, ihren Nutzen zu maximieren. Die Interessengruppen bieten den Vertretern des Staates, den Politikern, als Gegenleistung für eine sie begünstigende Regulierung Unterstützung bei deren Streben nach Macht an. Je besser eine Interessengruppe in der Lage ist, Wählerstimmen zu mobilisieren und finanzielle und informationsmäßige Ressourcen bereitzustellen, desto eher kann sie ihr Einkommen auf Kosten unorganisierter Gruppen steigern.

Berücksichtigt man das Eigeninteresse der Politiker, spielt es keine Rolle mehr, ob eine Regulierung effizienzmindernd wirkt oder nicht, so lange sie dazu dient, den Nutzen der Politiker zu steigern. Übertragen auf den Arbeitsmarkt bedeutet dies, dass sozialpolitische Regulierungen auch Instrumente zur Maximierung des politischen Ertrages sein können. Abschnitt 4.1 zeigt anhand eines in der Tradition der positiven Theorie der Regulierung stehenden Modells, in welchem Ausmaß es polit-ökonomisch rational ist, über sozialpolitische Regulierungen in den Mechanismus des Arbeitsmarktes einzugreifen. Welchen Einfluss die fortschreitende europäische und weltweite Integration auf das Kalkül der Politiker hat, verdeutlicht Abschnitt 4.2. Inwieweit diese Veränderungen für Forderungen nach einheitlichen sozialen Mindeststandards verantwortlich sind, klärt Abschnitt 4.3. Abschließend zeigt Abschnitt 4.4, welche Unterstützung die Politiker für ihre Forderungen bei den Juristen finden.

---

[28] Zu den Pionierarbeiten sind die Untersuchungen von *Averch* und *Johnson* (1962), *Stigler* und *Friedland* (1962), *Kessel* (1964), *Levine* (1965) und *Keeler* (1972) zu zählen.

Einheitliche soziale Mindeststandards 111

4.1. Sozialpolitik als einkommenserhöhende Regulierung

Indem der Staat durch den Erlass und die Ausgestaltung sozialpolitischer Regulierungen Einfluss auf die Höhe der Soziallöhne nimmt, greift er in die Marktbeziehungen zwischen den Anbietern und den Nachfragern von Arbeitskraft ein. Die Motivation für diesen Eingriff kann zweierlei sein: der Staat will die allokative Effizienz erhöhen und/oder er will das distributive Ergebnis des Marktprozesses verändern. Werden aus Verteilungsgesichtspunkten Effizienzaspekte vernachlässigt, können sozialpolitische Regelungen auch den Abschluss optimaler Verträge durch die Marktteilnehmer verhindern. Werden die Löhne durch sozialpolitische Regulierungen über das Vollbeschäftigungsniveau hinaus erhöht, kann es zu einem dauerhaften Angebotsüberhang (= Arbeitslosigkeit) kommen, der Insider begünstigt und Outsider benachteiligt. Angesichts der vielfältigen staatlichen Eingriffe in den Arbeitsmarkt und der begrenzten Zahl funktionsspezifischer Legitimationen für sozialpolitische Regulierungen ist es naheliegend, dass eine Vielzahl von Regulierungen ohne das Vorliegen eines Marktversagens erfolgt.

4.1.1. Die Akteure

Das folgende Modell überträgt den von *Peltzman* (1976) für den Gütermarkt entwickelten Ansatz auf den Arbeitsmarkt. Das von den Politikern angebotene Gut sind sozialpolitische Regulierungen. Interessengruppen, die versuchen, auf die Bereitstellung und Ausgestaltung dieser Regulierungen Einfluss zu nehmen, sind auf der einen Seite die Arbeitgeberverbände und auf der anderen Seite die Gewerkschaften als Organisationsform der Arbeitnehmer. Alle Akteure versuchen, ihren Nutzen zu maximieren. Die Politiker sind bestrebt, einen möglichst hohen politischen Ertrag (M) in Form von Wählerstimmen und Ressourcen zu generieren. Dabei ist der politische Ertrag einer sozialpolitischen Regulierung eine Funktion der individuellen Wohlfahrt der durch diese Regulierung betroffenen Gruppen. Es gilt:

$$M = M(W_1, W_2) \quad \text{mit} \quad W_i = \text{Wohlfahrt der Gruppe i} \quad \text{und mit} \quad \frac{\partial M}{\partial W_i} > 0,$$

d.h. die Unterstützung, die ein Politiker durch eine der beiden Interessengruppen erhält, ist um so größer, je höher die Wohlfahrt dieser Gruppe ist.

Die Wohlfahrt der Arbeitgeber (W_1) ist eine Funktion des von ihnen zu zahlenden Nominallohns (w). Je niedriger der Lohn bei einer gegebenen Produktionsfunktion und gegebenen Werten der Grenzprodukte ist, desto höher ist ihre Arbeitgeberrente. Es gilt:

$$W_1 = W_1(w) \quad \text{mit} \quad \frac{dW_1}{dw} < 0.$$

Arbeitgeber werden immer dann versuchen, auf die Ausgestaltung sozialpolitischer Regulierungen Einfluss zu nehmen, wenn diese geeignet sind, die Höhe der Arbeitskosten zu beeinflussen. So lange eine sozialpolitische Regulierung lediglich eine Umverteilung des Entgelts zwischen Soziallohn und Direktlohn bewirkt, stehen die Arbeitgeber ihr indifferent gegenüber. Bei voller Funktionsfähigkeit der Arbeitsmärkte würde eine Erhöhung der Soziallöhne durch eine Reduzierung der Direktlöhne ausgeglichen und eine Begünstigung der Arbeitgeber durch eine Absenkung bestehender sozialpolitischer Standards hätte einen Anstieg der Direktlöhne zur Folge. Sozialpolitische Regulierungen begünstigen bzw. benachteiligen Arbeitgeber nur dann, wenn der Marktmechanismus den Lohn nicht automatisch wieder auf sein Gleichgewichtsniveau zurückführt; d.h. sozialpolitische Regulierungen sind nur dann geeignet, den politischen Ertrag zu erhöhen, wenn sie die Funktionsfähigkeit des Marktmechanismus beeinträchtigen bzw. wenn dieser bereits außer Kraft ist.

Ist es den Arbeitgebern nicht möglich, die Kosten sozialpolitischer Regulierungen, die quasi als eine Art Unternehmenssteuer interpretiert werden können, auf die Arbeitnehmer zu überwälzen, wird jede sozialpolitische Regulierung, die den Einsatz des Produktionsfaktors Arbeit verteuert, zu einer Verringerung des von Arbeitgeberseite generierbaren politischen Ertrages führen. Umgekehrt wird jede Nicht-Beseitigung eines die Arbeitgeber begünstigenden Marktversagens die Unterstützung der Politiker durch die Arbeitgeberverbände mehren.

Im Gegensatz zu der Wohlfahrt der Arbeitgeber spiegelt sich die Wohlfahrt der Arbeitnehmer nicht unmittelbar in der Höhe des Lohnes wider. Es muss berücksichtigt werden, dass mit steigendem Nominallohn auch die Nachfrage nach Arbeitskräften (L_D) zurückgeht:

$$L_D = L_D(w) \quad \text{mit} \quad \frac{dL_D}{dw} < 0.$$

Eine Gewerkschaft, die eine einkommenserhöhende sozialpolitische Regulierung durchsetzt, gewinnt zwar bei denjenigen Mitgliedern an Zustimmung, die jetzt für ihre Tätigkeit ein höheres Entgelt erhalten, sie verliert jedoch die Zustimmung der Mitglieder, die aufgrund der Lohnerhöhung von den Arbeitgebern freigesetzt werden. Eine Gewerkschaft, die bestrebt ist, den Nutzen ihrer Mitglieder zu maximieren, muss daher neben dem Einkommenseffekt einer von ihr verlangten sozialpolitischen Regulierung auch den Beschäftigungseffekt (Reduzierung der Mitgliederzahl) dieser Regulierung berücksichtigen. Im Kalkül der Gewerkschaften unberücksichtigt bleiben hingegen die Auswirkungen, die die Durchsetzung einer sozialpolitischen Regulierung auf die bereits Arbeitslosen hat.

Unter der Annahme, dass der mit der Höhe des Nominallohns variierenden Nachfrage nach Arbeitskräften jeweils ein entsprechendes Angebot gegenüber steht, können alle für eine gegebene Arbeitsnachfrage möglichen Kombinationen von Lohn und Beschäftigung durch Multiplikation der inversen Arbeitsnachfragefunktion mit der Beschäftigungsmenge ermittelt werden. Das Ergebnis ist der Einkommenshügel I in Abb. 15. Die Höhe des Einkommens der Summe der Gewerkschaftsmitglieder ist jedoch noch kein Maßstab für den Nutzen, den sie aus dem Einsatz ihrer Arbeitskraft ziehen. Wie in Abb. 15 leicht zu erkennen, kann jedes beliebige Einkommen sowohl mit einem geringeren als auch mit einem höheren Arbeitseinsatz realisiert werden. Da jedoch die Opportunitätskosten der Arbeit mit steigendem Arbeitseinsatz zunehmen, da Freizeit mit steigender Knappheit höher und die zusätzlichen Konsummöglichkeiten mit steigendem

Einkommen niedriger bewertet werden (zum Konzept der Opportunitätskosten der Arbeit vgl. Abschnitt 3.2.3), stiften Kombinationen von Lohn und Beschäftigung, die zu einem gleichen Einkommen führen, nicht den gleichen Nutzen.

Um die Wohlfahrt der Beschäftigten (W_2) zu messen, müssen also neben der Höhe des Einkommens (I) auch die Opportunitätskosten der Arbeit (OC_L) berücksichtigt werden. Diese lassen sich mit Hilfe der Arbeitsangebotskurve (L_S) ermitteln. Es gilt:

$$L_S = L_S(w) \quad \text{mit} \quad \frac{dL_S}{dw} > 0.$$

Abbildung 15: Die Ermittlung der Arbeitnehmerrente mit Hilfe von Arbeitsangebots- und Arbeitsnachfragefunktion

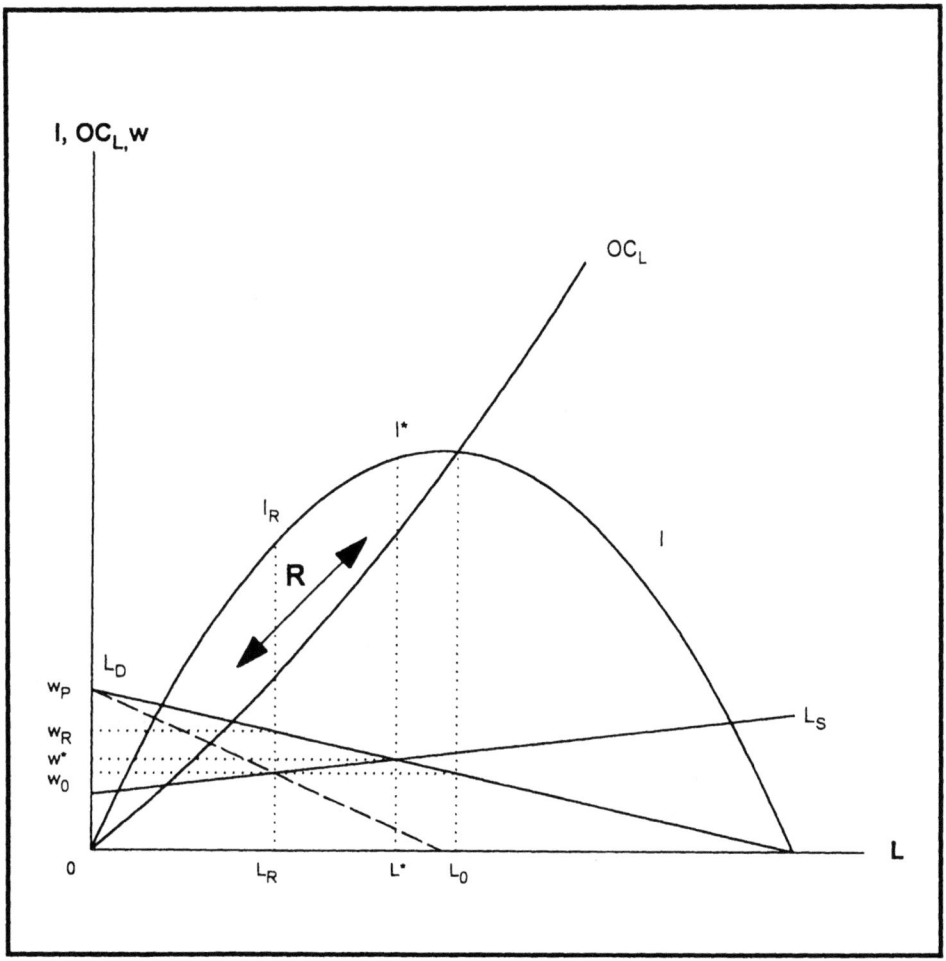

Da die Arbeitsangebotskurve angibt, welchen Betrag die Arbeitnehmer für das Angebot einer weiteren Arbeitseinheit mindestens erhalten müssten, um sie für ihren Freizeitentgang und den Verlust des Anspruchs auf Sozial- oder Arbeitslosenhilfe zu kompensieren, sind die Opportunitätskosten der Arbeit im Prinzip nichts anderes als die Summe der Grenzkosten der Arbeitsangebotsentscheidung. Wird keine Arbeit angeboten, liegen die Opportunitätskosten bei Null. Mit zunehmendem Arbeitseinsatz steigen sie überproportional an, da Freizeit immer knapper und damit wertvoller wird und der Grenznutzen des zusätzlichen Einkommens sinkt (vgl. Abb. 15).

Subtrahiert man die Opportunitätskosten der Arbeit von der Höhe des Einkommens, erhält man die Arbeitnehmerrente (R) als Maßstab für den Nutzen, den die Arbeitnehmer in Abhängigkeit von der Höhe des Lohnes realisieren. In Abb. 15 entspricht die Arbeitnehmerrente der Fläche zwischen OC_L und I. Die Wohlfahrt der Arbeitnehmer steigt mit der Höhe der Arbeitnehmerrente. Es gilt:

$$W_2 = W_2(R) \quad \text{mit} \quad \frac{dW_2}{dR} > 0.$$

Bei einem Lohn von w_R (bestimmt durch den Schnittpunkt der Arbeitsangebotsfunktion L_S und der Grenzerlösfunktion der Arbeitnehmer; *Vaubel* 1995, S. 122f.) ist die Arbeitnehmerrente maximal. Aus Abb. 15 lässt sich ersehen, dass die Arbeitnehmer bei Realisierung des rentenmaximierenden Lohnes ihr Einkommen (I_R) nicht maximieren. Vielmehr könnten sie z.B. durch eine Rücknahme ihrer Lohnforderungen auf die Höhe des Gleichgewichtslohnes w* ihr Einkommen auf I* steigern. Wäre Einkommensmaximierung die Zielfunktion der Arbeitnehmer, ließen sich deutlich über dem Gleichgewichtslohn liegende Lohnforderungen nicht rational begründen. Die Bereitschaft der Gewerkschaften, bis zu einem bestimmten Grad (bis maximal w_R) Lohnerhöhungen durch Arbeitslosigkeit zu erkaufen, lässt sich nur dann begründen, wenn das Ziel der Gewerkschaften die Maximierung der Arbeitnehmerrente und nicht die Maximierung des Einkommens ist.

Um den Nutzen der Arbeitnehmer zu maximieren, werden Gewerkschaften bestrebt sein, das Lohnniveau w_R direkt (im Rahmen von Tarifverhandlungen) oder indirekt (über einkommenserhöhende sozialpolitische Regulierungen) durchzusetzen. Ob es ihnen gelingt, hängt von ihrer Verhandlungsmacht ab. Eine Gewerkschaft mit Monopolmacht wird unabhängig von staatlichen Eingriffen das rentenmaximierende Lohnniveau erreichen können. Unter den Bedingungen vollständiger Konkurrenz kann sie hingegen ohne staatliche Unterstützung lediglich das w* entsprechende Rentenniveau realisieren. Löhne unterhalb von w* sind nur bei Vorliegen der in Abschnitt 3.2 beschriebenen Marktversagenstatbestände dauerhaft stabil, da die Arbeitnehmer im Normalfall auf einen unterhalb der Opportunitätskosten der Arbeit liegenden Lohn mit einer Reduzierung ihres Arbeitsangebotes reagieren würden. Der Nachfrageüberhang der Arbeitgeber würde den Lohn wieder auf das Vollbeschäftigungsniveau zurückführen.

4.1.2. Der optimale politische Lohn

Jede sozialpolitische Regulierung, die die Arbeitnehmerrente erhöht, führt zu einer größeren Unterstützung des Politikers durch die Gewerkschaften. Auf der anderen Seite verliert er jedoch einen Teil der Unterstützung der Arbeitgeberverbände, wenn die sozialpolitische Regulierung den Einsatz des Produktionsfaktors Arbeit verteuert. Es gilt:

$$M = M(w, R) \quad \text{mit} \quad \frac{\partial M}{\partial w} < 0 \quad \text{und} \quad \frac{\partial M}{\partial R} > 0.$$

Ob sich der politische Ertrag durch eine sozialpolitische Regulierung steigern lässt, hängt davon ab, ob die gestiegene Zustimmung der Gewerkschaften die durch die Regulierung entstehende Ablehnung auf Arbeitgeberseite überkompensiert oder nicht.

Der Politiker hat verschiedene Möglichkeiten, Einfluss auf die Höhe der Arbeitnehmerrente zu nehmen. Er kann Maßnahmen ergreifen, die direkt die Höhe des ausgezahlten Lohnes beeinflussen (z.B. eine Erhöhung des Mindestlohns). Andere Maßnahmen, wie z.B. eine Erhöhung des gesetzlichen Urlaubsanspruchs oder eine Verkürzung der Arbeitszeit verringern die Opportunitätskosten des Arbeitseinsatzes und erhöhen so den Nutzen, den die Arbeitnehmer aus dem Angebot ihrer Arbeitskraft ziehen. Regelungen zur Tarifautonomie (in Deutschland beispielsweise die ausschließliche Verhandlungsvollmacht für Gewerkschaften, das Günstigkeitsprinzip und die Allgemeinverbindlicherklärung) sind geeignet, die ein marktwirtschaftliches System kennzeichnende Preisbildung auf dem Arbeitsmarkt grundsätzlich außer Kraft zu setzen und so über dem Vollbeschäftigungslohn liegende Löhne zu ermöglichen (*Soltwedel* 1990, S. 171f.). Regulierungen können auch den Zweck erfüllen, Marktzutrittsschranken zu errichten, so dass das Angebot an Arbeitskräften künstlich verknappt wird (Ausbildungspflicht, gesetzliche Zulassungsbeschränkungen). Veränderungen in der Höhe der Arbeitslosen- und Sozialhilfe haben ebenfalls Einfluss auf die Preisbildung auf dem Arbeitsmarkt, da sie ein Teil der Opportunitätskosten der Arbeit sind und somit die Arbeitsangebotsentscheidung der Arbeitnehmer mitbestimmen.

Allerdings sind die Möglichkeiten des Politikers bei seinem Bestreben, den politischen Ertrag zu maximieren, begrenzt. Sein Gestaltungsspielraum, abgebildet durch alle unter dem gegebenen Verlauf von Arbeitsnachfragefunktion und Arbeitsangebotsfunktion realisierbaren Kombinationen von Nominallohn und Arbeitnehmerrente (Arbeitnehmerrentenhügel R in Abb. 16), lässt sich aus Abb. 15 ableiten. Die Arbeitnehmerrente erreicht einen Wert von Null bei einem Lohn in Höhe des Prohibitivlohnes w_P. Die Arbeitnehmer würden zwar gerne zu diesem Lohn arbeiten, aber die Unternehmen fragen keine Arbeitskräfte nach. Dementsprechend liegt das Einkommen bei Null - aus dem Angebot von Arbeit kann kein Nutzen gezogen werden. Auch bei einem Lohn in der Höhe von w_0 erreicht die Arbeitnehmerrente einen Wert von Null. Während für die Arbeitseinheiten von 0 bis L_R ein positiver Nutzen aus dem Angebot der Arbeitskraft gezogen werden kann, liegt für weitere Arbeitseinheiten das erzielbare Einkommen unterhalb der Opportunitätskosten der Arbeit. Würde die insgesamt bei einem Lohn in Höhe von w_0 nachgefragte Menge an Arbeitseinheiten auch angeboten, entspräche das

Einkommen der Arbeitnehmer genau ihren Opportunitätskosten, so dass die Arbeitnehmerrente ebenfalls Null betragen würde.

Abbildung 16: Der optimale politische Lohn

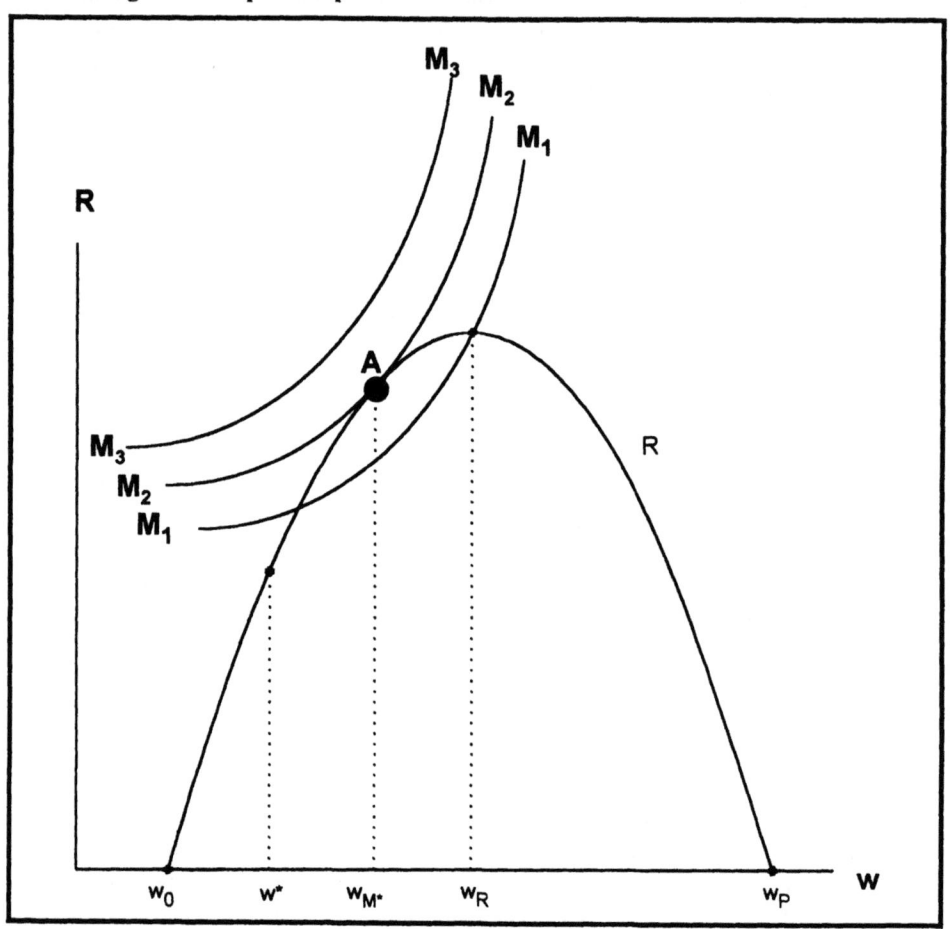

Bei einem Lohn in der Höhe von w_R ist die Arbeitnehmerrente maximal. Regulierungen, die zu einem oberhalb von w_R liegenden Lohnniveau führen, sind für den Politiker uninteressant, da sie sowohl die Unterstützung der Arbeitgeber als auch die der Gewerkschaften, die die negativen Effekte einer weiteren Lohnerhöhung (die mit dem Beschäftigungsrückgang verbundenen Einkommenseinbußen) höher bewerten als die positiven Effekte (die mit dem Beschäftigungsrückgang verbundene Senkung der Opportunitätskosten der Arbeit), verringern würden. Ohne Marktversagen ist es dem Politiker nicht möglich, Löhne dauerhaft unterhalb von w^* zu halten, da eine derartige Regulierung zu einem Nachfrageüberhang auf dem Arbeitsmarkt führen würde. Die Ar-

Einheitliche soziale Mindeststandards

beitgeber wären gezwungen, mit Hilfe von Lohnerhöhungen um die Arbeitskräfte zu konkurrieren, so dass die Regulierung letztendlich ohne Wirkung bliebe. Bei funktionsfähigen Arbeitsmärkten ist der Gestaltungsspielraum eines rational handelnden Politikers somit auf Löhne zwischen w* und w_R begrenzt. Bei Vorliegen von Marktversagenstatbeständen schließt er auch Löhne unterhalb von w* (bis maximal w_0) mit ein.

Formal lässt sich die Frage nach der Höhe des optimalen politischen Lohnes mit Hilfe der Lagrange-Funktion beantworten. Der Politiker ist bestrebt, seinen politischen Ertrag unter der Nebenbedingung nicht-negativer Arbeitnehmerrenten zu maximieren:

$$L = M(w, R) + \lambda (R - f(w, OC_L)) \Rightarrow max!$$

Notwendige Bedingungen für die Existenz eines Maximums sind:

$$\frac{\partial L}{\partial w} = \frac{\partial M}{\partial w} - \lambda \frac{\partial f}{\partial w} = 0$$

$$\frac{\partial L}{\partial R} = \frac{\partial M}{\partial R} + \lambda = 0$$

$$\frac{\partial L}{\partial \lambda} = R - f(w, OC_L) = 0.$$

Der maximal realisierbare politische Ertrag ist erreicht, wenn gilt:

$$-\frac{\frac{\partial M}{\partial w}}{\frac{\partial f}{\partial w}} = \frac{\partial M}{\partial R};$$

d.h. wenn der marginale politische Ertrag einer Erhöhung der Arbeitnehmerrente um eine DM $\left(\frac{\partial M}{\partial R}\right)$

dem marginalen politischen Ertrag einer Lohnsenkung $\left(-\frac{\partial M}{\partial w}\right)$,

die gerade eine DM an Arbeitnehmerrente kostet $\left(\frac{\partial f}{\partial w}\right)$, entspricht.

Graphisch lassen sich die gegensätzlichen Interessen der Arbeitgeberverbände und der Gewerkschaften mit Hilfe von Isomehrheitskurven (M_iM_i) darstellen. Eine Isomehrheitskurve bildet alle Kombinationen von Nominallohn und Arbeitnehmerrente ab, die dem Politiker den gleichen politischen Ertrag liefern. Bei dem in Abb. 16 angenommenen konvexen Verlauf der Isomehrheitskurven wird unterstellt, dass die politischen Grenzerträge einer Erhöhung der Arbeitnehmerrenten oder einer Senkung der Löhne abnehmend sind[29]:

$$\frac{\partial^2 M}{\partial w^2} < 0 \quad \text{und} \quad \frac{\partial^2 M}{\partial R^2} < 0.$$

---

[29] *Peltzman* (1976, S. 222f.) hat gezeigt, dass die Annahme abnehmender Grenzerträge keine notwendige Bedingung ist.

Der durch eine Isomehrheitskurve abgebildete politische Ertrag ist um so höher, je weiter links die Isomehrheitskurve liegt ($M_3 > M_2 > M_1$). Der maximal realisierbare politische Ertrag lässt sich durch den Tangentialpunkt von Arbeitnehmerrentenhügel und Isomehrheitskurve bestimmen (Punkt A in Abb. 16). Nur unter der Annahme, dass die Isomehrheitskurven horizontal verlaufen (die Arbeitgeberverbände wären dann indifferent gegenüber Lohnänderungen), wäre es für den Politiker rational, sich für das Erreichen des rentenmaximierenden Lohnes einzusetzen. Bei vertikal verlaufenden Isomehrheitskurven (Gewerkschaften sind indifferent gegenüber Variationen in der Höhe der Arbeitnehmerrente) würde der Politiker ein Lohnniveau in Höhe von w_0 favorisieren. In allen anderen Fällen wird er um einen Interessenausgleich zwischen Arbeitgebern und Arbeitnehmern bemüht sein.

4.2. Der Einfluss der wirtschaftlichen Integration auf die Höhe des optimalen politischen Lohnes

Ist es einem Politiker gelungen, seinen politischen Ertrag durch eine geschickte Ausgestaltung der sozialpolitischen Regulierungen zu maximieren, wird er an diesen festhalten, bis ihn eine Veränderung der Marktbedingungen oder des politischen Einflusses einer der beiden Interessengruppen zu einer Neukalkulation veranlasst. Der folgende Abschnitt soll zeigen, wie die fortschreitende europäische Integration und die Globalisierung[30] den Verlauf der den optimalen politischen Lohn bestimmenden Modellbestandteile, also der Isomehrheitskurven und des Arbeitnehmerrentenhügels, beeinflussen und welche Konsequenzen sich aus diesen Veränderungen für die Ausgestaltung der nationalen und europäischen Sozialpolitik ergeben. Hierbei werden die einzelnen Effekte der Übersichtlichkeit halber zunächst isoliert betrachtet.

4.2.1. Der Einfluss der Interessengruppen

Voraussetzung für die Durchsetzung von Interessen ist nach der ökonomischen Theorie der Regulierung die Artikulation von Präferenzen und der Zusammenschluss in einer Gruppe. Wie sehr eine Interessengruppe um die Durchsetzung ihrer Interessen bemüht ist, wird durch Kosten und Nutzen der Einflussnahme auf die Regulierungsaktivitäten bestimmt. "The voter's expenditure to learn the merits of individual policy proposals and to express his preferences ... are determinded by expected costs and returns, just as they are in the private marketplace" (*Stigler* 1971, S. 11). Verstärkt oder verschiebt die Integration der Märkte die Konsequenzen, die sozialpolitische Regulierungen für die einzelnen Interessengruppen haben, werden sie ihre Bemühungen der Einflussnahme auf die Politiker anpassen, bis der zusätzliche Nutzen einer stärkeren Einflussnahme den zusätzlichen Kosten entspricht. Erhalten die Politiker im Zuge der Integration neue Regelungskompetenzen, werden den Interessengruppen zudem zusätzliche Möglichkeiten der Einflussnahme eröffnet.

---

[30] Zu den Ursachen und Wirkungen der regionalen und weltweiten wirtschaftlichen Integration vgl. auch die Abschnitte 2.2.1 und 2.2.2.

4.2.1.1. Sozialdumping als polit-ökonomisches Phänomen

Während es für den wohlfahrtsmaximierenden Politiker des Kapitels 3 lediglich dann rational ist, ein ineffizient niedriges Niveau sozialer Standards zu wählen, wenn die daraus resultierenden Wettbewerbsvorteile im Standortwettbewerb zu Wohlfahrtsgewinnen bei Produzenten und Konsumenten führen, die größer sind als die Wohlfahrtsverluste auf Seiten der Arbeitnehmer und/oder der Gesellschaft, kann es für einen seine eigenen Interessen verfolgenden Politiker auch im Autarkiezustand rational sein, einen Lohn unterhalb von w* anzustreben. Wo der optimale politische Lohn bei gegebenen Arbeitsangebots- und Arbeitsnachfragekurven liegt, hängt vom Verlauf der Isomehrheitskurven ab. Je steiler diese verlaufen, d.h. je größer der Einfluss der Arbeitgeberverbände ist, desto höher ist die Wahrscheinlichkeit, dass Politiker ineffizient niedrige soziale Standards befürworten. Man könnte daher argumentieren, dass die Gefahr einer einseitigen Begünstigung der Arbeitgeber durch ineffizient niedrige soziale Standards kein Problem des internationalen Standortwettbewerbs, sondern ein grundsätzliches Problem der Einflussnahme von Interessengruppen auf die Entscheidungen von Politikern ist.

Es lässt sich jedoch zeigen, dass sich der Verlauf der Isomehrheitskurven unter dem Einfluss der wachsenden wirtschaftlichen Integration verändert, da sich die Kosten-Nutzen-Kalküle der Interessengruppen verschieben. Abgesehen davon, dass für die Arbeitgeberverbände der Nutzen einer Verbilligung des Produktionsfaktors Arbeit bei Freihandel größer als im Autarkiezustand ist, da der Mengeneffekt des Dumpings bei Freihandel größer und der Preiseffekt des Dumpings kleiner ist, steigen auch die Kosten einer Nicht-Einflussnahme. Im Autarkiezustand müssen die Arbeitgeberverbände lediglich ein Gegengewicht zu der Interessenvertretung der Gewerkschaften bilden. Bei Freihandel werden ihre Gewinne nicht nur durch die nationalen Gegenspieler, sondern auch durch die Aktivitäten von Interessengruppen anderer Länder beeinflusst. Gelingt es den Arbeitgeberverbänden anderer Länder, in ihrem Heimatland niedrigere soziale Standards durchzusetzen, ist ein Festhalten am Status-Quo im eigenen Land mit Verlusten verbunden. Je stärker die einzelnen Länder wirtschaftlich miteinander verflochten sind, desto teurer wird die loyalty-Option für die Arbeitgeberverbände.

Loyalty bedeutet nach *Hirschman* (1970, S. 104) "postponement of exit in spite of dissatisfaction and qualms". Wie hoch die Loyalität ist, hängt somit zum einen von den Opportunitätskosten der Loyalität ab, zum anderen aber auch von den Möglichkeiten und Kosten der Abwanderung. Der Abbau von Kapitalverkehrskontrollen nach dem Zusammenbruch des festen Wechselkurssystems von Bretton Woods sowie die Entwicklung neuer Übertragungstechnologien und innovativer Finanzmarktinstrumente haben das Kapital als den Produktionsfaktor der Arbeitgeber weltweit nahezu vollständig mobil werden lassen. Die Freizügigkeit des Produktionsfaktors Arbeit ist zwar auf internationaler Ebene eingeschränkt, jedoch für den europäischen Integrationsraum durch die Art. 39-42 EGV n.F. gewährleistet. Globalisierung und europäische Integration haben somit für die Inhaber beider Produktionsfaktoren die Voraussetzungen für die exit-Option zum Teil erst geschaffen oder erweitert, allerdings sind die Möglichkeiten zur Abwanderung zwischen den beiden Produktionsfaktoren ungleich verteilt.

Auch die Kosten der exit-Option, in der Regel werden hierzu die Transaktionskosten und die Mobilitätskosten gezählt (*Adamovich* und *Wohlgemuth* 1999, S. 124), sind für beide Produktionsfaktoren gesunken. Ausschlaggebend für diese Entwicklung war neben der fortschreitenden Liberalisierung der Märkte der technische Fortschritt, der Transport und Kommunikation kontinuierlich erleichtert und verbilligt hat. Allerdings ist für den Produktionsfaktor Arbeit im Gegensatz zum Produktionsfaktor Kapital eine Aufhebung der rechtlichen Beschränkungen und die Schaffung der technischen Voraussetzungen für eine hohe Mobilität nicht hinreichend, um Abwanderung zu einer wirklichen Alternative werden zu lassen, da die individuelle Mobilitätsbereitschaft der Arbeitskräfte nicht nur von mikro- und makroökonomischen, sondern auch von außerökonomischen Faktoren (z.B. Sprache, gesellschaftliche Verwurzelung, Mentalität, Konfession) beeinflusst wird (*Straubhaar* 1994, S. 211; *Petersen* 1994, S. 237). Empirische Untersuchungen belegen, dass die Mobilität europäischer Arbeitskräfte deutlich geringer als die US-amerikanischer Arbeitskräfte, die sich keinen sprachlichen und geringeren kulturellen Barrieren gegenüber sehen, ist (*Eichengreen* 1993). 1991 kamen im EG-Durchschnitt nur rund 2 Prozent der Arbeitskräfte in einem EU-Mitgliedstaat aus anderen EU-Mitgliedstaaten (*Straubhaar* 1994, S. 205ff).

Sind die Möglichkeiten und die Kosten des exit zwischen den einzelnen Produktionsfaktoren ungleich verteilt, erhält auch die voice-Option ein anderes Gewicht (*Langille* 1996, S. 237; *Schirm* 1999, S. 72). Drohen die Arbeitgeberverbände mit dem Verzicht ihrer Mitglieder auf Neu- und Ersatzinvestitionen im Inland, wissen die Politiker, dass Abwanderung eine realistische Handlungsoption darstellt, deren Konsequenzen (z.B. Verlust von Arbeitsplätzen) sie politisch zu tragen hätten. Arbeitnehmer verfügen aufgrund ihrer nachweisbar eingeschränkten Mobilität über ein geringeres Drohpotential. Die Möglichkeiten zur Einflussnahme auf die Gestaltung institutioneller Regelungen werden somit um so größer, je glaubhafter die Drohung der Abwanderung ist (*Schäfer* 1999, S. 11). Darüber hinaus hat die hohe Mobilität des Faktors Kapital nicht nur die Verhandlungsmacht der Arbeitgeberverbände gegenüber den Politikern erhöht, sondern sie hat auch das Kosten-Nutzen-Kalkül der Gewerkschaften, die bei ihren Forderungen ebenfalls eine mögliche Abwanderung der Unternehmen berücksichtigen müssen, verändert (*Apolte* 1999b, S. 85f.; *Scharpf* 1998, S. 47f.).

Aufgrund der obigen Überlegungen zu exit, voice und loyalty ist davon auszugehen, dass die Isomehrheitskurven in einer in die Weltwirtschaft integrierten Volkswirtschaft unter sonst gleichen Bedingungen steiler verlaufen als im Autarkiezustand. "(T)here is little doubt that globalization has strengthened the hands of capital against the nation state" (*Mishra* 1999, S. 12). So lange derartige Veränderungen die Politiker veranlassen, die Effizienz der Arbeitsmärkte beeinträchtigende Regulierungen abzubauen, sind sie unter Allokationsgesichtspunkten zu begrüßen. Je nach Verlauf der Isomehrheitskurven kann jedoch nicht ausgeschlossen werden, dass die Verschiebung der politischen Gewichte die Politiker dazu veranlasst, den Wettbewerb zugunsten der Arbeitgeberverbände zu verzerren. Verlaufen die Isomehrheitskurven wie in Abb. 17, handelt es sich bei Sozialdumping, bei dem die Nicht-Beseitigung von Marktversagen einen Gleichgewichtslohn unterhalb von w* ermöglicht, um das den politischen Ertrag maximierende Regulierungsniveau.

Abbildung 17: Sozialdumping als optimale politische Handlung

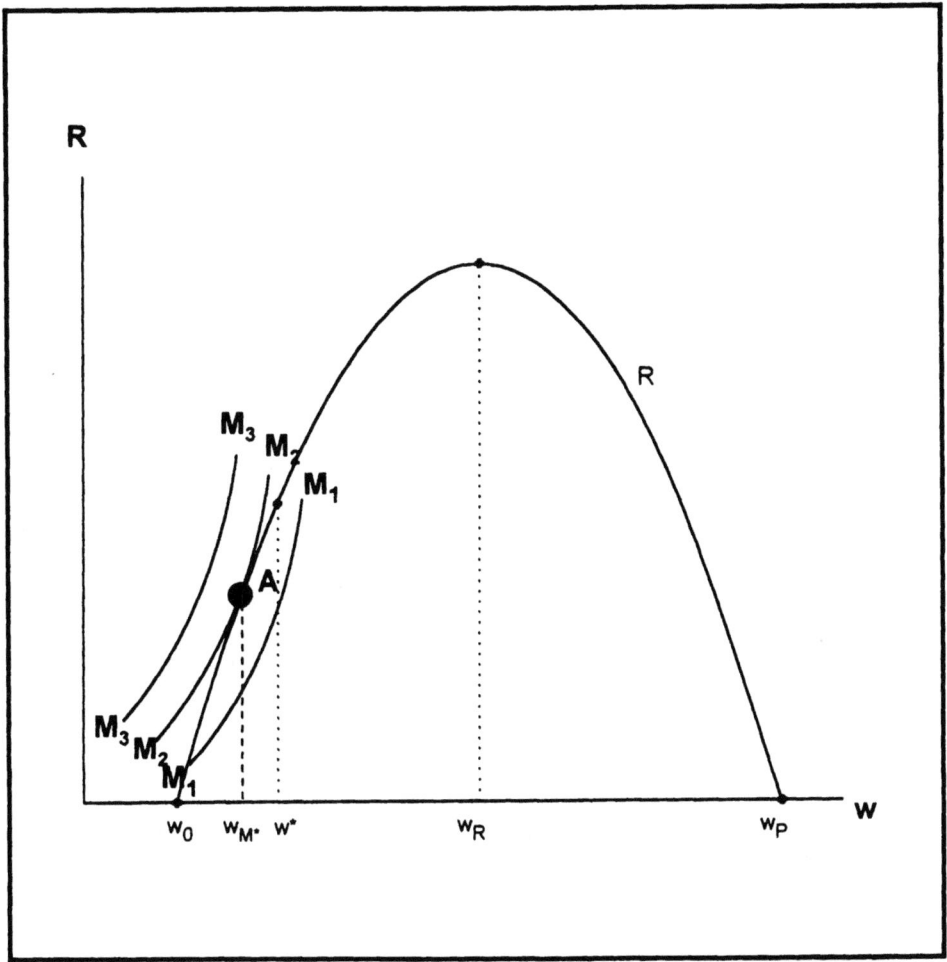

Ob ein Land Sozialdumping betreibt oder nicht, ist bei der polit-ökonomischen Analyse allein von dem Einfluss der Interessengruppen abhängig. Während aus allokationstheoretischer Sicht Sozialdumping nur dann rational war, wenn es in der Summe zu positiven Wohlfahrtseffekten führte, ist es aus polit-ökonomischer Sicht auch dann rational, wenn der Zugewinn an politischem Ertrag von Seiten der begünstigten Produzenten und Konsumenten höher ist als der Verlust bei der Unterstützung durch die Arbeitnehmer. Das Argument, Sozialdumping stelle in jedem Fall eine irrationale Entscheidung dar, ist daher in zweifacher Sicht zurückzuweisen. Sozialdumping kann die Wohlfahrt eines Landes steigern, und auch wenn es das nicht tut, kann es ein Mittel zur Maximierung des politischen Ertrags sein.

Bevor allerdings die Gefahren eines Sozialdumpings überbewertet werden, sei an dieser Stelle noch einmal betont, dass Sozialdumping nur im Fall von Marktversagen möglich ist, da der Vorteil ineffizient niedriger sozialer Standards ansonsten im Zuge des Wettbewerbs der Unternehmen um die Arbeitskräfte über entsprechende Direktlohnaufschläge wieder ausgeglichen würde. Sind die Möglichkeiten, Sozialdumping zu betreiben, auf die in Abschnitt 3.2 erläuterten Marktversagenstatbestände beschränkt, ist somit automatisch auch die Höhe der drohenden Wohlfahrtsverluste begrenzt.

4.2.1.2. Interessenorganisation auf europäischer Ebene

Interessengruppen ziehen nur dann einen Nutzen aus ihrer Einflussnahme auf die Politiker, wenn die Politiker mit Handlungsoptionen ausgestattet sind, die es ihnen ermöglichen, das Marktergebnis im Sinne der jeweiligen Interessengruppe zu beeinflussen. Wären die Arbeitsmärkte vollständig funktionsfähig und verfügten die Politiker über keinerlei Möglichkeiten zur Beeinträchtigung der Funktionsfähigkeit, blieben sozialpolitische Regulierungen ohne distributive Wirkungen. Die Anreize zur Vertretung ihrer Interessen wären sowohl für Arbeitgeberverbände als auch für Gewerkschaften gering oder gleich Null. Dementsprechend ist ein um so stärkeres Engagement der Interessengruppen zu erwarten, je höher ihre Einflussmöglichkeiten und je größer die Handlungsspielräume der Politiker sind.

In einer zunehmend integrierten Weltwirtschaft wird zwar der Nutzen der Interessengruppen eines Landes auch durch Entscheidungen Politiker anderer Länder beeinflusst, in der Regel haben sie auf diese jedoch keinen Einfluss. Auch ein Politiker ist nur mit geringen oder keinen Möglichkeiten ausgestattet, die Politik anderer Länder zu beeinflussen. Interessengruppen müssen daher versuchen, allein durch ihre Einflussnahme auf die nationale Politik ihre Position bzw. ihre Ansprüche im internationalen Standortwettbewerb zu sichern. Anders sieht die Situation aus, wenn es neben der nationalen Ebene eine supranationale Ebene gibt, die ebenfalls mit Handlungskompetenzen ausgestattet ist. Interessengruppen haben dann neben der Einflussnahme auf die inländische Politik auch die Möglichkeit, ihre Interessen bei der Gestaltung von Regelungen, die neben der eigenen auch die Wettbewerbsposition ausländischer Anbieter (Unternehmen oder Arbeitskräfte) beeinflussen, zu vertreten.

Seit Mitte der 80er Jahre verfügt die Europäische Gemeinschaft über eigene sozialpolitische Regelungskompetenzen, die durch das mittlerweile in den EG-Vertrag integrierte Maastrichter Protokoll und Abkommen über die Sozialpolitik von 1992 noch erweitert wurden (vgl. Kapitel Abschnitt 2.2.3). Für die Interessengruppen ist es seitdem von Bedeutung, zweigleisig zu fahren. Haben sie auf nationaler Ebene eine sie begünstigende Regelung durchgesetzt, verliert diese ihre positive Wirkung, wenn sie von einer europäischen Regelung überlagert wird. Umgekehrt können sie aber auch versuchen, einen nationalen Misserfolg auszugleichen, indem sie sich für eine ihren Interessen entsprechende europäische Regulierung einsetzen.

Berücksichtigt man, dass der Nutzen einer Interessenorganisation die Kosten um so eher überwiegt, je homogener die Interessen sind, müssten die nationalen Gewerkschaften auf europäischer Ebene einen Vorteil gegenüber den nationalen Arbeitgeberverbänden haben, da die Interessen der Gewerkschaftsmitglieder eines Landes eindeutig sind: um ihre Besitzstände zu wahren bzw. zu vergrößern, müssen sie versuchen, den Wettbewerb von außen zu verringern bzw. zu unterbinden und ihre Verhandlungsposition gegenüber den Arbeitgebern zu stärken. Dieses Ziel werden sie sowohl in Bezug auf nationale als auch auf europäische Regulierungen verfolgen.

Auf Arbeitgeberseite laufen die Interessen bei nationalen Regelungen ebenfalls in eine Richtung: die Verbesserung der Wettbewerbsposition über eine Senkung der Lohnnebenkosten. Bezüglich europäischer Regulierungen ist jedoch zumindest in den Hochlohnländern von einer Interessendivergenz der Mitglieder der nationalen Arbeitgeberverbände in Abhängigkeit von dem Ausmaß ihrer bereits getätigten und geplanten Investitionen auszugehen. Erhöht eine europäische Regulierung die Kosten ausländischer Konkurrenten, kann so im Sinne der Strategie des "raising your rivals' costs" (*Salop* und *Scheffman* 1983) die Verzinsung des bereits im Inland eingesetzten Kapitals gesteigert werden (*Schellhaaß* und *Kollmeier* 1998, S. 36). Gleichzeitig verringern derartige Regulierungen aber auch die zu erwartende Rendite geplanter oder bereits getätigter Investitionen im Ausland.

4.2.1.3. Die Identität der Adressaten

Folgt man der Argumentation der Abschnitte 4.2.1.1 und 4.2.1.2, müsste man davon ausgehen, dass die Gewerkschaften versuchen, den durch die höhere Mobilität des Kapitals bedingten Vorteilen der Arbeitgeberverbände bei der Durchsetzung ihrer Interessen auf nationaler Ebene durch ein verstärktes Engagement auf europäischer Ebene zu begegnen. Tatsächlich ist der gewerkschaftliche Aktionismus auf europäischer Ebene zwar zunehmend, jedoch nach wie vor gering.[31] Diese Beobachtung ist wenig überraschend, wenn man beachtet, wer die tatsächlichen Anbieter nationaler oder europäischer Regulierungen sind.

Für den Bereich der europäischen Sozialpolitik kann der Ministerrat auf Vorschlag der Europäischen Kommission und nach Anhörung des Wirtschafts- und Sozialausschusses und des Ausschusses der Regionen[32] für die in Art. 137 EGV n.F. festgelegten Gebiete Mindestvorschriften erlassen. In den Bereichen, in denen der Rat mit qualifizierter Mehrheit beschließt (Art. 137 Abs. 1 EGV n.F.), ist außerdem die Zustimmung (absolute Mehrheit) des Europäischen Parlaments erforderlich (Art. 251 EGV n.F.). In den Gebieten, in denen der Rat einstimmig beschließen muss (Art. 137 Abs. 3 EGV n.F.), besitzt das Europäische Parlament lediglich ein Anhörungsrecht. Rat und Kom-

---

[31] Vgl. *Jacobi* 1994, S. 189; *Buschak* und *Kallenbach* 1994, S. 203f.; *Schirm* 1999, S.115.

[32] Der Wirtschafts- und Sozialausschuss besteht aus Interessenvertretern verschiedener wirtschaftlicher und sozialer Gruppen (Arbeitgeber, Arbeitnehmer, Landwirte, Handwerker, Verbraucher). Der Ausschuss der Regionen setzt sich aus Vertretern der regionalen und lokalen Gebietskörperschaften zusammen. Beide haben lediglich beratende Funktion.

mission müssen auf Änderungsvorschläge des Parlaments nicht eingehen. Adressaten der Interessengruppen bezüglich europäischer Regulierungen sind dementsprechend die in den europäischen Gremien vertretenen Politiker, während es bei der Einflussnahme auf die Ausgestaltung nationaler Regulierungen die in den entsprechenden nationalen Gremien vertretenen Politiker sind.

Allerdings ist die Trennung zwischen den Akteuren auf nationaler und auf europäischer Ebene nicht so eindeutig, wie es zunächst erscheint. Der Rat als zentrales Entscheidungsorgan der EU setzt sich aus den zuständigen Ministern der einzelnen Nationalstaaten zusammen, die in Abhängigkeit von der Größe ihrer Länder mit einem unterschiedlichen Stimmengewicht ausgestattet sind (Art. 205 EGV n.F.). Der politische Nutzen, den sie aus ihrem Abstimmungsverhalten beziehen, bemisst sich daran, wie gut sie die Interessen der Interessengruppen vertreten, die in der Lage sind, den Wahlausgang in ihrem Heimatland zu beeinflussen. Zu diesem Ergebnis kommen auch *Berg* und *Schmidt* (1996, S. 127): "Die Erkenntnisse der politischen Ökonomie legen die Vermutung nahe, daß diese [gemeint sind die Minister, Anm. d. A.] nicht zwingend Positionen vertreten, die auf dem Konsens der Bürger der repräsentierten Nationen beruhen. Vielmehr entscheiden sie nach dem Gebot politischer Rationalität, das in starker Vereinfachung die Orientierung ihres Handelns an der Sicherung der Regierungsverantwortung impliziert".

Während die Minister gleichzeitig an nationalen und europäischen Entscheidungen beteiligt sind, haben die Mitglieder des Europäischen Parlaments lediglich Befugnisse auf europäischer Ebene. Da sie aber nicht in einer einheitlichen europäischen Wahl, sondern in einer in Art. 190 EGV n.F. festgelegten Zahl in den einzelnen Mitgliedstaaten gewählt werden, bemessen sich ihre Wahl- bzw. Wiederwahlchancen daran, wie gut sie die Interessen ihrer Wähler repräsentieren. Ihre Wählerschaft ist identisch mit der bei nationalen Wahlen, so dass auch die von ihnen zu vertretenen Interessen zum Zwecke der Maximierung ihres politischen Ertrages denen bei einer nationalen Wahl ähnlich sein dürften. Hierzu schreibt *Theurl* (1996, S. 44): "... (A)uch die Denk- und Handlungsmuster der Bevölkerung sind vorwiegend (noch?) am eigenen Staat, an der eigenen Regierung, an der eigenen Volkswirtschaft ausgerichtet. Solange dies der Fall ist, wird es für politische Entscheidungsträger rational sein, die Auswirkungen ihrer Handlungen auf die eigene Volkswirtschaft und auf die eigene Wählerschaft nicht zu vernachlässigen." Gegen die Existenz "europäischer" Parlamentarier spricht auch der Umstand, dass es keine einheitlichen europäischen Parteien, für die die einzelnen Kandidaten antreten, gibt, sondern nur die jeweiligen nationalen Parteien, die dann der Übersichtlichkeit halber auf europäischer Ebene in sieben Fraktionen gebündelt werden. Gegenwärtig sind in den einzelnen Fraktionen mehr als 100 nationale Parteien vertreten (vgl. http://www.europarl.eu.int/presentation/de/members.htm, abgerufen am 24.4.2000).

Am wenigsten beeinflusst von den nationalen Interessen müssten nach der Intention des EG-Vertrages die Kommissionsmitglieder sein. Sie sind nach Art. 213 EGV n.F. dazu verpflichtet, ihre Tätigkeit in voller Unabhängigkeit zum allgemeinen Wohl der Gemeinschaft auszuüben. Gegen ihre Unabhängigkeit von den nationalen Interessen spricht allerdings der Umstand, dass die Regierungen der einzelnen Mitgliedstaaten die zukünftigen Kommissionsmitglieder benennen (Art. 214 EGV n.F.). In einem Mitteilungsblatt der *Europäischen Kommission* (1993c, S.6) heißt es dazu "Die Mitglieder der Kommission sind keineswegs gesichtslose Bürokraten, sondern vielmehr verdiente Politiker oder bedeutende Persönlichkeiten des öffentlichen Lebens in ihren Heimatländern". Es kann daher nicht ausgeschlossen werden, dass die Regierungen der Mitgliedstaaten mit der Benennung der jeweiligen Kommissionsmitglieder eigene Ziele verfolgen. Hierauf würde auch die Weigerung der kleinen Mitgliedstaaten im Amsterdamer Reformprozess, zum Zwecke der Verkleinerung der Kommission auf "ihren" Kommissar zu verzichten, hindeuten (*Weidenfeld* 1998, S. 69). Sind die Kommissionsmitglieder bestrebt, nach einer Amtszeit von fünf Jahren von der Regierung ihres Heimatlandes wieder benannt zu werden, können sie die Chancen auf eine weitere Amtszeit erhöhen, indem sie im Rahmen ihrer Möglichkeiten im Sinne der nationalen Regierung handeln.

Zusammenfassend lässt sich mit den Worten von *Streeck* (1999, S. 53) festhalten: "National definierte Interessen bleiben damit von fundamentaler Bedeutung für europäische Politik". Ohne wahre europäische Politiker ist jedoch der Nutzen einer Interessenorganisation auf europäischer Ebene gering. Bevorzugte Ansprechpartner der Interessengruppen sind somit auch im Hinblick auf die europäische Sozialpolitik die nationalen Politiker. So forderte z.B. der DGB 1998 den Bundesarbeitsminister auf, die anstehende Ratssitzung der EU-Arbeits- und Sozialminister dazu zu nutzen, die Verabschiedung eines sozialpolitischen Aktionsprogramms entsprechend eines vom DGB entworfenen Katalogs zu forcieren (*o.V.* 1998, S. 197f.).

Die Politiker werden versuchen, ihren Nutzen zu maximieren, indem sie Regulierungen befürworten, die ihre Unterstützung durch die nationalen Interessengruppen erhöhen. Ein Politiker, der wie die Minister auf beiden Ebenen regulierend tätig ist, hat dabei die Möglichkeit, sowohl durch seine Handlungen auf nationaler als auch auf europäischer Ebene seinen politischen Ertrag zu mehren. Dabei wird er auf jeder Ebene zugunsten derjenigen Interessengruppe regulieren, von der er sich einen höheren politischen Ertrag verspricht. Die Überlegungen der Abschnitte 4.2.1.1 und 4.2.1.2 legen nahe, dass er auf nationaler Ebene stärker zugunsten der Arbeitgeberverbände und auf europäischer Ebene stärker zugunsten der Gewerkschaften reguliert, so lange ein hinreichender Spielraum vorhanden ist.

Konkret bedeutet das, dass z.B. ein Politiker eines Hochlohnlandes rational handelt, wenn er sich auf nationaler Ebene für lohnnebenkostensenkende sozialpolitische Regulierungen einsetzt und auf europäischer Ebene die Einführung einheitlicher sozialer Mindeststandards befürwortet, wenn das Mindestniveau unterhalb des nationalen Niveaus liegt. Zwar passt er sich mit der stärkeren Berücksichtigung der Arbeitgeberinteressen auf nationaler Ebene der gestiegenen Verhandlungsmacht der Arbeitgeber an. Gleichzeitig kann er jedoch die Enttäuschung der Gewerkschaften durch sein Bemühen um eine europäische Regulierung, die in ihrem Interesse ist, abfangen. Auch ein Teil der Arbeitgeber wird von einer supranationalen Regulierung, die die Produktionskosten der ausländischen Konkurrenten erhöht, profitieren. Ein weiterer Vorteil eines Engagements für europaweit einheitliche Standards ist die Verringerung des Drohpotentials der Arbeitgeber bei zukünftigen Entscheidungen des Politikers.

Die Vertiefung der regionalen und weltweiten Integration hat das Kalkül der Politiker nicht nur aufgrund der veränderten Gewichtung der Interessen von Gewerkschaften und Arbeitgeberverbänden und der zusätzlichen Möglichkeiten der Generierung eines politischen Ertrages durch neu geschaffene Regelungskompetenzen auf supranationaler Ebene beeinflusst, sondern auch durch ihre Auswirkungen auf das Angebot und die Nachfrage nach Arbeitskräften. Während die bisherige Analyse lediglich Änderungen im Verlauf der Isomehrheitskurven berücksichtigte, soll der folgende Abschnitt zeigen, wie sich die Lage des optimalen politischen Lohnes unter Beachtung der Folgen, die die Intensivierung des Wettbewerbs auf die Preise handelbarer Güter und Dienstleistungen und damit auf die Absatzchancen der Unternehmen und ihre Nachfrage nach Arbeitskräften hat, verändert.

4.2.2. Die Nachfrage nach Arbeitskräften

Der Abbau von Handelsschranken auf regionaler und multilateraler Ebene hat zu einer Intensivierung des Wettbewerbs auf den Märkten für handelbare Güter und Dienstleistungen geführt. Gleichzeitig hat die Senkung der Transport- und Kommunikationskosten im Zuge des technischen Fortschritts die Zahl der handelbaren Güter und Dienstleistungen kontinuierlich erhöht. Darüber hinaus haben die rechtlichen Bestimmungen des EG-Vertrages zur Niederlassungs- und Dienstleistungsfreiheit und zur Funktionsfähigkeit des Wettbewerbs die Mitgliedstaaten genötigt, Regulierungen, die geeignet waren, den Wettbewerb zu beschränken, abzuschaffen, zu lockern oder zu modifizieren (*Deregulierungskommission* 1991, S. 8f.). Die Deregulierung vieler Märkte (z.B. Telekommunikation, Energieversorgung, Verkehr) war jedoch nicht nur eine durch europäisches Recht erzwungene Handlung, sondern auch eine erforderliche Strategie, um die nationalen Unternehmen fit für den europäischen und weltweiten Wettbewerb zu machen. Diese Entwicklungen haben den Unternehmen auf der einen Seite neue Chancen eröffnet, andererseits haben sie ihren Preissetzungsspielraum verringert und damit Preissenkungen erzwungen.

Die erhöhte Wettbewerbsintensität auf den Märkten für handelbare Güter und Dienstleistungen setzt auch die Arbeitsmärkte unter Druck. Der Spielraum der Arbeitgeber bei Lohnverhandlungen wird kleiner, da nicht produktivitätsgerechte Lohnabschlüsse kaum noch über Preiserhöhungen auf den Endverbraucher abgewälzt werden können. Wird der Faktor Arbeit am heimischen Produktionsstandort zu teuer, um in der verschärften internationalen Konkurrenz bestehen zu können, wird versucht, ihn durch den Faktor Kapital zu ersetzen oder die Produktion an einen kostengünstigeren Standort zu verlagern.

Beide Anpassungsstrategien sind durch die Integration der Märkte kontinuierlich erleichtert worden. Zum einen hat die Globalisierung den technischen Fortschritt beschleunigt. Da der technische Fortschritt immer neue Möglichkeiten zur Substitution von Arbeit durch Kapital schafft, hat die Globalisierung somit auch die Abwertung der physischen Arbeit in den Industrieländern beschleunigt (*Klodt, Stehn* et.al. 1994, S. 205). Zum anderen hat die Integration der Märkte immer neue Möglichkeiten zur Standortverlagerung geschaffen. Gleichzeitig haben die neuen Informationstechnologien den Vergleich zwischen einzelnen Standorten erleichtert. Innerhalb der Europäischen Währungsunion wird die Einführung des Euro zu einer noch größeren Transparenz der Standortvor- und -nachteile führen.

Sowohl der ausländische Arbeitnehmer als auch die Automatisierung der Produktion sind in zunehmendem Ausmaß zum Konkurrenten des inländischen Arbeitnehmers geworden. Besonders betroffen von dieser Entwicklung sind die gering qualifizierten Arbeitskräfte der entwickelten Volkswirtschaften, da sie mit einem weltweit sehr elastischen Angebot von vergleichbar qualifizierten Arbeitskräften konkurrieren müssen (*Rösner* 1997, S. 62f.). Es ist daher davon auszugehen, dass die Elastizität der Arbeitsnachfrage nach gering qualifizierten Arbeitskräften in den entwickelten Volkswirtschaften zugenommen hat, d.h. die Arbeitsnachfragefunktionen verlaufen in diesem Segment der Arbeitsmärkte flacher. Zu diesem Ergebnis kommen auch *Schuster* und *Vaubel* (1996, S. 194f.) sowie *Berthold* und *Fehn* (1996, S. 608).

Während die Globalisierung zunehmend zu einer Bedrohung für gering qualifizierte Arbeitskräfte in den entwickelten Volkswirtschaften geworden ist, hat sie die Beschäftigungsmöglichkeiten für qualifizierte und hochqualifizierte Arbeitnehmer verbessert (*Berthold* 1997, S. 62). Die gute Ausstattung mit Humankapital zählt zu den natürlichen Wettbewerbsvorteilen der entwickelten Volkswirtschaften. Diese können um so besser ausgespielt werden, je stärker integriert die Märkte sind. Die zusätzlichen Absatzmöglichkeiten der Unternehmen haben zu einem Anstieg der Arbeitsnachfrage nach qualifizierten Arbeitskräften geführt, d.h. die Arbeitsnachfragefunktionen haben sich in diesem Segment der Arbeitsmärkte nach oben verschoben.

Die Globalisierung hat die Knappheiten in den einzelnen Segmenten der Arbeitsmärkte entwickelter Volkswirtschaften verändert: gering qualifizierte Arbeit ist weniger knapp und qualifizierte Arbeit ist knapper geworden. Will man die Wohlfahrtseffekte der Globalisierung für die Gesamtheit der Arbeitnehmer ermitteln, ist es erforderlich, beide Auswirkungen gegeneinander abzuwägen. Für die Frage nach den Folgen der Globalisierung für die Höhe des optimalen politischen Lohnes ist es jedoch möglich, sich lediglich auf den Bereich der gering qualifizierten Arbeitskräfte zu konzentrieren, da sozialpolitische Regulierungen im Normalfall nicht nach der Qualifikation der Arbeitnehmer differenziert sind. Eine gesetzliche Verpflichtung zur Wahrung bestimmter Kündigungsfristen, zur Entgeltfortzahlung oder zur Entrichtung von Arbeitgeberbeiträgen zu den Sozialversicherungen gilt genauso wie ein gesetzlicher Mindestlohn für die Gesamtheit der Arbeitnehmer. Bei der Ausgestaltung der sozialpolitischen Regulierungen müssen sich die Politiker demnach an den Gestaltungsmöglichkeiten, die ihnen die Verhältnisse auf dem Markt für gering qualifizierte Arbeitskräfte eröffnen, orientieren. Auch auf europäischer Ebene geht es lediglich um die Einführung von Mindeststandards, d.h. um die Schaffung einer Untergrenze, die dementsprechend an dem Verlauf der Arbeitsangebots- und Arbeitsnachfragefunktionen für die Arbeitnehmer mit den geringsten Qualifikationen orientiert sein muss.

Im folgenden sollen die Auswirkungen der Globalisierung auf die Lage der optimalen politischen Löhne in einem 2 Länder-Modell mit einem Hochlohnland und einem Niedriglohnland verdeutlicht werden. Die gestiegene Elastizität der Arbeitsnachfrage nach gering qualifizierten Arbeitskräften wird durch eine gegen den Uhrzeigersinn gerichtete Drehung der Arbeitsnachfragekurven um den Lohn des Konkurrenzlandes abgebildet (L_D => L_D' in Abb. 18 und Abb. 20). Diese Veränderung des Verlaufs der Arbeitsnachfragekurve ist zum einen dadurch bedingt, dass der Druck auf die Preise zu einem Rückgang des Wertes der Grenzproduktivität der Arbeit geführt hat. Die Arbeitsnachfragekurve dreht sich gegen den Uhrzeigersinn um den Schnittpunkt mit der Abszisse. Gleichzeitig sehen sich die Unternehmen in einem integrierten Markt jedoch auch einem größeren Potential an Nachfragern gegenüber. Steigt die Nachfrage nach den Produkten eines Anbieters, benötigt dieser zusätzliche Arbeitskräfte. Die Arbeitsnachfragekurve verschiebt sich nach außen.

Abbildung 18: Die Auswirkungen der Globalisierung auf die Arbeitsnachfrage im Hochlohnland

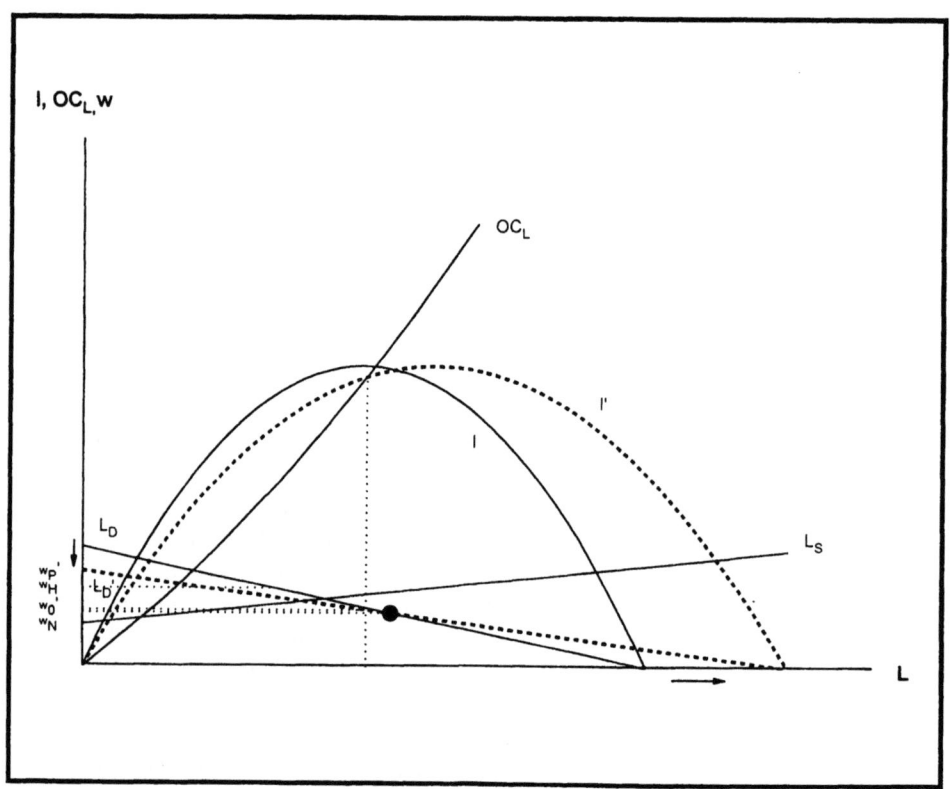

Die Drehung der Arbeitsnachfragekurve um den Lohn des Konkurrenzlandes, in Abb. 18 dreht sich die Arbeitsnachfrage des Hochlohnlandes um den Lohn w_N des

Niedriglohnlandes, berücksichtigt beide Effekte. Da nur die Unternehmen, die bessere Angebote als ihre Konkurrenten machen können, von den zusätzlichen Absatzmöglichkeiten profitieren, wird ein Land mit einem Lohnkostennachteil weniger Arbeitskräfte als bisher nachfragen.[33] Dabei wird der Nachfragerückgang um so höher ausfallen, je höher der Lohn im Vergleich zu dem des Konkurrenzlandes ist, denn um so größer ist der Wettbewerbsnachteil der in dem Hochlohnland produzierenden Unternehmen. Käme es jedoch in dem Hochlohnland zu einer Anpassung des Lohnniveaus nach unten, würde sich die Wettbewerbssituation der heimischen Unternehmen verbessern und die Nachfrage nach Arbeitskräften würde sich der ursprünglichen Nachfragesituation annähern. Würde der Lohn unter w_N sinken, wäre die Nachfrage nach Arbeitskräften sogar größer als beim ursprünglichen Verlauf der Arbeitsnachfragefunktion, da die Unternehmen in diesem Fall einen Wettbewerbsvorteil gegenüber der ausländischen Konkurrenz besäßen und von den gestiegenen Absatzmöglichkeiten profitieren könnten.

Die Drehung der Arbeitsnachfragefunktion in Abb. 18 führt zu einer Dehnung des aus der Arbeitsnachfragefunktion abgeleiteten Einkommenshügels nach rechts (I => I') und zu einer Verringerung der realisierbaren Arbeitnehmerrenten (Fläche zwischen Einkommenshügel und den Opportunitätskosten der Arbeit OC_L). Der Bereich positiver Arbeitnehmerrenten wird jetzt durch die Löhne w_0' ($<w_0$) und w_P' ($<w_P$) begrenzt (vgl. Abb. 19). Der Arbeitnehmerrentenhügel ist geschrumpft. Ein politischer Ertrag in Höhe von M_2, der in der Ausgangssituation dem maximal realisierbaren politischen Ertrag entsprach (Punkt A), ist bei dem geänderten Verlauf der Arbeitsnachfragefunktion nicht mehr realisierbar. Jetzt kann im Optimalfall ein politischer Ertrag in Höhe von M_1 (mit $M_1 < M_2$) erreicht werden (Punkt B).

Waren die sozialpolitischen Regelungen in der Ausgangssituation optimal ausgestaltet, so dass $w_H = w_{M^*}$ galt, sind die globalisierungsbedingten Veränderungen der Arbeitsnachfrage für den Politiker gleichbedeutend mit einem Verlust an Unterstützung durch die Interessengruppen. Die Unzufriedenheit der Arbeitgeber ist gestiegen, da die hohen Löhne sie zu den Verlierern der Globalisierung machen. Auch die Zufriedenheit der Arbeitnehmer hat abgenommen, da zu dem gegebenen Lohn weniger Arbeitskräfte nachgefragt werden und die Arbeitnehmerrente dementsprechend gesunken ist. Reagieren die Tarifvertragsparteien auf den Rückgang der Arbeitsnachfrage nicht mit einer Anpassung der Löhne nach unten, sinkt der Ertrag des Politikers unter M_1 (Punkt C). In dieser Situation kann der Politiker zwei unterschiedliche Strategien verfolgen, um wieder zu stärkerer Unterstützung durch die Interessengruppen zu gelangen.

Zum einen kann sich der Politiker den geänderten Rahmenbedingungen anpassen und versuchen, den Lohn auf das neue optimale politische Niveau w_{M^*}' zu senken. Hierzu kann er entweder sozialpolitische Regulierungen mit dem Ziel, die Lohnnebenkosten zu reduzieren, abbauen oder er kann versuchen, die Wettbewerbsposition der Arbeitgeber mittels einer expansiven Geldpolitik oder einer Währungsabwertung zu

---

[33] Produktivitätsunterschiede werden hier nicht berücksichtigt, da Abschnitt 2.4.3.1 gezeigt hat, dass sie in einer zunehmend integrierten Weltwirtschaft an Bedeutung verlieren, während die Höhe der Arbeitskosten zu einem entscheidenden Standortfaktor geworden ist.

verbessern. Die zweite Möglichkeit besteht allerdings in der EWWU nicht mehr. Diese Reaktion auf die Folgen der Globalisierung entspricht der in Abschnitt 4.2.1 ermittelten: nicht nur die Verschiebung des politischen Einflusses der Interessengruppen, sondern auch die globalisierungsbedingten Veränderungen des politischen Gestaltungsspielraumes (Arbeitnehmerrentenhügel) veranlassen die Politiker, auf nationaler Ebene arbeitgeberbelastende sozialpolitische Regulierungen abzubauen.

Abbildung 19: Das neue politische Optimum im Hochlohnland

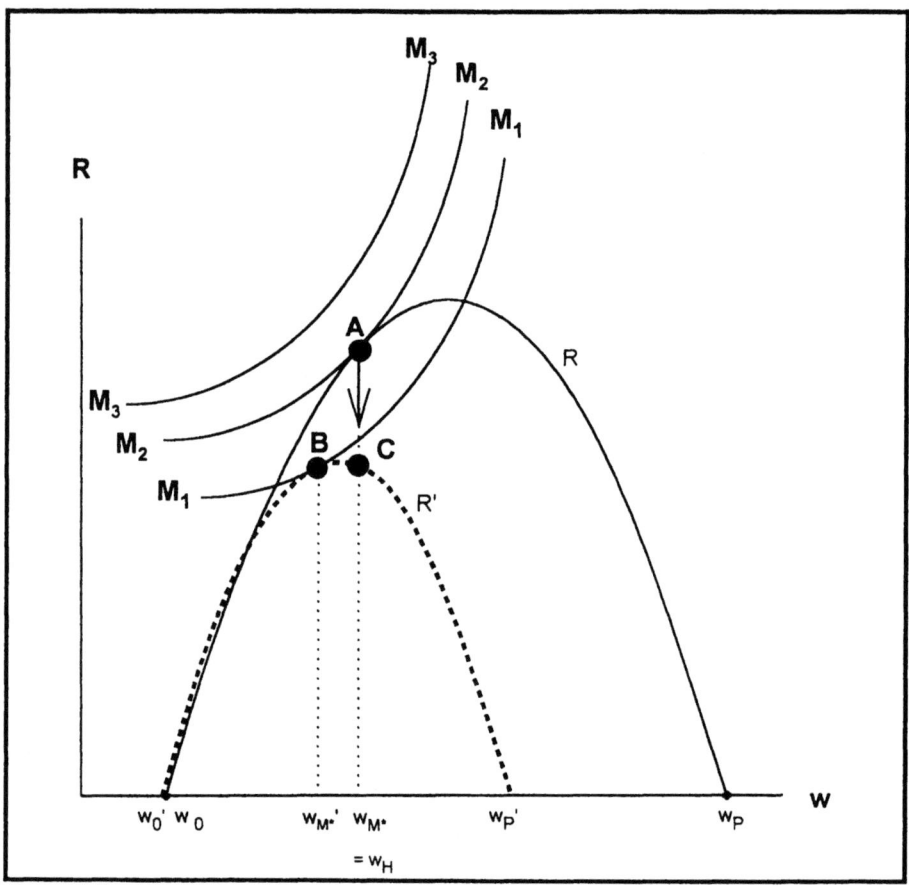

Andererseits können die Politiker selbst im Fall der optimalen Anpassung der nationalen sozialen Standards lediglich einen politischen Ertrag in Höhe von M_1 realisieren, der deutlich geringer als der politische Ertrag M_2 der Ausgangssituation ist. Um derartige Verluste abzuwenden, bietet sich eine zweite Strategie an. Auslöser für den Rückgang des politischen Ertrages war der Rückgang der Nachfrage nach gering qualifizierten Arbeitskräften, der aus der geringen Wettbewerbsfähigkeit der heimischen Unternehmen in einer zunehmend integrierten Weltwirtschaft resultierte. Anstatt die Kostennachteile der inländischen Unternehmen abzubauen, können die Politiker auch versuchen, die Kostenvorteile der ausländischen Produzenten zu verringern, indem sie für einheitliche europäische soziale Mindeststandards, die oberhalb der derzeit in den Niedriglohnländern geltenden sozialen Standards liegen, eintreten. Da auf EU-Ebene sozialpolitische Regelungskompetenzen bestehen, könnten die Politiker im Falle des Erfolges ihren politischen Ertrag über M_l hinaus erhöhen, denn die Einführung einheitlicher sozialer Mindeststandards würde die Niedriglohnländer eines Teils ihrer Wettbewerbsvorteile berauben und so den Rückgang der Arbeitsnachfrage abschwächen. Wieder bestätigen sich die Ergebnisse des Abschnitts 4.2.1: während der Politiker eines Hochlohnlandes durch die Globalisierung dazu veranlasst wird, auf nationaler Ebene für Arbeitgeber begünstigende Regelungen einzutreten, wird er auf supranationaler Ebene eher den Forderungen der Gewerkschaften nach einheitlichen sozialen Mindeststandards folgen.

Abbildung 20: Die Auswirkungen der Globalisierung auf die Arbeitsnachfrage im Niedriglohnland

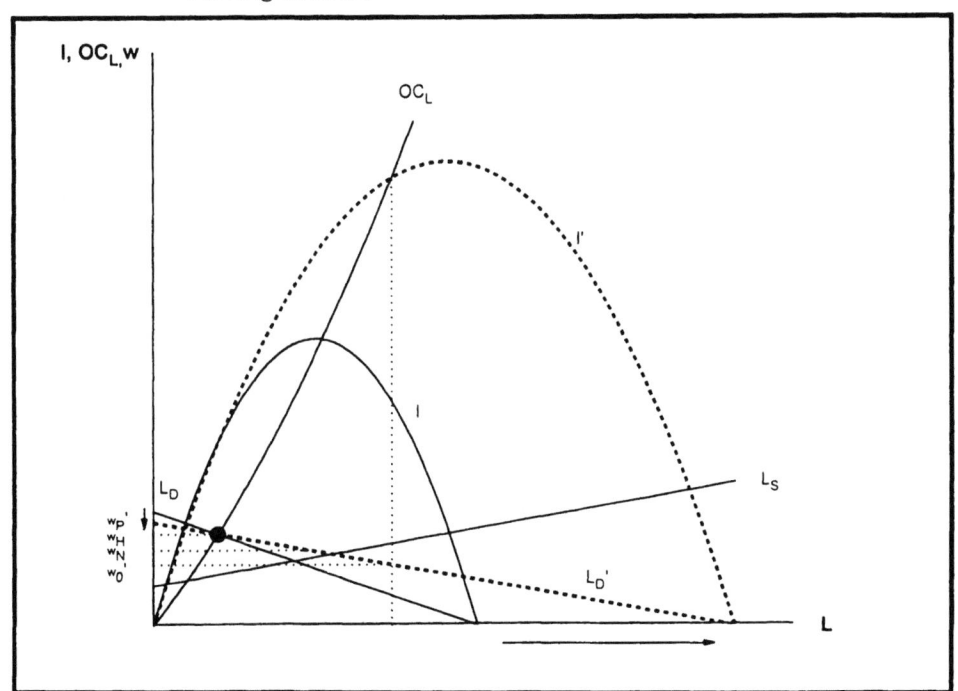

Auch im Niedriglohnland verändert sich das Kalkül der Politiker durch die Auswirkungen der Globalisierung auf die Nachfrage nach gering qualifizierten Arbeitskräften.

Analog zu oben wird die gestiegene Elastizität der Arbeitsnachfrage durch eine gegen den Uhrzeigersinn gerichtete Drehung der Arbeitsnachfragekurve um den Lohn w_H des Hochlohnlandes abgebildet (vgl. Abb. 20). So lange der Lohn im Niedriglohnland unter dem des Hochlohnlandes liegt, profitieren die Unternehmen von der zunehmenden Integration der Märkte, da diese ihnen aufgrund ihres Wettbewerbsvorteils zusätzliche Absatzmöglichkeiten eröffnet. Auch die Arbeitnehmer des Niedriglohnlandes sind zu den Gewinnern der Globalisierung zu zählen: zu dem Lohn w_N werden jetzt mehr Arbeitskräfte nachgefragt und der Einkommenshügel wächst (I => I'). Der Bereich positiver Arbeitnehmerrenten ist jetzt zwar auf Löhne zwischen w_0' ($>w_0$) und w_P' ($<w_P$) begrenzt, da mit zunehmendem Arbeitseinsatz auch die Opportunitätskosten der Arbeit steigen, es können aber höhere Arbeitnehmerrenten als zuvor erzielt werden (vgl: Abb. 21).

Abbildung 21: Das neue politische Optimum im Niedriglohnland

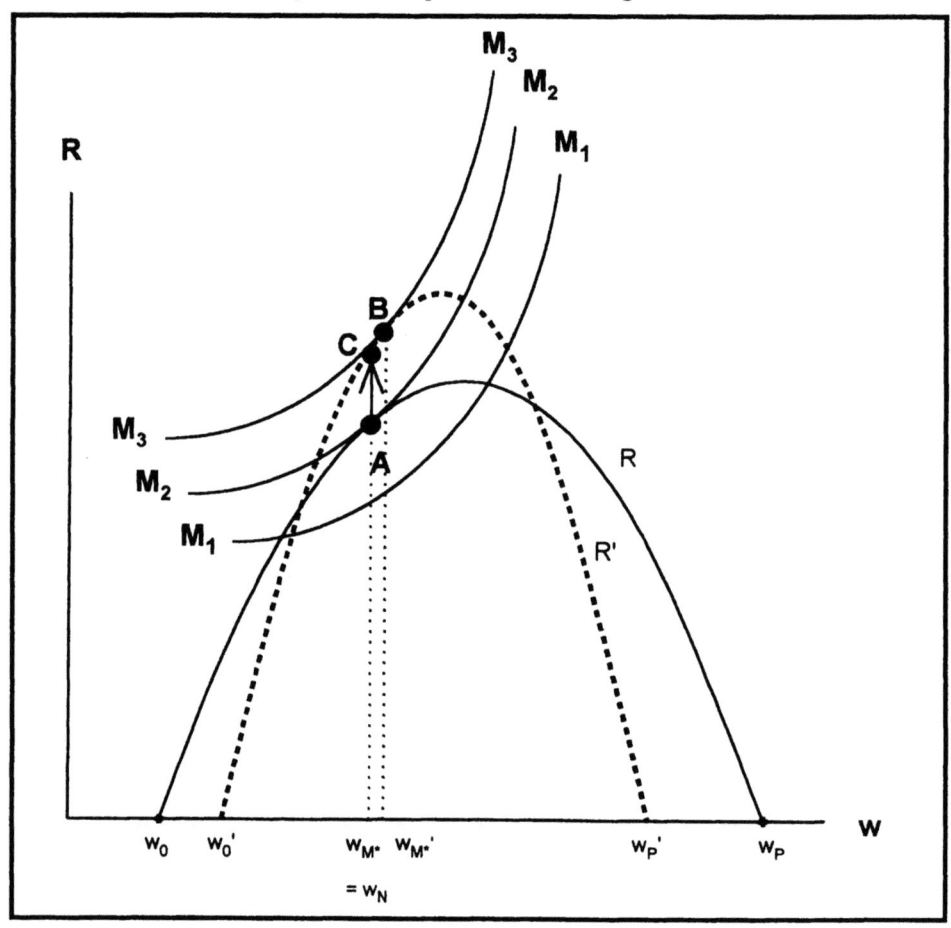

Entsprach der Lohn im Niedriglohnland in der Ausgangssituation dem optimalen politischen Lohn ($w_N = w_{M^*}$) und bleibt der Lohn auch unter dem Einfluss der Globalisierung unverändert, erhöht sich der Ertrag des Politikers ohne sein Zutun (A => C), da sowohl die Arbeitgeber als auch die Arbeitnehmer des Niedriglohnlandes von der Globalisierung profitieren. Aus Sicht des Politikers optimal wäre das Erreichen des Punktes B. Der neue optimale politische Lohn (w_{M^*}') liegt über dem alten. Der Politiker könnte zwar durch eine stärkere Ausgestaltung der sozialpolitischen Regulierungen zugunsten der Arbeitnehmer das Erreichen dieses Punktes forcieren, mit hoher Wahrscheinlichkeit wird es jedoch hinreichend sein, wenn er auf die Kräfte des Marktes vertraut. Da die Löhne häufig zwar nach unten, nicht jedoch nach oben rigide sind, wird sich die verbesserte Arbeitsmarktlage in den nächsten Lohnverhandlungsrunden auch auf das Lohnniveau durchschlagen.

Hier liegt ein fundamentaler Unterschied zu der Situation im Hochlohnland, wo das neue politische Optimum eine Anpassung erfordert, die aufgrund der Rigidität der Löhne nach unten nur durch eine Korrektur der sozialpolitischen Regulierungen zu erreichen ist. Im Niedriglohnland besteht hingegen die Gefahr, dass eine Erhöhung der sozialen Standards in Kombination mit einem Anstieg der Direktlöhne dazu führen würde, dass der Lohn über das optimale Maß hinausschießt. In einem solchen Fall würde der Ertrag des Politikers wieder sinken und das Niedriglohnland eines Teils seiner Wettbewerbsvorteile, die dem Politiker erst einen höheren politischen Ertrag ermöglicht haben, beraubt. Die Politiker des Niedriglohnlandes werden daher unter Berücksichtigung der Lohnentwicklung einer Anpassung der nationalen sozialen Standards nach oben vorsichtig gegenüber stehen. Dementsprechend werden sie sich auch auf europäischer Ebene gegen die Einführung einheitlicher sozialer Mindeststandards wehren, wenn diese sie zu einer Anpassung des nationalen Niveaus nach oben zwingen würden. Es ist jedoch denkbar, dass der Widerstand auf europäischer Ebene geringer ausfällt als auf nationaler Ebene, da die Politiker bei europäischen Regulierungen gegenüber den benachteiligten Interessengruppen darauf verweisen können, europäischen Handlungszwängen zu unterliegen, während sie bei nationalen Regulierungen die volle Verantwortung übernehmen müssen.

4.2.3. Das Angebot an Arbeitskräften

Angesichts der geringen Mobilität der Arbeitskräfte in der EU könnte man geneigt sein, Auswirkungen einer Veränderung des Angebots an Arbeitskräften auf die Lage des optimalen politischen Lohnes zu vernachlässigen. Obwohl der EG-Vertrag die Freizügigkeit der Arbeitnehmer innerhalb der Gemeinschaft gewährleistet (Art. 39 Abs. 1 EGV n.F.), ist die Arbeitskräftemigration mit zunehmender Verwirklichung des Binnenmarktes gesunken (*Molle* 1997, S. 211f.). Neben der Arbeitskräftemigration hat sich jedoch eine neue Form der Erweiterung des inländischen Arbeitsangebots durch ausländische Arbeitnehmer entwickelt: die Entsendung von Arbeitnehmern. Das Recht auf Dienstleistungsfreiheit erlaubt es den Unternehmen eines EU-Mitgliedstaates, Arbeitnehmer zur Erbringung einer Leistung für einen begrenzten Zeitraum in einen anderen

EU-Mitgliedstaat zu entsenden. Vor allem in der Baubranche ist dieses Recht in großem Umfang wahrgenommen worden (vgl. Abschnitt 2.2.3).

Da die Zielländer der Migration und der Entsendung von Arbeitnehmern vorwiegend die Hochlohnländer der EU sind, beschränkt sich die Analyse der Auswirkungen eines Anstiegs des Arbeitsangebots auf die Lage des optimalen politischen Lohnes im folgenden auf ein Hochlohnland. Entsendung und Migration werden um so attraktiver, je höher die Löhne im Hochlohnland sind. Es ist daher davon auszugehen, dass das Angebot an inländischen Arbeitskräften um so stärker durch ausländische Arbeitskräfte erweitert wird, je höher der Lohn im Hochlohnland ist. Nach *Straubhaar* (1997, S. 797f.) sind ausländische Arbeitskräfte in der Sicht der inländischen Arbeitsnachfrager in praktisch unbeschränkter Zahl bereit, ihre Leistungen zu geringeren ökonomischen Kosten als die inländischen Arbeitskräfte anzubieten.

Abbildung 22: Erweiterung des Arbeitsangebots im Hochlohnland durch Migration und Entsendung

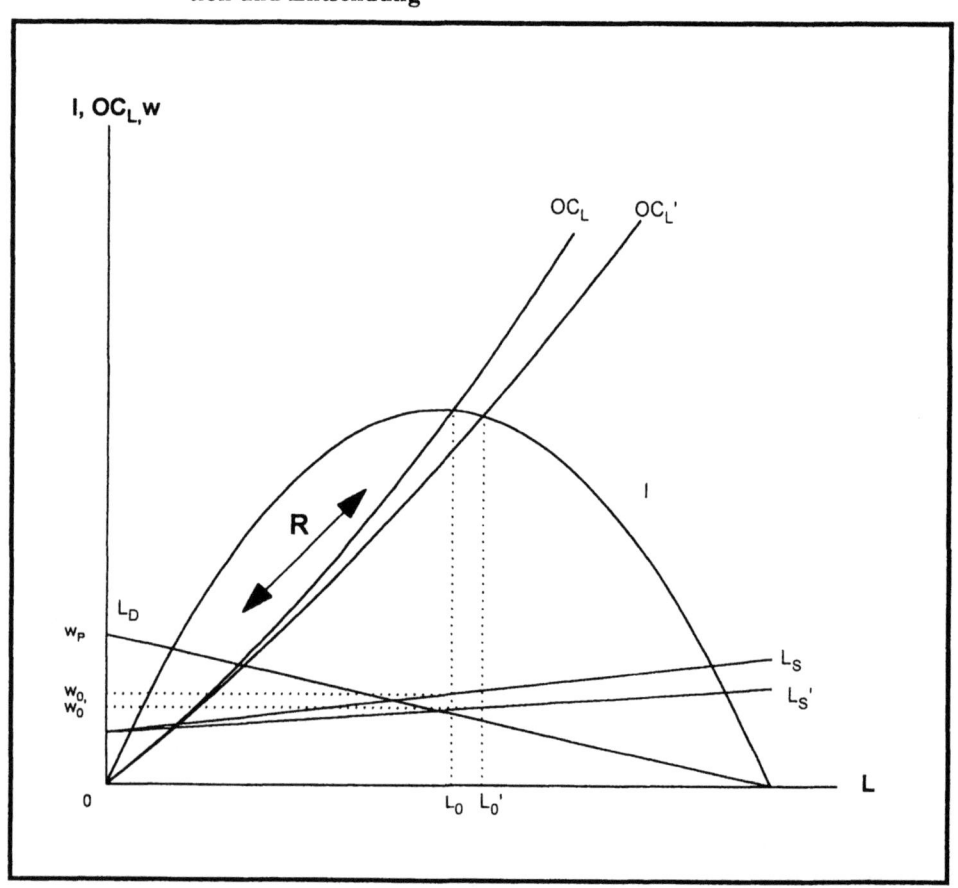

Einheitliche soziale Mindeststandards 135

In Abb. 22 wird die Erweiterung des Angebots an Arbeitskräften durch eine Drehung der Arbeitsangebotskurve im Uhrzeigersinn um den Reservationslohn dargestellt (L_S => L_S'). Haben die ausländischen Arbeitnehmer zudem einen geringeren Reservationslohn als die inländischen Arbeitnehmer, verschiebt sich die Arbeitsangebotskurve gleichzeitig nach unten. Hierdurch werden die nachfolgend beschriebenen Effekte noch vergrößert, ihre Richtung ändert sich jedoch nicht. Ebenso wie die Arbeitsangebotskurve dreht sich auch die aus ihr abgeleitete Kurve der Opportunitätskosten der Arbeit nach rechts (OC_L => OC_L'). Die Fläche zwischen dem Einkommenshügel und den Opportunitätskosten der Arbeit wird größer. Der Nutzen, den die Gesamtheit der Arbeitnehmer aus dem Angebot ihrer Arbeitskraft im Hochlohnland zieht, ist größer als in der Ausgangssituation.

Abbildung 23: Die Folgen von Entsendung und Migration für den politischen Ertrag

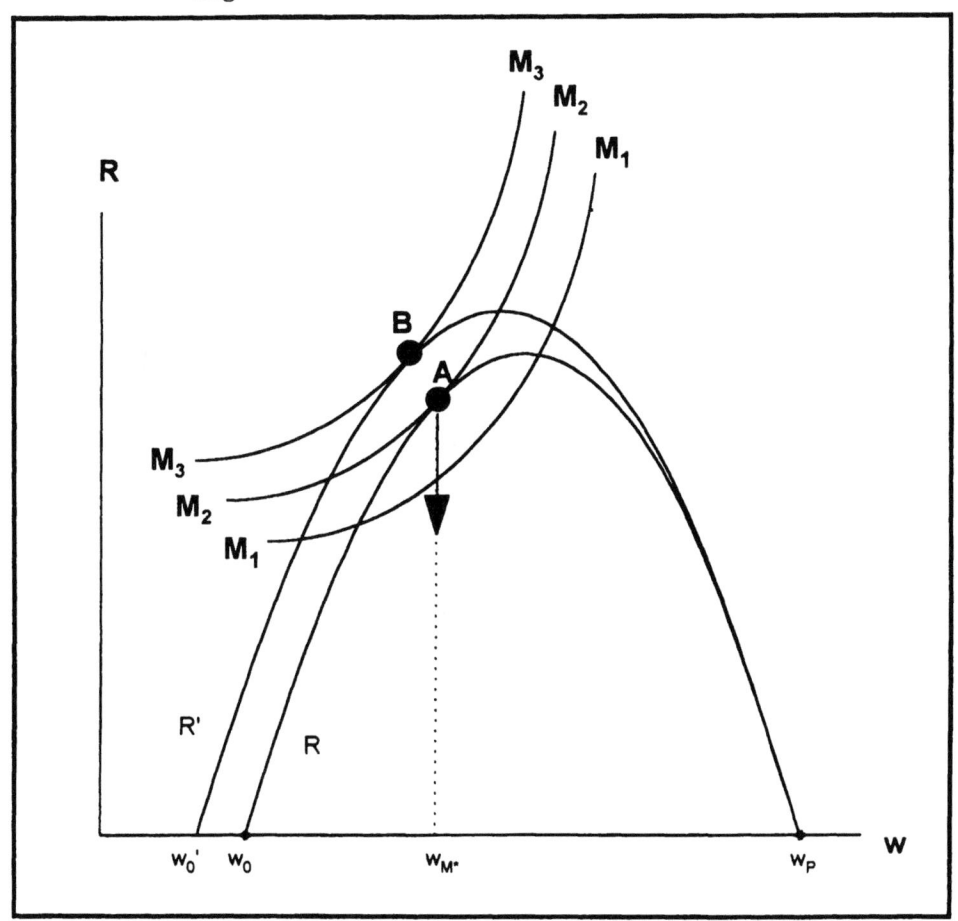

Abb. 23 zeigt den neuen Arbeitnehmerrentenhügel R'. Auf den ersten Blick sieht es so aus, als müssten die Veränderungen die Politiker dazu veranlassen, sozialpolitische Regulierungen abzubauen, um sich von Punkt A zu Punkt B zu bewegen. Tatsächlich ist dieser Eindruck jedoch falsch, da der Arbeitnehmerrentenhügel auch die Renten der ausländischen Arbeitskräfte beinhaltet, von denen zumindest die ins Hochlohnland vorübergehend entsandten Arbeitnehmer nichts zur Unterstützung der Politiker beitragen. Entscheidungsrelevant für die Politiker sind lediglich die Renten der im Inland wahlberechtigten Arbeitnehmer. Je geringer der Teil der ausländischen Arbeitskräfte, der im Inland wahlberechtigt ist, ist, desto näher liegt der neue optimale politische Lohn am alten Optimum in Punkt A. Werden die inländischen Arbeitskräfte zum Teil durch ausländische Arbeitskräfte substituiert, da diese ihre Arbeitskraft zu geringeren Löhnen anbieten (Bsp. Entsendungen), sinken die Renten der für den Politiker relevanten Arbeitnehmer unter das Ausmaß des alten Arbeitnehmerrentenhügels R (in Abb. 23 durch den Pfeil symbolisiert) und hiermit auch der Ertrag des Politikers. Eine Senkung der Löhne über den Abbau sozialer Standards würde den Ertrag des Politikers in diesem Fall zusätzlich reduzieren, da hierdurch die Arbeitnehmerrente weiter gesenkt würde.

Es ist daher rational, wenn die Politiker versuchen, den Wettbewerb von außen zu unterbinden, um so eine Verringerung ihres politischen Ertrages zu vermeiden. Da die Migration nur in geringem Ausmaß stattfindet und zudem bei den Migranten die Wahrscheinlichkeit gegeben ist, dass sie sich nach einiger Zeit am politischen Leben im Hochlohnland beteiligen, werden sich die Politiker bei ihren Bemühungen auf die Entsendungen konzentrieren. Das Bestreben Belgiens, Deutschlands, Frankreichs und Luxemburgs, die Verdrängung heimischer Arbeitskräfte durch nationale Arbeitnehmer-Entsendegesetze zu unterbinden (*Lesch* 1999, S. 200) und die gemeinsame Initiative auf europäischer Ebene, die 1996 zur Verabschiedung der EU-Entsendrichtlinie führte, sind in diesem Licht zu sehen.

4.3. Die polit-ökonomisch optimale Sozialpolitik in Europa

Abschnitt 4.2 hat gezeigt, wie sich die nationalen optimalen politischen Löhne unter dem Einfluss der zunehmenden Integration der Märkte verändern. Reagieren die Politiker wie oben beschrieben, kommt es zu einer Konvergenz der Arbeitskosten innerhalb der EU. In den Hochlohnländern werden sozialpolitische Regulierungen abgebaut, in den Niedriglohnländern steigen die Direktlöhne. Das in Art. 136 EGV n.F. festgehaltene Ziel der Angleichung der Lebens- und Arbeitsbedingungen wird erreicht. Dass die Politiker der Niedriglohnländer trotz der positiven Effekte der Integration auf die inländischen Arbeitsmärkte nicht zwingend zu einer Erhöhung der sozialen Standards veranlasst werden, deutet keinesfalls auf Sozialdumping hin. Die aus allokationstheoretischer Sicht optimale sozialpolitische Regulierung ist nicht abhängig von der Höhe des Einkommens, sondern dient der Beseitigung von Marktversagenstatbeständen. So lange der Lohn über dem Vollbeschäftigungslohn liegt, ist es daher zu begrüßen, wenn die Politiker nicht zu weiteren Regulierungen veranlasst werden.

Nur bei einem Lohn, der aufgrund der in Abschnitt 3.2 beschriebenen Marktversagenstatbestände geringer als der Vollbeschäftigungslohn ist, könnte eine entsprechende sozialpolitische Regulierung dazu dienen, die Effizienz der Arbeitsmärkte zu erhöhen. Beruhen die Wettbewerbsvorteile der Niedriglohnländer zum Teil auf ineffizient niedrigen Standards, ist unter dem Einfluss der gestiegenen Arbeitsnachfrage mit einer Korrektur durch die Politiker zu rechnen, da sie eine Lohnerhöhung benötigen, um das neue politische Optimum zu erreichen (vgl. Abschnitt 4.2.2). Erfolgt diese aufgrund von Marktversagen nicht über den Markt, werden die Politiker die sozialen Standards nach oben anpassen. Die positiven Effekte der zunehmenden Integration auf die Arbeitsmärkte der Niedriglohnländer setzen dementsprechend Anreize für die Politiker, Sozialdumping zu vermeiden und nicht zu betreiben.

Auch der Abbau sozialpolitischer Regulierungen in den Hochlohnländern ist aus allokationstheoretischer Sicht zu begrüßen und keinesfalls als der Beginn eines "race to the bottom" zu bewerten, da sozialpolitische Regulierungen nur in einer begrenzten Zahl von Fällen dazu geeignet sind, die Funktionsfähigkeit des Marktmechanismus zu erhöhen, während sie ihn in vielen anderen Fällen beeinträchtigen. Es lässt sich somit festhalten, dass auf nationaler Ebene unter dem Einfluss der Globalisierung allokationstheoretische und polit-ökonomische Ziele zusammenfallen. Man könnte hier von der heilsamen Wirkung des Systemwettbewerbs sprechen.[34]

Die Erwartungen an die heilsame Wirkung des Systemwettbewerbs dürfen jedoch nicht zu hoch angesetzt werden, wenn man berücksichtigt, dass durch die Zuweisung sozialpolitischer Kompetenzen an die Gemeinschaft ein wirksames Mittel geschaffen worden ist, den Systemwettbewerb auszuschalten. Das geltende europäische Recht schreibt die Ziele der europäischen Sozialpolitik vor: "die Förderung der Beschäftigung, die Verbesserung der Lebens- und Arbeitsbedingungen, um dadurch auf dem Wege des Fortschritts ihre Angleichung zu ermöglichen, einen angemessenen sozialen Schutz, ..." (Art. 136 EGV n.F.) Ein Abbau der sozialen Standards in den Hochlohnländern der EU lässt sich leicht als eine Verschlechterung der Arbeitsbedingungen und damit als eine Verfehlung der in Art. 136 fixierten Ziele interpretieren. Da sowohl die Kompetenzen als auch die Interessen (der Politiker der Hochlohnländer) vorhanden sind, eine Verbesserung der Arbeitsbedingungen über einheitliche europäische Regulierungen, die auf eine Erhöhung der sozialen Standards in den Niedriglohnländern hinauslaufen, zu erzielen, ist damit zu rechnen, dass der Systemwettbewerb durch supranationale Regulierungen abgeschwächt oder ausgeschaltet wird.

Auch die ablehnende Haltung der Niedriglohnländer in Bezug auf einheitliche soziale Mindeststandards stellt nicht zwingend ein Hindernis für ihre Durchsetzung dar, denn in vielen Bereichen ist lediglich eine qualifizierte Mehrheit zur Einführung europäischer Richtlinien erforderlich. Abb. 24 zeigt die Stimmenverteilung im Europäischen Rat. Für das Erreichen der qualifizierten Mehrheit sind 62 von 87 Stimmen erforderlich (Art. 205 EGV n.F.). Anhand von Abb. 24 lässt sich leicht ausrechnen, mit welchen Stimmen der Erlass von Richtlinien durchgesetzt werden kann. Selbst wenn z.B. Griechenland, Großbritannien, Irland, Luxemburg und Portugal - die Länder, die in Ab-

---

[34] Zu den Vorteilen des Systemwettbewerbs vgl. auch *Hafner* 1999, S. 17-35.

schnitt 2.3 als die Länder mit den bisher niedrigsten sozialpolitischen Regulierungen identifiziert wurden - gegen eine einheitliche Richtlinie stimmen würden, könnte diese verabschiedet werden. So wurde die europäische Entsenderichtlinie beispielsweise gegen die Stimmen Großbritanniens und Portugals verabschiedet (*Lesch* 1999, S. 200).

Abbildung 24: Die Stimmenverteilung im Europäischen Rat

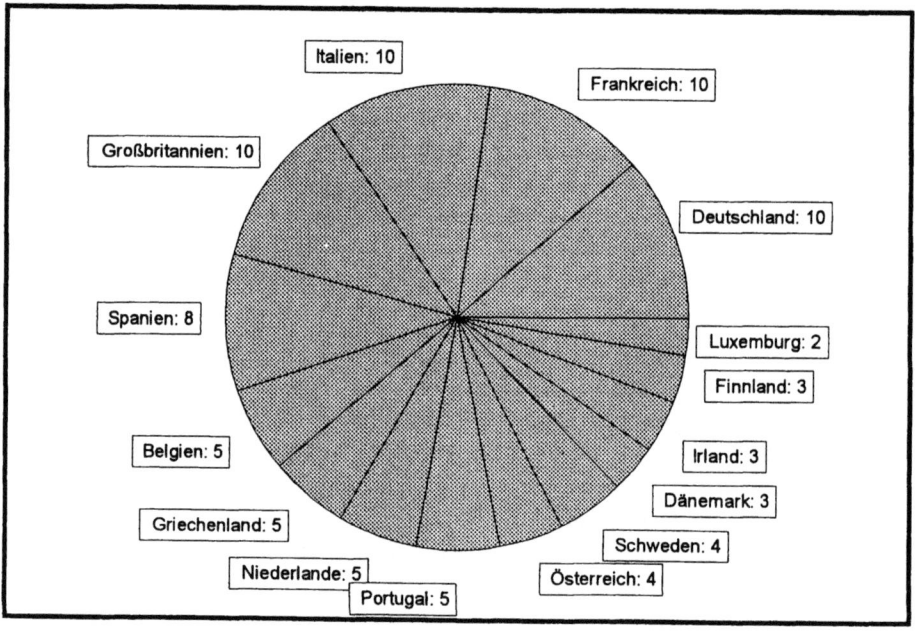

Quelle: Eigene Darstellung nach Angaben des Art. 205 EGV n.F.

Da über jede Richtlinie im einzelnen abgestimmt wird, wäre es theoretisch auch denkbar, dass es jeweils zur Durchsetzung eines einheitlichen sozialen Mindeststandards, der dem Niveau des jeweils letzten zur Erreichung der qualifizierten Mehrheit benötigten Staates entspricht, kommt. Die jeweils für die Einführung des Standards votierende Mehrheit der Staaten könnte sich so besser stellen (aus polit-ökonomischer Sicht!), da die Staaten mit bisher niedrigeren Standards zur Anpassung gezwungen wären und so einen Teil ihrer Wettbewerbsvorteile verlieren würden, ohne sich dagegen wehren zu können. Was das bedeutet, soll anhand einer Gedankenspielerei verdeutlicht werden. Nimmt man z.B. Regelungen zur Arbeitszeit, die im EG-Vertrag unter das Gebiet der Arbeitsbedingungen fallen, in dem eine qualifizierte Mehrheit zur Beschlussfassung ausreichend ist, könnte die Zahl der Urlaubstage (nach Tab. 4) auf mindestens 24,7 (Niveau der Niederlande) festgeschrieben werden. Negativ betroffen von einer derartigen Regelung wären Griechenland, Irland, Portugal und Spanien. Bei der Wochenarbeitszeit wäre eine Arbeitszeit von 39,6 Stunden (Niveau von Spanien) gegen die Stimmen Finnlands, Griechenlands, Italiens, Luxemburgs und Portugals mehrheitsfähig.

Aber auch auf den Gebieten, auf denen eine einstimmige Beschlussfassung erforderlich ist, sind sozialpolitische Regulierungen zuungunsten einiger Staaten nicht ausgeschlossen. Es besteht die Möglichkeit, einzelne Länder für den Schaden, den sie durch eine europäische Regulierung erleiden, zu kompensieren. Sie werden einer Regulierung somit auch dann zustimmen, wenn sie den Nutzen, den sie aus der Kompensation ziehen, höher einschätzen als den Verlust, den sie durch die einheitliche europäische Regelung erleiden. So konnte z.B. Spaniens Zustimmung zum sozialpolitischen Abkommen von Maastricht gewonnen werden, indem ihm im Gegenzug die Einrichtung eines Kohäsionsfonds versprochen wurde (*Lange* 1992, S. 250f.). Zwar entstehen den anderen Ländern durch die Zusage derartiger Transfers Kosten, sie sind jedoch zu der Leistung bereit, wenn sie den Gewinn der Zustimmung höher einschätzen als die entstehenden Kosten. Dieses kann z.B. dann der Fall sein, wenn die Politiker von einer asymmetrischen Informationsverteilung zwischen den Gewerkschaften und den Arbeitgeberverbänden einerseits, deren Nutzen steigt, wenn Wettbewerbsvorteile anderer Länder beseitigt werden, und den Steuerzahlern andererseits, die für die Bereitstellung der zusätzlichen Transfers aufkommen müssen, ausgehen.

4.4. Juristische Schützenhilfe

Unterstützung bei ihrem Streben nach einheitlichen sozialen Mindeststandards dürften die Politiker bei den Juristen finden. Nach juristischer Auffassung ist eine vollständige sozialpolitische Enthaltsamkeit der Gemeinschaft mit dem EG-Vertrag kaum vereinbar. In Art. 136 Abs. 1 EGV n.F. ist seit Amsterdam explizit festgehalten, dass die Verbesserung und Angleichung der Arbeitsbedingungen nicht nur Ziel der Mitgliedstaaten, sondern auch der Gemeinschaft selbst ist. Art. 136 Abs. 3 EGV n.F. verlangt, dass sich die angestrebte Entwicklung sowohl aus dem Wirken des Gemeinsamen Marktes als auch aus einer Angleichung der Rechts- und Verwaltungsvorschriften ergeben soll. Nach juristischer Auslegung sollen die beiden Instrumente somit nicht alternativ, sondern kumulativ zum Einsatz kommen (*Kerwer* 1999).

Kampmeyer (1998, S. 23) formuliert die juristische Auffassung der Notwendigkeit einer Europäisierung der nationalen Gesetzgebungen wie folgt: „Unternehmen können ihren Arbeitnehmern nur dann hohe Löhne zahlen und soziale Sicherheit gewähren, wenn ihre Wettbewerber das gleiche tun. Des weiteren sind Arbeitsbedingungen und an Arbeit geknüpfte Abgabepflichten von Arbeitnehmern und Arbeitgebern immer zugleich auch Wettbewerbsbedingungen. Aus diesem Grund ist für einen Gemeinsamen Markt ein gewisses Maß an Harmonisierung sozialer Gesetzgebung erforderlich". Allerdings ist die Gemeinschaft bei der Wahrnehmung ihrer sozial- und arbeitsrechtlichen Kompetenzen dem Subsidiaritätsprinzip des Art. 5 Abs. 2 EGV n.F. und dem Verhältnismäßigkeitsprinzip des Art. 5 Abs. 3 EGV n.F. unterworfen.

Nach dem Subsidiaritätsprinzip darf die Gemeinschaft nur tätig werden, insofern die Ziele der in Betracht gezogenen Maßnahmen auf Ebene der Mitgliedstaaten nicht ausreichend erreicht werden können und daher wegen ihres Umfangs oder ihrer Wirkungen besser auf Gemeinschaftsebene erreicht werden können. Auf arbeitsrechtlichem Gebiet ist dies für solche Sachverhalte unproblematisch, die schon ihrer Natur nach Anstrengungen auf Gemeinschaftsebene erfordern, wie etwa die Regelung zum Europäischen Betriebsrat (Richtlinie 94/45/EG vom 30. September 1994). Bei innerstaatlichen Sachverhalten, wie z.B. beim Kündigungsschutz, ist nur dann einer supranationalen Regelung der Vorzug zu geben, wenn der Wettbewerb der nationalen Rechtsordnungen dazu führt, dass der wirtschaftliche und soziale Zusammenhalt zwischen den Mitgliedstaaten gefährdet wird. Käme es tatsächlich zu Sozialdumping und zu einem "race to the bottom", stünde die nationalstaatliche Regelungskompetenz in einem Widerspruch zu Art. 136 EGV n.F., der zur Angleichung der Lebens- und Arbeitsbedingungen ihre Verbesserung anstrebt.

Das Verhältnismäßigkeitsprinzip verlangt, dass bei einheitlichen Regelungen auf die unterschiedlichen Bedürfnisse der einzelnen Staaten Rücksicht genommen und die Vielfalt der nationalen Systeme nicht zerstört wird. Umgesetzt in Art. 136 und 137 EGV n.F. verpflichtet es die Gemeinschaft zur Rücksichtnahme auf die Vielfalt der einzelstaatlichen Gepflogenheiten und die in den Mitgliedstaaten bestehenden Bedingungen und beschränkt die Rechtsetzungskompetenz der Gemeinschaft auf die Erlassung von Richtlinien, die nur Mindestvorschriften enthalten dürfen.

Die Beachtung dieser beiden Prinzipien beschränkt die Möglichkeiten der Gemeinschaft auf eine Teilharmonisierung der nationalen Gesetzgebungen. Viele Juristen erachten allerdings die Vorgehensweise bei der bisher erfolgten Teilharmonisierung des europäischen Sozial- und Arbeitsrechts für problematisch (*Waas* 1995, S. 302). Kennzeichnend für den Harmonisierungsprozess war, dass in Einzelbereichen sehr detaillierte Regelungen erlassen wurden. So schreibt die Richtlinie 91/533/EWG vom 14. Oktober 1991 über die Pflicht des Arbeitgebers zur Unterrichtung des Arbeitnehmers über die für seinen Arbeitsvertrag oder sein Arbeitsverhältnis geltenden Bedingungen die Informationspflichten des Arbeitgebers minutiös vor. Andere Bereiche des individuellen und kollektiven Arbeitsrechts wie das materielle Kündigungsrecht sind hingegen vom Gemeinschaftsrecht noch fast unberührt. Verstärkt wird diese Divergenz durch die Rechtssprechung des Europäischen Gerichtshofes (EuGH), der mit sehr konkret formulierten Entscheidungen wesentlich zu einer weiteren Verdichtung der bestehenden Angleichungsrichtlinien beiträgt (*Junker* 1999, S. 6ff). Die Kombination von hoher Intensität der Rechtsangleichung auf eng begrenzten Gebieten und einer im übrigen fehlenden Harmonisierung der Arbeitsbedingungen birgt aus juristischer Sicht die Gefahr von systematischen Brüchen in den nationalen Rechtsordnungen.

Systembrüche ergeben sich, wenn gemeinschaftsrechtliche Vorgaben bei ihrer Einbettung in die nationalen Rechtsordnungen Unterschiede zwischen den Mitgliedstaaten verstärken, anstatt sie anzugleichen. Ein Beispiel ist die Richtlinie zum Betriebsübergang (77/187/EWG vom 14. Februar 1977). Sie soll die Aufrechterhaltung der Rechte der Arbeitnehmer bei einem Wechsel des Inhabers des Unternehmens gewährleisten, indem den Arbeitnehmern die Möglichkeit eingeräumt wird, ihr Beschäftigungsverhältnis mit dem neuen Arbeitgeber zu denselben Bedingungen fortzusetzen, wie sie mit dem

Veräußerer vereinbart waren. Entscheidend für die Wirkungsweise der Richtlinie in den einzelnen Mitgliedstaaten ist die nationale Ausgestaltung des Kündigungsschutzrechts (*Franzen* 1997, S. 290). Während sie in Mitgliedstaaten mit einem geringen Ausmaß an Kündigungsschutz (z.B. Großbritannien, Irland und Portugal) fast ohne Bedeutung bleibt, da der neue Unternehmenseigner das Arbeitsverhältnis zwar übernehmen muss, jedoch relativ schnell beenden kann, verstärkt sie in Ländern mit einem restriktiven Kündigungsschutz (z.B. Deutschland) das Ausmaß des Bestandsschutzes. Ohne ein einheitliches Kündigungsschutzrecht werden die bestehenden Unterschiede im Niveau des Bestandsschutzes durch die europäische Richtlinie zum Betriebsübergang noch verstärkt, und nicht abgebaut (*Hanau* 1998, S. 70).

Um derartige Systembrüche zu vermeiden, wird von juristischer Seite gefordert, die systematische Angleichung des Arbeitsrechts voranzutreiben. Im Gegensatz zu den bisherigen Richtlinien soll dabei die Breite, und nicht die Intensität der Regelungen im Vordergrund stehen. Entscheidend für die Wahrung der nationalen Vielfalt wird sein, dass die Richtlinien hinreichend flexibel sind und der EuGH die geschaffenen Spielräume nicht durch eine lückenlose Konkretisierung wieder beseitigt (*Kerwer* 1999).

4.5. Ergebnisse

Ergebnis 4.1.: Neben dem Ziel der Beseitigung von Allokationsverzerrungen können sozialpolitische Regulierungen auch dazu eingesetzt werden, den Nutzen der Politiker zu maximieren. Die sozialpolitische Regulierung wird zu einem von den Politikern angebotenen Gut. Nachfrager sind die von einer solchen Regulierung betroffenen Interessengruppen. Jede sozialpolitische Regulierung, die die Arbeitnehmerrente erhöht, führt zu einer größeren Unterstützung der Politiker durch die Gewerkschaften. Auf der anderen Seite verlieren sie jedoch einen Teil der Unterstützung der Arbeitgeberverbände, wenn die sozialpolitische Regulierung den Einsatz des Produktionsfaktors Arbeit verteuert. Der maximale politische Ertrag ist erreicht, wenn der marginale politische Ertrag einer Erhöhung der Arbeitnehmerrente um eine DM dem marginalen politischen Ertrag einer Lohnsenkung, die gerade eine DM an Arbeitnehmerrente kostet, entspricht.

Ergebnis 4.2.: Verändern sich die den optimalen politischen Lohn bestimmenden Modellbestandteile im Zuge der sich vertiefenden europäischen Integration und der Globalisierung der Märkte, werden die Politiker zu Anpassungsreaktionen veranlasst. Mit zunehmender Integration einer Volkswirtschaft in die Weltwirtschaft steigen die Möglichkeiten der Arbeitgeber zur Durchsetzung ihrer Interessen, da sie aufgrund der hohen Mobilität ihres Produktionsfaktors Kapital mit einem glaubwürdigeren Drohpotential ausgestattet sind. Durch die Zuweisung sozialpolitischer Regelungskompetenzen an die EU haben die Politiker neue Möglichkeiten der Einflussnahme hinzugewonnen. Bezüglich der Nutzung dieser Kompetenzen liegt eine größere Homogenität der Interessen auf Seiten der Gewerkschaften vor, so dass es eine rationale Entscheidung der Politiker ist, auf nationaler Ebene für lohnnebenkostensenkende Maßnahmen einzutreten, während sie gleichzeitig auf europäischer Ebene die Einführung sozialer Mindeststandards fordern, solange das angestrebte supranationale unter dem nationalen Regulierungsniveau liegt. In die gleiche Richtung wirkt auch die mit einer stärkeren Integration der Märkte einhergehende Intensivierung des Wettbewerbs auf Güter- und Arbeitsmärkten. Die mit dem Recht auf Dienstleistungsfreiheit geschaffene Möglichkeit der Entsendung von Arbeitnehmern in andere EU-Länder setzt hingegen Anreize für die Politiker der Zielländer, auf diese Veränderung des Arbeitsangebots mit protektionistischen Maßnahmen zu reagieren, um eine Verringerung ihres politischen Ertrages zu vermeiden.

Ergebnis 4.3.: Solange die Löhne über den Vollbeschäftigungslöhnen liegen, ist es zu begrüßen, wenn die integrationsbedingten Änderungen der Lage des politischen Optimums die Politiker dazu veranlassen, Regulierungen des Arbeitsmarktes abzubauen. Es lässt sich somit festhalten, dass auf nationaler Ebene unter dem Einfluss der Globalisierung allokationstheoretische und polit-ökonomische Ziele zusammenfallen. Die Erwartungen an die heilsame Wirkung des Systemwettbewerbs dürfen jedoch nicht zu hoch angesetzt werden, wenn man berücksichtigt, dass durch die Zuweisung sozialpolitischer Kompetenzen an die Gemeinschaft ein wirksames Mittel geschaffen worden ist, den Systemwettbewerb auszuschalten. In den Bereichen, in denen lediglich eine qualifizierte Mehrheit zum Erlass einheitlicher europäischer Richtlinien erforderlich ist, ist es theoretisch denkbar, dass es zur Durchsetzung von Standards, die dem Niveau des jeweils letzten zur Erreichung der qualifizierten Mehrheit benötigten Staates entsprechen, kommt. In den Bereichen, in denen eine einstimmige Beschlussfassung erforderlich ist, besteht die Möglichkeit, die Stimmen einzelner Länder zu erkaufen, indem man sie für den Schaden, der ihnen aus der einheitlichen Regulierung entsteht, kompensiert.

Ergebnis 4.4.: Unterstützung bei ihren Forderungen nach einheitlichen sozialen Mindeststandards dürften die Politiker bei den Juristen finden. Nach juristischer Auslegung sollen die beiden in Art. 136 EGV n.F. genannten Instrumente zur Verbesserung und Angleichung der Arbeitsbedingungen, das Wirken des Gemeinsamen Marktes und die Angleichung der Rechts- und Verwaltungsvorschriften, nicht alternativ, sondern kumulativ zum Einsatz kommen. Allerdings erachten viele Juristen die bisherige Vorgehensweise bei der Teilharmonisierung für problematisch, da die Kombination von detaillierten Regelungen in Einzelbereichen und einer fehlenden Harmonisierung bei den restlichen Arbeitsbedingungen die Gefahr von systematischen Brüchen in den Rechtsordnungen birgt. Unter der Wahrung des Subsidiaritätsprinzips und des Verhältnismäßigkeitsprinzips sollte in Zukunft bei der Angleichung der Rechtsordnungen die Breite, und nicht die Intensität im Vordergrund stehen.

5. Fazit

Das Anliegen dieser Arbeit war es, die Diskussion um Sozialdumping, die Gefahr eines "race to the bottom" und die Notwendigkeit eines "level playing field" auf modelltheoretische Füße zu stellen, um so den Weg von einem Meinungsstreit zu einer sachlich geführten Diskussion zu finden. Dabei wurden die Argumente beider Seiten kritisch beleuchtet. Im Ergebnis bleibt festzuhalten:

- *Richtig* ist, dass Sozialdumping theoretisch möglich ist, wenn auf eine Korrektur von Marktversagenstatbeständen auf dem Arbeitsmarkt, die die Arbeitgeber begünstigen, verzichtet wird.

- *Richtig* ist, dass es Anreize gibt, Sozialdumping zu betreiben. In allokationstheoretischer Sicht ist Sozialdumping dann vorteilhaft, wenn die Wohlfahrtsverluste bei den Arbeitnehmern und der Gesellschaft geringer sind als die Wohlfahrtsgewinne bei den Produzenten und den Konsumenten. Eine Steigerung der nationalen Wohlfahrt auf Kosten anderer Länder kann sowohl bei vollständiger als auch bei unvollständiger Konkurrenz erzielt werden. Aus polit-ökonomischer Sicht kann Sozialdumping auch dann rational sein, wenn es in der Summe zu Wohlfahrtsverlusten führt. Die hohe Mobilität des Produktionsfaktors Kapital begünstigt die Arbeitgeber bei der Durchsetzung ihrer Interessen, da sie mit einem glaubwürdigeren Drohpotential als die weniger mobilen Arbeitnehmer ausgestattet sind. Ein ineffizient niedriges Niveau sozialer Standards kann unter dem Einfluss der zunehmenden Integration der Märkte zu einer den politischen Ertrag maximierenden Strategie werden.

- *Falsch* ist, dass es zwangsläufig zu einem „race to the bottom" kommen muss. In der allokationstheoretischen Betrachtung war diese Gefahr nur beim Vorliegen unvollständiger Konkurrenz gegeben. Eine konsequent verfolgte Wettbewerbspolitik, die Marktzutrittsschranken abbaut und Wettbewerbsbeschränkungen und Marktkonzentration entgegenwirkt, ist ein adäquates Mittel, um die Gefahr eines „race to the bottom" zu begrenzen. Polit-ökonomische Anreize, Sozialdumping zu betreiben, kann sie allerdings nicht unterbinden.

- *Falsch* ist, dass einheitliche soziale Mindeststandards geeignet sind, eine faire Ausgangsposition für in- und ausländische Unternehmen zu schaffen. Um Sozialdumping zu vermeiden, müssten diese so ausgestaltet sein, dass sie in allen Staaten gleichzeitig die vorliegenden Marktversagenstatbestände beseitigen. Da sich jedoch die Arbeitsmärkte der einzelnen Länder unterscheiden, gibt es kein Niveau einheitlicher sozialer Standards, das sowohl Sozialdumping verhindert als auch für alle Staaten fair ist.

Es bleibt festzuhalten: Sozialdumping ist zwar möglich, jedoch sind die Möglichkeiten begrenzt, da auch die Zahl der Marktversagenstatbestände, deren Nicht-Korrektur die Arbeitgeber auf unfaire Weise begünstigen könnte, begrenzt ist. Angesichts der Vielzahl von Regulierungen auf den europäischen Arbeitsmärkten ist eher davon auszugehen, dass die Arbeitnehmer auf unfaire Weise begünstigt werden. Ein Indiz hierfür ist die hohe Arbeitslosigkeit in Europa, die nicht flächendeckend vorhanden sein könnte, wenn die Unternehmen Arbeitskräfte aufgrund von Sozialdumping zu einem unter dem Vollbeschäftigungslohn liegenden Lohn beschäftigen würden. Anstatt sich mit den minimalen Gefahren eines Sozialdumpings zu beschäftigen, sollten die Energien eher darauf konzentriert werden, die zweite große Gefahr der zunehmenden Integration der Märkte für die Wohlfahrt der Arbeitnehmer abzuwenden: die Überregulierung.

Die positiven Wohlfahrtseffekte der zunehmenden internationalen Arbeitsteilung werden nicht automatisch gleichmäßig auf alle beteiligten Länder und alle Produktionsfaktoren verteilt. Nur diejenigen werden zu den Gewinnern zählen, die bereit sind, immer wieder neu auf die sich ändernden Rahmenbedingungen zu reagieren. Diese Erkenntnis gilt vor allem für die Arbeitsmärkte, da der Produktionsfaktor Arbeit weniger leicht zu lukrativeren Verwendungsmöglichkeiten wandern kann als der Produktionsfaktor Kapital. Flexible Arbeitsmärkte sind um so wichtiger, je stärker integriert die einzelnen Volkswirtschaften sind.

Politische Forderungen orientieren sich häufig jedoch nicht an ökonomischen Erkenntnissen. Während auf nationaler Ebene aufgrund der integrationsbedingten Veränderungen des Einflusses der Interessengruppen und der Marktbedingungen tatsächlich damit zu rechnen ist, dass sich die heilsame Wirkung des Systemwettbewerbs entfaltet, ist gleichzeitig durch die Zuweisung sozialpolitischer Kompetenzen ein wirksames Mittel geschaffen worden, den Systemwettbewerb auszuschalten. Forderungen nach einheitlichen sozialen Mindeststandards auf europäischer Ebene sind ein Instrument der Politiker zur Maximierung ihres politischen Ertrages. Die bevorstehenden Änderungen in der europäischen Integration lassen erwarten, dass dieses Instrument zunehmend genutzt werden wird. Die Transparenz einer einheitlichen Währung wird die Gewerkschaften dazu veranlassen, sich stärker als bisher für einheitliche Arbeits- und Einkommensverhältnisse in den europäischen Ländern einzusetzen. Spätestens bei einem EU-Beitritt der osteuropäischen Länder werden die Auswirkungen der Kostenvorteile der Neumitglieder beim Einsatz gering qualifizierter Arbeitskräfte auf den politischen Ertrag der Etablierten derart drastisch sein, dass vermutet werden kann, dass ein bestimmtes Niveau sozialer Standards zur Aufnahmebedingung gemacht werden wird.

Einheitliche soziale Mindeststandards sind jedoch eher eine Gefährdung als eine Unterstützung der Angleichung der Lebens- und Arbeitsbedingungen in den EU-Mitgliedstaaten. Sie sind geeignet, den Aufholprozess der weniger entwickelten Länder, denen es dann nicht mehr gestattet wird, ihre natürlichen Kostenvorteile auszunutzen, zu behindern. Das Ziel einheitlicher Lebens- und Arbeitsbedingungen ließe sich nur noch mit Hilfe andauernder finanzieller Transfers realisieren. Selbst wenn die von den Regulierungen profitierenden Länder zu solchen Transfers bereit wären, darf nicht vergessen werden, dass die Niedriglohnländer nicht nur im europäischen Rahmen sondern auch im internationalen Kontext ihrer komparativen Kostenvorteile beraubt werden. Einheitliche soziale Mindeststandards führen somit für die gesamte EU zu Wohlfahrtsverlusten. Um eine derartige Entwicklung zu vermeiden, wäre es erforderlich, die Politiker daran zu hindern, einheitliche europäische soziale Mindeststandards gegen das

Interesse Europas zu missbrauchen, um ihre nationalen politischen Erträge zu maximieren.

Literatur

Adamovich, I.B. und *M. Wohlgemuth* (1999), "Exit" und "voice" im Systemwettbewerb: Das Zusammenwirken von Föderalismus und direkter Demokratie in der Schweiz, in: *Streit, M.E.* und *M. Wohlgemuth* (Hrsg.), Systemwettbewerb als Herausforderung an Politik und Theorie, Baden-Baden, S. 123-149.

Adamy, W. (1994), Internationaler Handel und Sozialstandards, in: Wirtschaftsdienst 74, S. 577-585.

Adlung, R., P. Klemmer und *R. Langhammer* (1997), Wirtschaftspolitisches Forum. Umwelt- und Sozialdumping: Argumente gegen freien Welthandel?, in: Zeitschrift für Wirtschaftspolitik 46, S. 167-192.

Akerlof, G.A. (1970), The Market for "Lemons": Quality Uncertainty and the Market Mechanism, in: Quaterly Journal of Economics 84, S. 488-500.

Alesina, A. und *R. Perotti* (1995), Taxation and Redistribution in an Open Economy, in: European Economic Review 39, S. 961-979.

Alesina, A. und *R. Perotti* (1997), The Welfare State and Competitiveness, in: American Economic Review 87, S. 921-939.

Anderson, K. (1992), The Standard Welfare Economics of Policies Affecting Trade and the Environment, in: *Anderson, K.* und *R. Blackhurst* (Hrsg.), The Greening of World Trade Issues, New York et al., S. 25-48.

Anderson, K. und *H. Norheim* (1993), History, Geography and Regional Economic Integration, CEPR Discussion Paper 795, London.

Apolte, Th. (1999a), Chancen und Risiken nationaler Wirtschaftspolitik bei hoher Kapitalmobilität, in: *Apolte, Th., R. Caspers* und *P.J.J. Welfens* (Hrsg.), Standortwettbewerb, wirtschaftspolitische Rationalität und internationale Ordnungspolitik, Baden-Baden, S. 21-44.

Apolte, Th. (1999b), Die ökonomische Konstitution eines föderalen Systems: Dezentrale Wirtschaftspolitik zwischen Kooperation und institutionellem Wettbewerb, Tübingen.

Arrow, K. (1974), The Limits of Organization, New York.

Averch, H. und *L. Johnson* (1962), Behavior of the Firm under Regulatory Constraint, in: American Economic Review 52, S. 1052-1069.

Bagwell, K. und *R.W. Staiger* (1998), Will Preferential Agreements Undermine the Multilateral Trading System?, in: Economic Journal 108, S. 1162-1182.

Baird, Ch.W. (1982), Prices and Markets: Intermediate Microeconomics, San Francisco.

Baldwin, R.E. (1992), Are Economists' Traditional Trade Policy Views Still Valid?, in: Journal of Economic Literature 30, S. 804-829.

Balze, W. (1994), Die sozialpolitischen Kompetenzen der Europäischen Union, Baden-Baden.

Bandyopadhyay, S. (1997), Demand Elasticities, Asymmetry and Strategic Trade Policy, in: Journal of International Economics 42, S. 167-177.

Barrett, S. (1994), Strategic Environmental Policy and International Trade, in: Journal of Public Economics 54, S. 325-338.

Baßeler, U., J. Heinrich und *W. Koch* (1999), Grundlagen und Probleme der Volkswirtschaft, 15. Aufl., Köln.

Bayoumi, T. und *B. Eichengreen* (1993), Shocking Aspects of European Monetary Integration, in: *Torres, F.* und *F. Giavazzi, F.* (Hrsg.), Adjustment and Growth in the European Monetary Union, Cambridge, S. 193-229.

Bean, Ch.R. (1992), Economic and Monetary Union in Europe, in: Journal of Economic Perspectives 6, H. 4, S. 31-52.

Becker, G.S. (1962), Investment in Human Capital: A Theoretical Analysis, in: Journal of Political Economy 70, suppl., S. 9-49. Deutsche Übersetzung in: *Hüfner, K.* (Hrsg.), Bildungsinvestitionen und Wirtschaftswachstum: Ausgewählte Beiträge zur Bildungsökonomie, Stuttgart 1970, S. 131-153.

Becker, G.S. (1983), A Theory of Competition Among Pressure Groups for Political Influence, in: Quaterly Journal of Economics 98, S. 371-400.

Belke, A. (1996), Europäische Währungsunion und Beschäftigung in Europa, in: List Forum für Wirtschafts- und Finanzpolitik 22, S. 331-353.

Benner, Th. (1998), Die soziale Dimension der europäischen Integration: Redistributive und sozialregulative Politik zwischen Nationalstaat und Europäischer Union, in: Schriften des Faches Politikwissenschaft der Universität-GH Siegen, Bd. 2, Siegen.

Berg, H. und *F. Schmidt* (1996), Reformnotwendigkeiten und Reformmöglichkeiten der Gemeinschaftsinstitutionen und ihres Zusammenwirkens: Einige Forderungen aus der ökonomischen Theorie der Verfassung, in: *Aschinger, G.* und *W. Zohlnhöfer* (Hrsg.), Europa auf dem Wege zur Politischen Union? Probleme und Perspektiven der europäischen Integration vor "Maastricht II", Berlin, S. 113-143.

Berié, H. (1993), Europäische Sozialpolitik: Von Messina bis Maastricht, in: *Kleinhenz, G.* (Hrsg.), Soziale Integration in Europa I, Berlin, S. 11-107.

Berthold, N. (1995), Lohnstrukturen müssen flexibel und Finanzen mobil sein, in: Handelsblatt, Nr. 235 vom 5.12.1995, S. 8.

Berthold, N. (1997), Der Sozialstaat im Zeitalter der Globalisierung, Tübingen.

Berthold, N. und *R. Fehn* (1996), The Positive Economics of Unemployment and Labor Market Inflexibility, in: Kyklos 49, S. 583-613.

Berthold, N. und *R. Fehn* (1998), Does EMU Promote Labor-Market Reforms?, in: Kyklos 51, S. 509-536.

Berthold, N. und *J. Hilpert* (1999), Sozialstandards unter globalem Druck: Erhalten, senken, erhöhen?, in: *Berg, H.* (Hrsg.), Globalisierung der Wirtschaft: Ursachen - Formen – Konsequenzen, Berlin, S. 127-156.

Bhagwati, J. (1995), Free Trade, „Fairness" and the New Protectionism: Reflections on an Agenda for the World Trade Organisation, IEA Occasional Paper 96, London.

Bhagwati, J., D. Greenaway und *A. Panagariya* (1998), Trading Preferentially: Theory and Policy, in: Economic Journal 108, S. 1128-1148.

Blanpain, R., M. Schmidt und *U. Schweibert* (1996), Europäisches Arbeitsrecht, 2.Aufl., Baden-Baden.

Bletschacher, G. und *H. Klodt* (1992), Strategische Handels- und Industriepolitik: Theoretische Grundlagen, Branchenanalysen und wettbewerbspolitische Implikationen, Tübingen.

Bogai, D. (1999), Europäisierung der Beschäftigungspolitik, in: Wirtschaftsdienst 79, S. 555-561.

Borrmann, A., B. Fischer et al. (1995), Regionalismustendenzen im Welthandel: Erscheinungsformen, Ursachen und Bedeutung für Richtung und Struktur des internationalen Handels, Baden-Baden.

Bovenberg, A.L. und *A.H.M. de Jong* (1997), The Road to Economic and Monetary Union, in: Kyklos 50, S. 83-109.

Boyaval, P. (1911), La Lutte contre le Sweating-System, Paris-Lille.

Brander, J.A. und *B.J. Spencer* (1985), Export Subsidies and International Market Share Rivalry, in: Journal of International Economics 18, S. 83-100.

Breyer, F. (1998), The Economics of Minimum Pensions, in: *Siebert, H.* (Hrsg.), Redesigning Social Security, Kiel, S. 273-294.

Buchanan, J.M. (1965), An Economic Theory of Clubs, in: Economica 32, S. 1-14.

Bünning, L. (1997), Die Konvergenzkriterien des Maastricht-Vertrages unter besonderer Berücksichtigung ihrer Konsistenz, Frankfurt am Main et al.

Bundesanstalt für Arbeit (1999), Arbeitsmarkt 1998 - Arbeitsmarktanalyse für die alten und die neuen Länder, in: Amtliche Nachrichten der Bundesanstalt für Arbeit 47, Nürnberg.

Bundesministerium für Arbeit und Sozialordnung, Referat Öffentlichkeitsarbeit (1998), Euroatlas: Soziale Sicherheit im Vergleich, Bonn.

Burtless, G. (1995), International Trade and the Rise in Earnings Inequality, in: Journal of Economic Literature 33, S. 800-816.

Buschak, W. und *V. Kallenbach* (1994), Arbeitsbeziehungen auf der Dachverbandsebene und der sektoralen Ebene, in: *Lecher, W.* und *H.-W. Platzer* (Hrsg.), Europäische Union - Europäische Arbeitsbeziehungen? Nationale Voraussetzungen und internationaler Rahmen, Köln, S. 201-213.

Buttler, F. (1986), Regulierung und Deregulierung der Arbeitsbeziehungen, in: *Winterstein, H.* (Hrsg.), Sozialpolitik in der Beschäftigungskrise II, Schriften des Vereins für Socialpolitik N.F. Bd. 152/II, Berlin, S. 9-52.

Caspers, R. (1999), Globalisierung der Wirtschaft und Anpassungsdruck in Deutschland, in: *Apolte, Th., R. Caspers* und *P.J.J. Welfens* (Hrsg.), Standortwettbewerb, wirtschaftspolitische Rationalität und internationale Ordnungspolitik, Baden-Baden, S. 45-84.

Chamberlain Tariff Commission (1904), The Iron and Steel Trades, Vol. I, London 1904.

Cohen, D. (1998), Fehldiagnose Globalisierung: Die Neuverteilung des Wohlstands nach der dritten industriellen Revolution, Frankfurt/Main, New York.

Dehousse, R. (1992), Integration v. Regulation? On the Dynamics of Regulation in the European Community, in: Journal of Common Market Studies 30, S. 383-402.

Deregulierungskommission (1991), Marktöffnung und Wettbewerb, Stuttgart.

Deutscher Gewerkschaftsbund, Bundesvorstand. Abteilung Arbeitsmarktpolitik und Internationale Sozialpolitik (1998), Perspektiven der Europäischen Sozial- und Beschäftigungspolitik nach Amsterdam und Luxemburg, ISA Informationen zur Sozial- und Arbeitsmarktpolitik 2/1998, Düsseldorf.

Die Gruppe von Lissabon (1997), Grenzen des Wettbewerbs: Die Globalisierung der Wirtschaft und die Zukunft der Menschheit, München.

Dixit, A. (1984), International Trade Policy for Oligopolistic Industries, in: Economic Journal 94, suppl., S. 1-16.

Eaton, J. und *G.M. Grossman* (1986), Optimal Trade and Industrial Policy under Oligopoly, in: Quaterly Journal of Economics 101, S. 383-406.

Eichengreen, B. (1993), Labor Markets and European Monetary Unification, in: *Masson, P.R.* und *M.P. Taylor* (Hrsg.), Policy Issues in the Operation of Currency Unions, Cambridge, S. 130-162.

Ethier, W.J. (1998), The New Regionalism, in: Economic Journal 108, S. 1149-1161.

Europäische Kommission, Generaldirektion Wirtschaft und Finanzen (1990), Ein Markt, eine Währung: Potentielle Nutzen und Kosten der Errichtung einer Wirtschafts- und Währungsunion - eine Bewertung, Luxemburg.

Europäische Kommission (1993a), Grünbuch über die europäische Sozialpolitik: Weichenstellung für die Europäische Union, Luxemburg.

Europäische Kommission (1993b), Wachstum, Wettbewerbsfähigkeit, Beschäftigung - Herausforderungen der Gegenwart und Wege ins 21. Jahrhundert – Weißbuch, Luxemburg.

Europäische Kommission (1993c), Die Stärkung der Demokratie in der EG, Luxemburg.

Europäische Kommission (1994), Weißbuch - Europäische Sozialpolitik: Ein zukunftsweisender Weg für die Union, Luxemburg.

Europäische Kommission, Generaldirektion Beschäftigung, Arbeitsbeziehungen und soziale Angelegenheiten (1997), Soziales Europa, Bericht über die Fortschritte des mittelfristigen sozialpolitischen Aktionsprogramms 1995-1997, Beiheft 4/96, Luxemburg.

Europäische Kommission (1998a), Sozialpolitisches Aktionsprogramm 1998-2000, http://europa.eu.int/en/comm/dg05/jobs/forum98/de/texts/sapde.htm, abgerufen am 24.6.1998.

Europäische Kommission, Generaldirektion Beschäftigung, Arbeitsbeziehungen und soziale Angelegenheiten(1998b), Die beschäftigungspolitischen Leitlinien für 1998, Entschließung des Rates vom 15. Dezember 1997, Luxemburg.

Europäische Kommission, Generaldirektion Beschäftigung, Arbeitsbeziehungen und soziale Angelegenheiten, MISSOC (1999), Soziale Sicherheit in den Mitgliedstaaten der Europäischen Union: Stand am 1. Januar 1998 und Entwicklung, Luxemburg.

Eurostat (1999a), Direktinvestitionen der Europäischen Union: Erste Ergebnisse für 1998, in: Statistik kurzgefaßt: Wirtschaft und Finanzen, Thema 2 - 19/1999.

Eurostat (1999b), Mindestlöhne in der Europäischen Union 1999: inzwischen in acht Ländern eingeführt, in: Statistik kurzgefaßt: Bevölkerung und Soziale Bedingungen, Thema 3 - 7/1999.

Eurostat (1999c), Strukturelle Unternehmensstatistik, Struktur der marktbestimmten Wirtschaftstätigkeit der Europäischen Union im Jahr 1996: wichtigste Vergleichsdaten zwischen der Europäischen Union, den Vereinigten Staaten und Japan, in: Statistik kurzgefaßt: Industrie, Handel und Dienstleistungen, Thema 4 - 20/1999.

Falkner, G. (1993), „Sozialdumping" im EG-Binnenmarkt: Betrachtungen aus politikwissenschaftlicher Sicht, in: Österreichische Zeitschrift für Politikwissenschaft 22, S. 261-277.

Feenstra, R.C. (1998), Integration of Trade and Disintegration of Production in the Global Economy, in: Journal of Economic Perspectives 12, H. 4, S. 31-50.

Feldmann, H. (1997), Die neue Beschäftigungspolitik der Europäischen Union, in: WISU 26, S. 1036-1038.

Feldmann, H. (1998), Arbeitsmarktbedingungen in der EWU: Die Gefahr einer raschen Harmonisierung, in: Wirtschaftsdienst 78, S. 537-541.

Feldmann, H. (1999), Zehn Jahre EU-Sozialcharta, in: Wirtschaftsdienst 79, S. 670-676.

Fernández, R. und *J. Portes* (1998), Returns to Regionalism: An Analysis of Nontraditional Gains from Regional Trade Agreements, in: World Bank Economic Review 12, H. 2, 197-220.

Franzen, M. (1998), Auslegung und Fortbildung von privatrechtsangleichenden Richtlinien, in: *Weber, Ch. et al.* (Hrsg.), Europäisierung des Privatrechts: Zwischenbilanz und Perspektiven, Jahrbuch Junger Zivilrechtswissenschaftler 1997, Stuttgart, München, S. 285-306.

Freeman, R.B. (1995), Are Your Wages Set in Beijing?, in: Journal of Economic Perspectives 9, H. 3, S. 15-32.

Freytag, A. (1995), Die strategische Handels- und Industriepolitik der EG: Eine politökonomische Analyse, Köln.

Fritsch, M., Th. Wein und *H.-J. Ewers* (1996), Marktversagen und Wirtschaftspolitik: Mikroökonomische Grundlagen staatlichen Handelns, 2. Aufl., München.

Gandolfo, G. (1998), International Trade Theory and Policy, Berlin et al.

Gerken, L., M. Löwisch und *V. Rieble* (1995), Der Entwurf eines Arbeitnehmer-Entsendegesetzes in ökonomischer und rechtlicher Sicht, in: Betriebs-Berater 50, S. 2370-2375.

Giersch, H. (1987), Eurosclerosis - What is the Cure?, in: European Affairs 1, S. 33-43.

Görgens, E., K. Ruckriegel und *F. Seitz* (1999), Europäische Geldpolitik, Düsseldorf.

Großmann, H. und *G. Koopmann* (1994), Sozialstandards für den internationalen Handel?, in: Wirtschaftsdienst 74, S. 585-591.

Günther, M. (1997), Der Streit bleibt: Kompromiß auf EU-Gipfel, in: Leipziger Volkszeitung vom 17. Juni 1997, wieder abgedruckt in: *Deutsche Bundesbank* (Hrsg.), Auszüge aus Presseartikeln Nr. 36/1997, S. 9-10.

Härtel, H.-H. und *R. Jungnickel* (1998), Strukturprobleme einer reifen Volkswirtschaft in der Globalisierung: Analyse des sektoralen Strukturwandels in Deutschland, Baden-Baden.

Häusele, St. (1999), „Standort Deutschland" für Versicherungen: eine vergleichende Analyse ausgewählter europäischer Länder, Karlsruhe.

Hafner, C. (1999), Systemwettbewerb versus Harmonisierung: Am Beispiel des Arbeitsmarktes, Frankfurt am Main et al.

Hamer, E. und *W. Schierbaum* (1991), Personalzusatzkosten - der unsichtbare Lohn, *Mittelstandsinstitut Niedersachsen* (Hrsg.), Bonn.

Hanau, P. (1998), Entwicklungslinien im Arbeitsrecht, in: Der Betrieb 51, S. 69-79.

Hantrais, L. (1995), Social Policy in the European Union, London.

Heitger, B., K. Schrader und *J. Stehn* (1999), Handel, Technologie und Beschäftigung, Tübingen.

Hemmer, E. (1999), Personalzusatzkosten in der deutschen Wirtschaft, in: iw-trends 26, H. 1, S. 28-38.

Henningsen, B. (1992), Die schönste Nebensache Europas: Zur Geschichte der EG-Sozialpolitik, in: Sozialer Fortschritt 41, S. 203-212.

Hilpert, J. (1997), Führt der Wettbewerb um mobiles Kapital zu einem "race to the bottom"?, in: WiSt 26, S. 633-636.

Hinze, J. (1998), Aussagefähigkeit internationaler Arbeitskostenvergleiche: Methodische Grundlagen, empirische Ergebnisse und wirtschaftspolitische Schlußfolgerungen, Baden-Baden.

Hirschman, A.O. (1970), Exit, Voice, and Loyalty: Responses to Decline in Firms, Organizations, and States, Cambridge (MA).

Hopmann, R. (1998), Eine vergleichende Analyse der Finanzierung von Sozialsystemen unter allokativen Gesichtspunkten: Quantitative Bedeutung einer allokationsverzerrenden Belastung des Faktors Arbeit durch Sozialausgaben in Deutschland, Belgien, den Niederlanden, Dänemark und Großbritannien, Frankfurt am Main et al.

Horstmann, I. und *J.R. Markusen* (1986), Up the Average Cost Curve: Inefficient Entry and the New Protectionism, in: Journal of International Economics 20, S. 225-247.

Hrbek, R. (1993), Entstehung und Weiterentwicklung der EG, in: *Zippel, W.* (Hrsg.), Ökonomische Grundlagen der europäischen Integration, München, S. 1-23.

Institut der Deutschen Wirtschaft (1998), Sozialraum Europa: Rentenversicherung, Krankenversicherung, Arbeitslosenversicherung, Unfallversicherung, Arbeitsbedingungen, Mitbestimmung, Dossier 17, Köln.

Institut der Deutschen Wirtschaft (1999), Deutschland im globalen Wettbewerb: Internationale Wirtschaftszahlen, Köln.

International Monetary Fund (1997), World Economic Outlook: A Survey by the Staff of the International Monetary Fund, Washington.

Jacobi, O. (1994), Pioniere in eigener Sache - Europäisierung als Chance für die Gewerkschaften, in: *Lecher, W.* und *H.-W. Platzer* (Hrsg.), Europäische Union - Europäische Arbeitsbeziehungen? Nationale Voraussetzungen und internationaler Rahmen, Köln, S. 188-200.

Joskow, P. und *A. Klevorick* (1979), A Framework for Analyzing Predatory Pricing Policy, in: Yale Law Journal 89, S. 213-270.

Joskow, P. und *R. Noll* (1981), Regulation in Theory and Practice: An Overview, in: *Fromm, G.* (Hrsg.), Studies in Public Regulation, Camebridge (MA), S. 1-65.

Junker, A. (1999), Systembildung und Systemlücken im harmonisierten Arbeitsvertragsrecht, in: Neue Zeitschrift für Arbeitsrecht 16, S. 2-11.

Kampmeyer, E. (1998), Protokoll und Abkommen über die Sozialpolitik der Europäischen Union, Köln et al.

Kath, D. und *A. Kuck* (1998), Die Zukunft der Sozialpolitik in der EU - Wettbewerb der Institutionen, Sozialklauseln oder Sozialunion?, in: *Knappe, E.* und *Berthold, N.* (Hrsg.), Ökonomische Theorie der Sozialpolitik: Bernhard Külp zum 65. Geburtstag, Heidelberg, S. 372-392.

Keeler, Th.E. (1972), Airline Regulation and Market Performance, in: Bell Journal of Economics 3, S. 399-424.

Keeler, Th.E. (1984), Theories of Regulation and the Deregulation Movement, in: Public Choice 44, S. 103-145.

Kerwer, Ch. (1999), Nationale Systembrüche durch europäische Teilharmonisierung, Vortragsmanuskript, Vortrag auf dem VI. Kongreß „Junge Juristen und Wirtschaft" der Hanns Martin Schleyer-Stiftung zum Thema „Europa als Union des Rechts - Eine notwendige Zwischenbilanz im Prozeß der Vertiefung und Erweiterung" in Leipzig vom 26.-28. Mai 1999.

Kessel, R. (1964), Economic Effects of Federal Regulation of Milk Markets, in: Journal of Law and Economics 7, S. 125-143.

Killinger, S. und *C. Schmidt* (1998), Nationale Umweltpolitik und internationale Integration - theoretische Ansätze im Überblick, in: Finanzarchiv 55, S. 219-253.

Kittel, B. und *F. Traxler* (1999), Desorganisierung als ultima ratio? Wettbewerbseffekte der Arbeitsbeziehungen im internationalen Vergleich, in: *Busch, A.* und *Th. Plümper* (Hrsg.), Nationaler Staat und internationale Wirtschaft: Anmerkungen zum Thema Globalisierung, Baden-Baden, S. 93-121.

Klevorick, A.K. (1997), Reflections on the Race to the Bottom, in: *Bhagwati, J.* und *R.E. Hudec* (Hrsg.), Fair Trade and Harmonization: Prerequisites for Free Trade?, Vol.I: Economic Analysis, 2. Aufl., Cambridge (MA), London, S. 459-467.

Klodt, H., J. Stehn et al. (1994), Standort Deutschland: Strukturelle Herausforderungen im neuen Europa, Tübingen.

Köddermann, R. und *M. Wilhelm* (1996), Umfang und Bestimmungsgründe einfließender und ausfließender Direktinvestitionen ausgewählter Industrieländer: Entwicklungen und Perspektiven, München.

Kohl, J.-P. (1996), Zentralisierung der sozialpolitischen Kompetenzen in der EU: Eine politisch-ökonomische Analyse, WWZ-Beiträge Bd. 25, Zürich.

Kronberger Kreis (1996), Sozialunion für Europa? Schriftenreihe des Frankfurter Instituts, Stiftung Marktwirtschaft und Politik, Bd. 31, Bad Homburg.

Krugman, P.R. (1979), Increasing Returns, Monopolistic Competition, and International Trade, in: Journal of International Economics 9, S. 469-479.

Krugman, P.R. (1987), Is Free Trade Passé?, in: Journal of Economic Perspectives 1, H. 2, S. 131-144.

Krugman, P.R. (1988), Introduction: New Thinking about Trade Policy, in: *Krugman, P.R.* (Hrsg.), Strategic Trade Policy and the New International Economics, 3. Aufl., Cambridge (MA), S. 1-22.

Krugman, P.R. (1993), Lessons of Massachusetts for EMU, in: *Torres, F.* und *F. Giavazzi* (Hrsg.), Adjustment and Growth in the European Monetary Union, Cambridge, S. 241-261.

Krugman, P.R. (1995), Growing World Trade: Causes and Consequences, in: Brookings Papers of Economic Activity 1, S. 327-362.

Kuhn, H. (1995), Die soziale Dimension der Europäischen Gemeinschaft, Berlin.

Kulessa, M.E. (1995), Handelspolitische Sozialstandards zum Wohle der „Dritten Welt"? Zur entwicklungspolitischen Diskussion über Sozialklauseln im internationalen Handel, Duisburg.

Lahiri, S. (1998), Controversy: Regionalism Versus Multilateralism, in: Economic Journal 108, S. 1126-1127.

Lancaster, K. (1980), Intra-Industry Trade Under Perfect Monopolistic Competition, in: Journal of International Economics 10, S. 151-175.

Landmann, O. (1999), Die Globalisierung: Wachstum oder Job-Killer?, in: *Kantzenbach, E., B. Molitor* und *O.G. Mayer* (Hrsg.), Hamburger Jahrbuch für Wirtschafts- und Gesellschaftspolitik 44, Tübingen, S. 133-152.

Lange, P. (1992), The Politics of the Social Dimension, in: *Sbragia, M.A.* (Hrsg.), Euro-Politics: Institutions and Policy-making in the "New" European Community, Washington D.C., S. 225-256.

Langille, B.A. (1996), General Reflections on the Relationship of Trade and Labor (Or: Fair Trade Is Free Trade's Destiny), in: *Bhagwati, J.* und *R.E. Hudec* (Hrsg.), Fair Trade and Harmonization: Prerequisites for Free Trade?, Vol. II: Legal Analysis, Cambridge (MA), London, S. 231-266.

Lawrence, R.Z. (1991), Efficient or Exclusionist? The Import Behavior of Japanese Corporate Groups, in: Brookings Papers on Economic Activity 1, S. 311-331.

Lawrence, R.Z. und *M.J. Slaughter* (1993), International Trade and American Trade in the 1980s: Giant Sucking Sound or Small Hiccup?, in: Brookings papers on Economic Activity: Microeconomics, S. 161-226.

Leary, V.A. (1996), Workers' Rights and International Trade: The Social Clause (GATT, ILO, NAFTA, U.S. Laws), in: *Bhagwati, J.* und *R.E. Hudec* (Hrsg.), Fair Trade and Harmonization: Prerequisites for Free Trade?, Vol. II: Legal Analysis, Cambridge (MA), London, S. 177-230.

Lesch, H. (1999), Lohnpolitik in einer Europäischen Wirtschafts- und Währungsunion: Internationale Kooperation versus Dezentralisierung, Lohmar, Köln.

Letzner, V. (1997), Faktormobilität in der Zollunion: Eine graphische Analyse, in: Jahrbücher für Nationalökonomie und Statistik 216, S. 335-346.

Levine, M.E. (1965), Is Regulation Necessary? California Air Transportation and National Regulatory Policy, in: Yale Law Journal 74, S. 1416-1447.

Lichtblau, K. und *W. Breuer* (1996), Netzwerkökonomie in Japan: Effizienz oder Markteintrittsbarriere?, Beiträge zur Wirtschafts- und Sozialpolitik 233, Institut der deutschen Wirtschaft Köln.

Löhr, D. (1999), Globalisierung, Deregulierung und „dritte technologische Revolution", in: Wirtschaftsdienst 79, S. 123-132.

Lorz, J.O. (1993), Direktinvestitionen des verarbeitenden Gewerbes in Industrieländern, in: Die Weltwirtschaft 44, S. 149-167.

Lorz, O. (1998), Social Security and Employment, in: *Siebert, H.* (Hrsg.), Redesigning Social Security, Kiel, S. 63-88.

Maennig, W. und *B. Wilfling* (1998), Außenwirtschaft: Theorie und Politik: München.

Maly, W. (1995), Globalisierung der Wirtschaft: Die Bedeutung der Sozialpolitik für unternehmerische Standortentscheidungen, in: *Schmähl, W.* und *H. Rische* (Hrsg.), Internationalisierung von Wirtschaft und Politik - Handlungsspielräume der nationalen Sozialpolitik, Baden-Baden, S. 79-103.

Mayer, O.G. (1989), Zur Sozialen Dimension des Europäischen Binnenmarktes, in: *Mayer, O.G., H.-E. Scharrer* und *H.-J. Schmahl* (Hrsg.), Der Europäische Binnenmarkt: Perspektiven und Probleme, Hamburg, S. 341-377.

Meerendonk, A. van de (1998), Benchmarking the German and Dutch Welfare States, in: *Delsen, L.* und *E. de Jong* (Hrsg.), The German and Dutch Economies: Who Follows Whom?, Heidelberg, S. 86-124.

Meinert, S. (1998), Die Europäische Union als Werte- und Sozialgemeinschaft, in: *Weidenfeld, W.* (Hrsg.), Amsterdam in der Analyse: Strategien für Europa, Gütersloh, S. 163-201.

Mishra, R. (1999), Globalization and the Welfare State, Cheltenham, Northampton.

Molle, W. (1997), The Economics of European Integration: Theory, Practice, Policy, 3. Aufl., Aldershot et al.

Monopolkommission (1998), Systemwettbewerb: Sondergutachten der Monopolkommission gemäß §24b Abs. 5 Satz 4 GWB, Baden-Baden.

Mozet, P. (1998a), Beendigung des Arbeitsverhältnisses: Harmonisierung auf europäischer Ebene?, in: Zeitschrift für Europäisches Privatrecht 6, S. 296-308.

Mozet, P. (1998b), Kündigungsschutz in Arbeitsverhältnissen - Ein Überblick über die Rechtslage in den Mitgliedstaaten der Europäischen Union, in: Neue Zeitschrift für Arbeitsrecht, H. 3, S. 128-134.

Müller, A. (1997), Die Entsendung von Arbeitnehmern in der Eurropäischen Union, Baden-Baden.

Mundell, R. (1961), A Theory of Optimum Currency Areas, in: American Economic Review 51, S. 657-665.

Neumann, H. (1991), Staatliche Regulierung betrieblicher Beschäftigungspolitik: Ein Vergleich zentraler und dezentraler Arbeitsmarktinstitutionen, Frankfurt/Main, New York.

Nienhaus, V. (1998), Geschichte, Institutionen und Strategien der Europäischen Union, in: Klemmer, P. (Hrsg.), Handbuch Europäische Wirtschaftspolitik, München, S. 1-139.

Oates, W.E. (1998), Environmental Policy in the European Community: Harmonization or National Standards?, in: Empirica 25, S. 1-13.

OECD (1996a), Trade, Employment and Labour Standards: A Study of Core Workers' Rights and International Trade, Paris.

OECD (1996b), International Capital Markets Statistics 1950-1995, Paris.

OECD (1997), International Direct Investment Statistical Yearbook, Paris.

OECD (1999), OECD Employment Outlook, Paris.

O'Reilly, J., B. Reissert und *V. Eichener* (1996), European Regulation of Social Standards: Social Security, Working Time, Workplace Participation, Occupational Health and Safety, in: *Schmid, G., J. O'Reilly* und *K. Schömann* (Hrsg.), International Handbook of Labour Market Policy and Evaluation, Cheltenham, S. 868-898.

o.V. (1996a), Im Baugewerbe wird es keine Mindestlöhne geben, in: Frankfurter Allgemeine Zeitung vom 29.5.1996, S. 15.

o.V. (1996b), Zähes Ringen bei der Bau-Schlichtung, in: Frankfurter Allgemeine Zeitung vom 4.4.1996, S. 15.

o.V. (1998), Sozialstandards: Protektionistischer Hintergrund, in: Wirtschaftsdienst 78, S. 197-198.

o.V. (1999), Beschäftigungspakt soll Arbeitslosigkeit verringern, in: Frankfurter Allgemeine Zeitung vom 4.6.1999, S. 13.

Ohr, R. (1996), Europäische Währungspolitik, in: Ohr, R. (Hrsg.), Europäische Integration, Stuttgart, Berlin, Köln, S. 201-233.

Paqué, K.-H. (1997), Does Europe's Common Market Need a „Social Dimension"? Some Academic Thoughts on a Popular Theme, in: *Addison, J.T.* und *W.S. Siebert* (Hrsg.), Labour Markets in Europe: Issues of Harmonization and Regulation, London et al., S. 105-117.

Peltzman, S. (1976), Toward a More General Theory of Regulation, in: Journal of Law and Economics 19, S. 211-240.

Petersen, H.-G. (1994), Politische Ökonomie von Nationalismus und Migration, in: *Hasse, R.H.* und *W. Schäfer* (Hrsg.), Die Weltwirtschaft vor neuen Herausforderungen: Strategischer Handel, Protektion und Wettbewerb, Göttingen, S. 229-258.

Plesterniks, I. (1998), Entsenderegelungen nach nationalem und europäischen Recht, Frankfurt am Main et al.

Posner, R.A. (1974), Theories of Economic Regulation, in: Bell Journal of Economics and Management Science 5, S. 335-358.

Rambow, G. (1995), Entwicklungsperspektiven der Europäischen Union, in: *Due, O., M. Lutter* und *J. Schwarze* (Hrsg.), Festschrift für Ulrich Everling, Baden-Baden, S. 1169-1186.

Rauscher, M. (1994), On Ecological Dumping, in: Oxford Economic Papers 46, S. 822-840.

Raynauld, A. und *J.-P. Vidal* (1998), Labour Standards and International Competitiveness: A Comparative Analysis of Developing and Industrialized Countries, Cheltenham, Northhampton.

Reuter, D. (1985), Die Rolle des Arbeitsrechts im marktwirtschaftlichen System - Eine Skizze, in: Ordo Jahrbuch für Ordnung von Wirtschaft und Gesellschaft 36, Stuttgart, New York, S. 51-88.

Revesz, R.L. (1994), Rehabilitating Interstate Competition: Rethinking the "Race-to-the-Bottom" Rationale for Federal Environmental Regulation, in: Land Use & Environment Law Review, Part 2, S. 373-417.

Ricardo, D. (1817), On the Principles of Political Economy, and Taxation, in der Übersetzung von *G. Bondi,* hrsg. von *H.D. Kurz,* Marburg 1994.

Ringler, J.C.K. (1997), Die europäische Sozialunion, Berlin.

Rodrik, D. (1996), Labor Standards in International Trade: Do They Matter and What Do We Do About Them?, in: *Lawrence, R., D. Rodrik* und *J. Whalley* (Hrsg), Emerging Agenda for Global Trade: High Stakes for Developing Countries, Washington, S. 35-79.

Rodrik, D. (1997), Has Globalization Gone Too Far?, Washington.

Rösner, H.J. (1997), Soziale Marktwirtschaft - ein Konzept für die internationale Ordnungspolitik im Zeitalter der Globalisierung?, in: *Konrad-Adenauer-Stiftung* (Hrsg.), Soziale Marktwirtschaft in der Bewährung: Aktuelle Fragen der Politik 45, S. 57-70.

Rose, K. und *K. Sauernheimer* (1992), Theorie der Außenwirtschaft, 11. Aufl., München.

Salop, S.C. und *D.T. Scheffman* (1983), Raising Rivals' Costs, in: American Economic Review 73, S. 267-271.

Sapir, A. (1995), Trade Liberalization and the Harmonization of Social Policies: Lessons from European Integration, CEPR Discussion Paper No. 1114, London.

Schäfer, W. (1999), Globalisierung: Entmonopolisierung des Nationalen?, in: *Berg, H.* (Hrsg.), Globalisierung der Wirtschaft: Ursachen - Formen – Konsequenzen, Schriften des Vereins für Socialpolitik, Gesellschaft für Wirtschafts- und Sozialwissenschaften, N.F., Bd. 263, Berlin, S. 9-21.

Scharpf, F.W. (1998), Globalisierung als Beschränkung der Handlungsmöglichkeiten nationalstaatlicher Politik, in: Jahrbuch für neue politische Ökonomie 17, Tübingen, S. 41-66.

Schellhaaß, H.M. (1989), Sozialpläne aus ökonomischer Sicht, in: Zeitschrift für Arbeitsrecht 20, S. 167-207.

Schellhaaß, H.M. und *Y. Kollmeier* (1997), Can the European Monetary Union Solve Unemployment Problems?, in: *CEMS Graduate Conference Committee Köln e.V.* (Hrsg.), The European Monetary Union: Blessing or Disaster?, Köln, S. 97-113.

Schellhaaß, H.M. und *Y. Kollmeier* (1998), The Impact of the European Monetary Union on Employment, in: *Groupe ESC Toulouse* (Hrsg.), Les Cahiers du Management International, Juni 1998, Toulouse, S. 25-43.

Schellhaaß, H.M. und *A. Nolte* (1999), Kündigungsschutz aus institutionenökonomischer Perspektive, in: Jahrbücher für Nationalökonomie und Statistik 218, S. 415-432.

Scherrer, Ch. (1996), Sozialklauseln in Handelsverträgen: Ein Instrument zur sozialen Abfederung globalisierter Märkte?, in: WSI Mitteilungen 49, S. 245-254.

Schiek, D. (1997), Europäisches Arbeitsrecht, Baden-Baden.

Schirm, St.A. (1999), Globale Märkte, nationale Politik und regionale Kooperation in Europa und den Amerikas, Baden-Baden.

Schmid, J. (1996), Wohlfahrtsstaaten im Vergleich: Soziale Sicherungssysteme in Europa - Organisation, Finanzierung, Leistungen und Probleme, Opladen.

Schröder, Ch. (1999), Industrielle Arbeitskosten im internationalen Vergleich 1980/98, in: iw-trends 26, H. 2, S. 35-49.

Schulz, O. (1992), Auf dem Weg zur Sozialunion: Die Ergebnisse des Gipfels von Maastricht, in: Sozialer Fortschritt 41, S. 79-84.

Schuster, J. (1998), Europäische Beschäftigungspolitik: Beschäftigungsförderung und Mehrebenenregulation, Diskussionsbeiträge des Instituts für Angewandte Sozial- und Politikwissenschaften 1, Dortmund.

Schuster, Th. und R. Vaubel (1996), Europäische Sozialpolitik, in: *Ohr, R.* (Hrsg.), Europäische Integration, Stuttgart, Berlin, Köln, S. 173-199.

Shapiro, C. (1983), Premiums for High Quality Products as Returns to Reputations, in: Quaterly Journal of Economics 98, S. 659-679.

Siebert, H. (1994), Außenwirtschaft, 6. Aufl., Stuttgart.

Siebert, H. (1997a), Die Illusion von der Kooperation - Zum Wettbewerb in der Weltwirtschaft gibt es keine Alternative, Kieler Arbeitspapiere Nr. 809, Kiel.

Siebert, H. (1997b), Weltwirtschaft, Stuttgart.

Sievert, O. (1995), Was wird aus der D-Mark?, in: *Deutsche Bundesbank* (Hrsg.), Auszüge aus Presseartikeln Nr. 67 vom 4.10.1995, S. 6ff.

Simon, H.A. (1957), A Formal Theory of the Employment Relation, in: *Simon, H.A.* (Hrsg.), Models of Man - Social and Rational: Mathematical Essays on Rational Human Behavior in a Social Setting, New York, London, Sydney, S. 183-195.

Simonitsch, P. (1997), Ruf nach sozialen Spielregeln für die Globalisierung, in: Frankfurter Rundschau vom 4.2.1997, S. 11.

Slaughter, M.J. und P. Swagel (1997), Does Globalization Lower Wages and Export Jobs?, in: *International Monetary Fund* (Hrsg.), Economic Issues 11, Washington.

Smeets, H.-D. (1996), Grundlagen der regionalen Integration: Von der Zollunion zum Binnenmarkt, in: *Ohr, R.* (Hrsg.), Europäische Integration, Stuttgart, Berlin, Köln, S. 47-75.

Soltwedel, R. (1997), Social Engineering in Europe: A German Perspective, in: *Addison, J.T. und W.S. Siebert* (Hrsg.), Labour Markets in Europe: Issues of Harmonization and Regulation, London et al., S. 177-188.

Soltwedel, R. (1999), Für einen europäischen Beschäftigungspakt, in: Frankfurter Allgemeine Zeitung vom 12.1.1999, S. 13.

Soltwedel, R. et al. (1990), Regulierungen auf dem Arbeitsmarkt der Bundesrepublik, Kieler Studien 233, Tübingen.

Soltwedel, R. und P. Trapp (1988), Labor Market Barriers to More Employment: Causes for an Increase of the Natural Rate? The Case of West Germany, in: *Giersch, H.* (Hrsg.), Macro and Micro Policies for More Growth and Employment, Symposium 1987, Tübingen, S. 181-225.

Statistisches Bundesamt (1998), Statistisches Jahrbuch für das Ausland, Wiesbaden.

Statistisches Bundesamt (1999), Statistisches Jahrbuch für das Ausland, Wiesbaden.

Stigler, G.J. (1971), The Theory of Economic Regulation, in: Bell Journal of Economics and Management Science 2, S. 3-21.

Stigler, G.J. und C. Friedland (1962), What Can Regulators Regulate? The Case of Electricity, in: Journal of Law and Economics 5, S. 1-16.

Straubhaar, Th. (1994), Ökonomische Bedeutung grenzüberschreitender Arbeitsmigration, in: *Weidenfeld, W. et al.* (Hrsg.), Europäische Integration und Arbeitsmarkt: Grundfragen und Perspektiven, Beiträge zur Arbeitsmarkt- und Berufsforschung Nr. 181, Nürnberg 1994, S. 195-222.

Straubhaar, Th. (1996), Schutzzoll auf Arbeit - das neue Gesicht des Protektionismus, in: List Forum für Wirtschafts- und Finanzpolitik 22, S. 209-221.

Straubhaar, Th. (1997), Internationale Arbeitsteilung und Arbeitsmärkte, in: *Kahsnitz, D., G. Ropohl* und *A. Schmid* (Hrsg.), Handbuch zur Arbeitslehre, München, Wien, S. 787-802.

Streeck, W. (1999), Korporatismus in Deutschland: zwischen Nationalstaat und Europäischer Union, Frankfurt/Main, New York.

Stützel, W. (1981), Marktpreis und Menschenwürde: Thesen zur Wirtschafts- und Bildungspolitik, 2. Aufl., Stuttgart.

Tiebout, C. (1956), A Pure Theory of Local Expenditures, in: Journal of Political Economy 64, S. 416-424.

Theurl, Th. (1996), Vernachlässigung wirtschaftspolitischer Interdependenzen im Vertrag von Maastricht: Integrationspolitische Konsequenzen, in: *Aschinger, G.* und *W. Zohlnhöfer* (Hrsg.), Europa auf dem Wege zur Politischen Union? Probleme und Perspektiven der europäischen Integration vor "Maastricht II", Berlin, S. 33-47.

Ulph, A. (1996), Strategic Environmental Policy, International Trade and the Single European Market, in: *Braden, J.B., H. Folmer* und *Ulen, Th.S.* (Hrsg.), Environmental Policy with Political and Economic Integration: The European Union and the United States, Cheltenham et al., S. 235-256.

Vaubel, R. (1983), Die soziale Sicherung aus ökonomischer Sicht, in: *Siebert, H.* (Hrsg.), Perspektiven der deutschen Wirtschaftspolitik, Stuttgart et al., S. 151-164.

Vaubel, R. (1995), Social Regulation and Market Integration: A Critique and Public-Choice Analysis of the Social Chapter, in: Aussenwirtschaft 50, S. 111-132.

Vaubel, R. (1998), Probleme einer Vereinheitlichung und Zentralisierung der Sozialpolitik, in: *Akademie für Politik und Zeitgeschehen, Hanns-Seidel-Stiftung e.V.* (Hrsg.), Europäische Integration und die Globalisierung: Wirtschafts-, währungs- und sozialpolitische Aspekte, Berichte und Studien der Hanns-Seidel-Stiftung e.V. Bd. 75 (Reihe Wirtschaftspolitik), München, S. 93-113.

Venables, A.J. (1985), Trade and Trade Policy with Imperfect Competition: The Case of Identical Products and Free Entry, in: Journal of International Economics 19, S. 1-20.

Viner, J. (1923), Dumping: A Problem in International Trade, Reprint, New York 1966.

Vogel, J. und *E. Vogel-Polsky* (1991), L'Europe Sociale 1993: Illusion, Alibi ou Realité, Brüssel.

Waas, B. (1995), Der Stand des Europäischen Arbeitsrechts, in: Zeitschrift für Tarifrecht 9, S. 294-302.

Wagner, H. (1998), Europäische Wirtschaftspolitik: Perspektiven einer Europäischen Wirtschafts- und Währungsunion (EWWU), 2. Aufl., Berlin, Heidelberg, New York.

Wagner, Th. und *E.J. Jahn* (1997), Neue Arbeitsmarkttheorien, Düsseldorf.

Weidenfeld, W. und *C. Giering* (1998), Die Europäische Union nach Amsterdam - Bilanz und Perspektive, in: *Weidenfeld, W.* (Hrsg.), Amsterdam in der Analyse: Strategien für Europa, Gütersloh, S. 19-87.

Weindl, J. (1994), Europäische Gemeinschaft: institutionelles System, Binnenmarkt sowie Wirtschafts- und Währungsunion auf der Grundlage des Maastrichter Vertrages, 2. Aufl., München, Wien.

Weizsäcker, C.Ch. von (1982), Staatliche Regulierung - positive und normative Theorie, in: Schweizerische Zeitschrift für Volkswirtschaft und Statistik 118, S. 325-343.

Weizsäcker, C.Ch. von (1999), Logik der Globalisierung, Göttingen.

Wild, J. (1996), Strategische Handelspolitik: Alternative Instrumente bei oligopolistischem Wettbewerb, Frankfurt am Main et al.

Wirtschaftskammer Österreich (1999), Milliarden sparen, http://www.wk.or.at/mk/aktuell/lohn.htm, abgerufen am 29.9.99.

Wolter, A. und R.H. Hasse (1997), Gemeinsame Beschäftigungspolitik: Überfällig oder überflüssig, in: Wirtschaftsdienst 77, S. 386-389.

Zweifel, P. und R.H. Heller (1997), Internationaler Handel: Theorie und Empirie, 3. Aufl., Heidelberg.

Schriften zu Ordnungsfragen der Wirtschaft

Lucius&Lucius Verlags-GmbH, Stuttgart - ISSN 1432-9220

Herausgegeben von
Gernot Gutmann, Hannelore Hamel, Helmut Leipold, Alfred Schüller, H. Jörg Thieme

(bis Band 51: „Schriften zum Vergleich von Wirtschaftsordnungen")

Band 64:

Ordnungstheorie und Ordnungspolitik
Konzeptionen und Entwicklungsperspektiven

Herausgegeben von

Helmut Leipold und **Ingo Pies**

Mit Beiträgen von

Dieter Cassel, Diemo Dietrich, Gerhard Engel, Ulrich Fehl,
Heinz Grossekettler, Carsten Herrmann-Pillath, Karl Homann,
Corinne Kaiser, Wolfgang Kerber, Helmut Leipold, Martin Leschke,
Christian Müller, Notburga Ott, Ingo Pies, Andreas Renner,
Carsten Schreiter, Alfred Schüller, Manfred Tietzel, Viktor Vanberg,
Stefan Voigt, Uwe Vollmer, Dirk Wentzel

456 S., 78 DM, ISBN 3-8282-0145-8.

Lucius & Lucius · Stuttgart · 2000

Band 63: *Bertram Wiest*
Systemtransformation als evolutorischer Prozeß: Wirkungen des Handels auf den Produktionsaufbau am Beispiel der Baltischen Staaten, 2000, 266 S., 64 DM, ISBN 3-8282-0144-X.

Band 62: *Rebecca Strätling*
Die Aktiengesellschaft in Großbritannien im Wandel der Wirtschaftspolitik: Ein Beitrag zur Pfadabhängigkeit der Unternehmensordnung, 2000, 270 S., 58 DM, ISBN 3-8282-0128-8.

Band 61: *Carsten Schittek*
Ordnungsstrukturen im europäischen Integrationsprozeß: Ihre Entwicklung bis zum Vertrag von Maastricht, 1999, 409 S., 74 DM, ISBN 3-8282-0108-3.

Band 60: *Peter Engelhard* und *Heiko Geue* (Hg.)
Theorie der Ordnungen: Lehren für das 21. Jahrhundert, 1999, 369 S., 69 DM, ISBN 3-8282-0107-5.

Band 59: *Thomas Brockmeier*
Wettbewerb und Unternehmertum in der Systemtransformation: Das Problem des institutionellen Interregnums im Prozeß des Wandels von Wirtschaftssystemen, 1999, 434 S., 74 DM, ISBN 3-8282-0097-4.

Band 58: *Karl-Hans Hartwig* und *H. Jörg Thieme* (Hg.)
Finanzmärkte: Funktionsweise, Integrationseffekte und ordnungspolitische Konsequenzen, 1999, 556 S., 79 DM, ISBN 3-8282-0094-X.

Band 57: *Dieter Cassel* (Hg.)
50 Jahre Soziale Marktwirtschaft: Ordnungstheoretische Grundlagen, Realisierungsprobleme und Zukunftsperspektiven einer wirtschaftspolitischen Konzeption, 1998, 782 S., 94 DM, ISBN 3-8282-0057-5.

Band 56: *Hans-Günter Krüsselberg*
Ethik, Vermögen und Familie: Quellen des Wohlstands in einer menschenwürdigen Ordnung, 1997, 341 S., 68 DM, ISBN 3-8282-0055-9.

Band 55: *Heiko Geue*
Evolutionäre Institutionenökonomik: Ein Beitrag aus der Sicht der österreichischen Schule, 1997, 324 S., 68 DM, ISBN 3-8282-0050-8.

Band 54: *Andreas Knorr*
Umweltschutz, nachhaltige Entwicklung und Freihandel, 1997, 180 S., 49 DM, ISBN 3-8282-0035-4.

Band 53: *Spiridon Paraskewopoulos* (Hg.)
Wirtschaftsordnung und wirtschaftliche Entwicklung, 1997, 516 S., 79 DM, ISBN 3-8282-0034-6.

Band 52: *Karl von Delhaes* und *Ulrich Fehl* (Hg.)
Dimensionen des Wettbewerbs: Seine Rolle in der Entstehung und Ausgestaltung von Wirtschaftsordnungen, 1997, 564 S., 84 DM, ISBN 3-8282-0033-8.

Studien zur Ordnungsökonomik

Lucius&Lucius Verlags-GmbH, Stuttgart

(bis Nr. 21: „Arbeitsberichte zum Systemvergleich")

Herausgegeben von **Alfred Schüller**

Die *Forschungsstelle zum Vergleich wirtschaftlicher Lenkungssysteme der Philipps-Universität Marburg* hat seit 1982 in ihren „Arbeitsberichten zum Systemvergleich" aktuelle ordnungstheoretische und ordnungspolitische Forschungsergebnisse veröffentlicht. Seit 1994 werden diese Arbeitsberichte von der neu gegründeten *Marburger Gesellschaft für Ordnungsfragen der Wirtschaft e.V. (MGOW)* herausgegeben.

Ab Heft 22 erscheint die Reihe unter dem Titel „Studien zur Ordnungsökonomik" im Verlag Lucius & Lucius, Stuttgart.

Lieferbare Titel:

Studie 26 · *Thomas Döring / Dieter Stahl*, **Institutionenökonomische Aspekte der Neuordnung des bundesstaatlichen Finanzausgleichs:** Anmerkungen zum Urteil des Bundesverfassungsgerichts über ein „Maßstäbegesetz" für den Länderfinanzausgleich vom 11. Nov. 1999, 2000, 47 S., 28,-- DM, ISBN 3-8282-0157-1.

Studie 25 · *Gerrit Fey*, **Unternehmenskontrolle und Kapitalmarkt:** Die Aktienrechtsreformen von 1965 und 1998 im Vergleich, 2000, 83 S., 29,50 DM, ISBN 3-8282-0140-7.

Studie 24 · *Ludger Wößmann*, **Dynamische Raumwirtschaftstheorie und EU-Regional-politik:** Zur Ordnungsbedingtheit räumlichen Wirtschaftens, 1999, 105 S.,
29,80 DM, ISBN 3-8282-0124-5.

Studie 23 · *Ralf L. Weber* †, **Währungs- und Finanzkrisen: Lehren für Mittel- und Osteuropa?** 1999, 42 S., 28,-- DM, ISBN 3-8282-0112-1.

Studie 22 · *Alfred Schüller / Christian Watrin*, **Wirtschaftliche Systemforschung und Ordnungspolitik:** 40 Jahre Forschungsstelle zum Vergleich wirtschaftlicher Lenkungssysteme der Philipps-Universität Marburg, 54 S., 19,80 DM, ISBN 3-8282-0111-3.

 Lucius & Lucius · Stuttgart

Bei Fragen zur Produktsicherheit wenden Sie sich bitte an:
If you have any questions regarding product safety,
please contact:

Walter de Gruyter GmbH
Genthiner Straße 13
10785 Berlin
productsafety@degruyterbrill.com